La angustia de Eros

La angustia de Eros
Sexualidad y violencia en la literatura cubana

Jorge Camacho

ALMENARA

Consejo Editorial

Luisa Campuzano
Adriana Churampi
Gabriel Giorgi
Gustavo Guerrero
Francisco Morán

Waldo Pérez Cino
Juan Carlos Quintero Herencia
José Ramón Ruisánchez
Julio Ramos
Enrico Mario Santí

© Jorge Camacho, 2019
© Almenara, 2019

www.almenarapress.com
info@almenarapress.com

Leiden, The Netherlands

ISBN 978-94-92260-33-8

Imagen de cubierta: Carlos Henríquez, «La arlequina» (1947)
Cortesía del Museum of Arts & Sciences, Daytona Beach, Florida

All rights reserved. Without limiting the rights under copyright reserved above, no part of this book may be reproduced, stored in or introduced into a retrieval system, or transmitted, in any form or by any means (electronic, mechanical, photocopying, recording or otherwise) without the written permission of both the copyright owner and the author of the book.

Introducción 11
La sexualidad bajo control. 17
El erotismo espiritual de los esclavos 45
Erotismo y mercado en José Martí 71
La poesía erótica de Mercedes Matamoros. 95
La violencia sexual en el arte y la literatura de Vanguardia 117
Entre Lezama Lima y Edmundo Desnoes. 145
Eros y Revolución 165
Erotismo y crueldad en *Memorias del subdesarrollo*
de Edmundo Desnoes. 191
Erotismo y política en el Periodo Especial. 215
Epílogo a ritmo de Reguetón 235
Bibliografía 243

A Rocío

Las penas que me maltratan
son tantas que se atropellan
y como de acabarme tratan
se agolpan unas a otras y por eso
no me matan.

Sindo Garay, «La tarde»

Introducción

Entre los cuadros de pintores cubanos que donó Fulgencio Batista al pueblo de Daytona Beach destaca «La Arlequina» (1946), de Carlos Enríquez, una obra tan violenta que desde hace años no está colgada en las paredes del Museo de Artes y Ciencias de la ciudad. Quienes estén familiarizados con la obra del pintor sabrán, sin embargo, que en este cuadro Carlos Enríquez trató de reflejar la angustia que sintió cuando su mujer, Eva Fréjaville, lo abandonó. De ahí que su imagen aparezca desnuda y atravesada por una figura erecta, que corta como si fuera con un hacha sus dos piernas para que no huya. Eva, sin embargo, sigue corriendo hasta casi perderse por una esquina del cuadro. Como veremos en este libro, Carlos Enríquez no fue el único escritor o pintor que expresó su intimidad de forma pública para lidiar con un trauma. Otros lo hicieron igual, y con la misma crudeza, ya sea para criticar el sistema o para manifestar una sexualidad primigenia que era difícil contener.

En los nueve ensayos de este libro analizo las instancias en que el erotismo se mezcla con la fuerza, aparece maniatado por la censura o se refleja en las relaciones entre los géneros como una forma de control o poder. En ellos destaco los efectos que produjo la imposición de una norma moral sobre la sexualidad, y cómo la literatura y el arte cubano tipifican, recrean o subvierten esta norma a lo largo de la historia. Para ello me apoyo en ideas de Georges Bataille, Michel Foucault, Gilles Deleuze y otros. Junto con Bataille entiendo por sexualidad la actividad reproductiva que comparten los humanos con los animales, y por erotismo la «búsqueda psicológica independiente» de esta finalidad (2011: 15). Asimismo, me interesa analizar, con Foucault, las redes de dominación que hacen visibles estos textos y el sujeto como objeto del poder. Analizar la violencia no sólo física, sino también epistémica que recorre desde su fundación la literatura cubana.

En el primer capítulo, «El cuerpo bajo control», examino los modos en que se puso coto a la sexualidad durante la colonia, ya fuera a través de represión contra los sodomitas, el uso de la ropa, las uniones desiguales o la censura moral y religiosa. Analizo textos del siglo XVI, de finales del XVIII y de la primera mitad del siglo XIX donde aparece la inscripción de los límites raciales y genéricos en la sociedad colonial cubana. El objetivo es demostrar cómo en esta sociedad había una línea racial que dividía los cuerpos y los objetos, y cómo la autoridad del «ojo conocedor» hacía lo posible por evitar estas transgresiones.

En el segundo capítulo, «El erotismo espiritual de los esclavos», sigo analizando estas regulaciones, pero me enfoco en la vida de los negros en los barracones y en las novelas «antiesclavistas». Mi intención es subrayar cómo, a raíz de la trata negrera, los hacendados optaron por cuantificar la vida de los esclavos, su sexualidad y sus enfermedades para sacarle mayor provecho a su inversión. Me apoyo para esto en el concepto de «biopoder», que propuso Foucault en *Historia de la sexualidad*; como decía el filósofo francés, uno de los factores que hizo posible el capitalismo fue «la inserción controlada de los cuerpos en el aparato de producción [...] mediante un ajuste de los fenómenos de población a los procesos económicos» (2012: 170). Destaco así en este apartado la importancia de los discursos médico-mercantiles-utilitarios, como los que aparecen en el libro de Honorato Bernard de Chateausalins, *El vademécum de los hacendados cubanos* (1831), y en el ensayo de María de las Mercedes Santa Cruz y Montalvo (1789-1852), «Los esclavos en las colonias españolas» (1841), que invocan dispositivos de control dirigidos a los esclavos. En contraposición a estos discursos justificativos que utiliza el sistema, las novelas «reformistas» criticarán la violencia sexual de los amos contra las esclavas y sublimarán su sexualidad con imágenes religiosas. En tales casos, el sentimentalismo y la espiritualidad contrastarán con la corporalidad de los negros, que el sistema esclavista asocia con el contagio, los comportamientos ilegales y lo «monstruoso». De modo que si la lógica de la dominación sexual en esta época está sujeta al cuerpo y se expresa a través de palabras procaces, las referencias «estético-mercantiles», la lógica sexual del esclavo, tomará como referencia la religión, que por ser ideal tampoco lo ayudará a conseguir su deseo.

Luego de analizar los vínculos entre sexualidad y poder en la literatura de tema negro paso a estudiar la representación de la mujer en la obra de José Martí (1853-1895), y especialmente la conjunción de «erotismo y mercado» en su obra. En este periodo continúa la crítica a la esclavitud, pero ahora letrados cubanos como Luis Victoriano Betancourt (1843-1885), Antonio Zambrana (1846-1922) y José Martí (1853-1895) se enfocarán en la importancia que tienen los cuerpos para la Patria y en los espacios donde se resquebraja la moral que salvaguarda la ciudadanía. Al igual que los autores anteriores, estos letrados examinarán las relaciones interraciales, pero no limitarán sus críticas al sistema de plantación, sino que exigirán también cuerpos para morir por su deber. Martí es quien insiste más sobre el tema en poemas como «isla famosa», y es por esa razón que critica el ansia de «lujo» de los esclavistas y los venezolanos, y que en poemas como «Amor de ciudad grande» prioriza la virtud sobre el mercado; aunque, como se verá en ese mismo capítulo, al hablar de la mujer en *Versos sencillos* (1891) la describe con los mismos atributos mercantiles que critica en el otro poema.

Entre finales del XIX y principios del XX ocurren varios cambios significativos en la literatura cubana. No sólo surge el Modernismo y Cuba alcanza su independencia, sino que también la sexualidad se refleja de un modo más abierto, si bien se torna más violenta: es el caso de las novelas naturalistas de Emilio Bobadilla (1862-1921), de las representaciones de la mujer en el Modernismo, y de los poemas de Mercedes Matamoros (1851-1906), quien publicó en 1902 veinte sonetos en los que habla del amor a partir de imágenes «capaces de ruborizar a un cochero de Estanillo». ¿Cuál fue la reacción de los lectores ante estos poemas, que exaltan el «amor que humilla y que deprava» (1902a: 2)? ¿Qué dispositivos de poder jalonan o tratan de controlar sus poemas?

En el capítulo cinco, «La violencia sexual en el arte y la literatura de Vanguardia», analizo la representación erótica de la mujer en las novelas de Alejo Carpentier, los poemas de Nicolás Guillén y las pinturas de Carlos Enríquez y Wifredo Lam. Me ocupo allí de la mitología del macho y de la sexualidad violenta, presente en sus obras como si fuera típica de un grupo social determinado, y exploro el interés de estos autores en la mulata, que describen a través de imágenes antropológicas en un intento de «nacionalizar» la sexualidad. En esta época la pintura vanguardista «nacionalizaba» lo «cubano» (Martínez 1994) y los músicos hacían lo propio con los ritmos heredados de África (Moore 1997). ¿Cómo se expresaría entonces «lo cubano» en la sexualidad en la primera mitad del siglo XX?

En el capítulo sexto, «Entre Lezama Lima y Edmundo Desnoes», abordo la amistad entre ambos escritores a propósito de un desencuentro que tuvieron en la finca del poeta Gastón Baquero. Desnoes comenzó su carrera literaria publicando poemas en la revista *Orígenes*, que dirigía José Lezama Lima, pero rehusó mantener relaciones sexuales con él, lo que llevó a una confrontación entre ambos que, como explico aquí, puede rastrearse en sus textos literarios. En este capítulo, por consiguiente, me interesa leer esta confrontación subrayando la violencia epistémica en las acusaciones de uno y otro: los prejuicios de Lezama, y el proceso de exteriorización de la intimidad en la literatura como un modo de lidiar –al igual que en el caso de Carlos Enríquez– con el dolor o el (des)engaño.

Para finalizar, dedico los últimos tres capítulos al estudio de las representaciones sexuales después del triunfo de la Revolución en que se instaura un nuevo «modelo para amar», parafraseando a Julio Cortázar (1914-1984), y se imponen nuevos dispositivos de censura y poder. En el primero de estos capítulos, titulado «Eros y Revolución», discuto cómo la literatura erótica de inicios de la Revolución prioriza un tipo de sujeto que ama siguiendo una disciplina revolucionaria.

En el segundo «Erotismo y crueldad en *Memorias del subdesarrollo* de Edmundo Desnoes» analizo la descripción de los cuerpos y el paisaje en la obra de Desnoes a través de la contraposición del discurso nacionalista y la ingeniería social revolucionaria. Mientras que en el tercero, «Erotismo y política en el Periodo Especial» afirmo, que la literatura de esta época se hace problemática para el gobierno al priorizar lo que el Estado consideraba abyecto, obsceno y «monstruoso», que en esencia era todo aquello que iba en contra de la imagen idealizada que había mostrado de sí mismo durante tres décadas: el erotismo, la violencia, la prostitución, la corrupción y el robo. En esta sumatoria de textos, el énfasis estará en el lado oscuro y violento del Eros, en las restricciones que el Estado y las normas les han impuesto a los cubanos y cómo estos las subvierten, generando nuevos modos de entender la sociedad y las relaciones sexuales.

La sexualidad bajo control

La Conquista de América en el siglo XV dio paso a uno de los procesos de creación de riqueza y mestizaje más grandes en la historia de la humanidad. También trajo consigo una violencia extrema. Después de someter las distintas comunidades indígenas del continente, la Corona española creó un enorme aparato burocrático basado en leyes y representantes legales para hacer cumplir sus ordenanzas, entre las que se contaba la prohibición del pecado de «sodomía» o «pecado nefando», un delito repudiado por juristas y sacerdotes desde el medioevo y condenado a tal extremo que los culpables podían ser arrojados a los perros (como en el famoso grabado de Theodor De Bry), morir en la hoguera, perder sus bienes o sufrir destierro.

En Cuba, según Fernando Ortiz en *Historia de una pelea cubana contra los demonios*, la labor de la Santa Inquisición, que también perseguía este delito, fue relativamente moderada; sólo se tenía noticia de un caso, a finales del siglo XVII, en que dieciocho «amujerados» fueron condenados a muerte en la Plaza de Armas. Ortiz no da detalles del proceso; menciona sólo el siglo en que ocurrió y las personas que fueron enjuiciadas: hombres sacados de «las flotas y armadas» (1975: 407). Según el sabio cubano este fue el único caso que se había registrado en la isla, pero si nos atenemos a lo que refieren varios documentos del siglo anterior hallados en el Archivo General de Indias, podemos inferir que hubo otro aun más notorio, donde un mayor número de hombres recibieron tormento y fueron procesados por el pecado de sodomía.

La historia de este proceso ha sido hasta ahora ignorada, pero uno de los documentos que dan fe de ella, fue publicado por Cesar García del Pino y Alicia Melis Capa en *Nuevos documentos para la historia de Cuba*, y lleva por título «Memorial del Licenciado Ronquillo». El original de este documento en el Archivo General de Indias consiste en un legajo de 8 pliegos, la mayoría de ellos escritos por ambas caras, y firmado en la primera página por el propio licenciado. Está fechado en Santo Domingo en el año 1604, dato que se omite en la transcripción, y los hechos que cuenta ocurrieron casi una década antes, en 1596. El objetivo de este y otros informes que hablan del incidente era pedir al Rey de España que concediera al licenciado Ronquillo otra plaza, ya sea la de corregidor de Lima o México, por haber muerto allí el funcionario que la ocupaba, o la que estaba vacía en la casa de la contratación de Sevilla, por ser el teniente general de La Habana un candidato perfecto para ocupar estos cargos.

Como parte de la solicitud de traslado, Ronquillo, junto a otros funcionarios de la Corona que habían servido en Cuba, como Juan de Maldonado, el entonces gobernador de la Habana, y Bernardino de Avellaneda, detalla en el primero de estos informes los servicios que había prestado al Rey, que fueron muchos y notables si leemos todos los testimonios. Entre ellos estaba el haber condenado a muerte a más de «50 sométicos» por cometer el «pecado nefando». ¿Quién fue entonces este inquisidor, que con una hoja tan extensa de servicios fue el primero en condenar este delito en Cuba? ¿Qué sabemos de los hombres implicados y del proceso que los llevó a las llamas?

En uno de los informes inéditos, Ronquillo da su nombre completo, Lucas Gomes Ronquillo, y refiere que se había graduado de bachiller y licenciado en la Universidad de Salamanca y que había sido abogado en la audiencia de Sevilla antes de llegar a Cuba. Que allí tomó posesión del cargo de teniente general de la Habana y que había hecho tan ejemplares castigos que después no se atrevió nadie a cometer otro, ya que había dejado la tierra «amedrentada». Entre estos delitos había asesinatos, robos, el juicio a unos amotinados de la Florida, y la sentencia a más de cincuenta hombres a morir quemados en la hoguera por el pecado de sodomía, que «tan desenfrenadamente se iba alargando en aquella ciudad que fue de mucha importancia por lo que pudiera cundir en muchas partes de las Indias por ser aquella ciudad el paso a ellas y donde llegan las armadas y flotas» (Gomes

Ronquillo 1598: 128). Para que se tenga una idea de las acciones de Gomes Ronquillo y de la severidad de sus castigos, vale reproducir el párrafo que nos interesa del documento de 1604, al cual he modernizado ligeramente la ortografía con el fin de que se pueda entender mejor. En este documento se afirma que Ronquillo:

> Hizo un descubrimiento y pesquisa el año de [15]96 estando allí la armada general Don Bernardino de Avellaneda de gran suma de sométicos que iban del Perú y Nueva España y se juntaban en la Habana a cometer este delito y pecado nefando que se iba entrando por los soldados de los presidios de la Habana y por la gente de los actos y estancias de manera que se iba perdiendo la tierra y las indias por comunicación que tiene dentro de ellas y dentro de 30 días hizo justicia de 50 sométicos sin otros muchos que murieron huyendo de esta justicia dejando la tierra limpia de esta mancha y de la pestilencia que iba arraigando en la dicha ciudad de lo cual atajó con las grandes diligencias que hizo así para el descubrimiento [...] que después de hecha esta justicia vino del Perú un mulato llamado Juo. Sánchez que andaba en las dichas provincias veinte y cuatro años había usado de dicho pecado y dentro de veinte días después que llegó le prendió y descubrió muchos delincuentes en el Perú y Nuevo Reino de Granada y le quemó por somético famoso. (2006: 81; énfasis en el original)

A juzgar entonces por los informes que se conservan en Sevilla, el proceso contra los sométicos o sodomitas ocurrió en 1596, cuando la armada de Bernardino de Avellaneda, quien también da fe de estos hechos, estaba en Cuba para proteger las naves que iban y venían del Nuevo Mundo. El memorial de 1604 continúa por varias páginas narrando los servicios que el teniente gobernador había desempeñado en La Habana. Narra los métodos que utilizó para enjuiciar a sus víctimas, que podían ser la decapitación, la horca, la hoguera, la galera y hasta la mutilación de alguno de sus miembros, como ocurrió con los soldados que se amotinaron en un fuerte de la Florida y a quienes Ronquillo ordenó cortarles la cabeza, ponerlas en garfios en los fuertes, y la mano derecha de uno de los acusados, por ser la que utilizó para hacer la petición de motín, cortarla y clavarla en la picota (2006: 86). Lo anterior da una idea de la severidad con la que actuó el teniente general y de la violencia ejercida contra los sodomitas. Por eso asegura que «ha quedado limpia la tierra de esta pestilencia y puesto un muy grande seguro en ellas y en los castillos que con este mal corrían muy grandes peligros sino se atajara y con si mismo» (Gomes Ronquillo 1598: 128).

Nótese el énfasis que pone Ronquillo en lo que pudiéramos llamar una red de sodomitas extendida por varias ciudades del Nuevo Mundo, y cómo el pecado se compara con una plaga o un mal que surte efecto por contagio, por el olor. Los testimonios que cita son ilustrativos del temor a la infección y de la necesidad de atajar el mal para que no se extendiera por el resto de América. Sus palabras también revelan la forma de actuar del aparato jurídico en casos como este, el perfil de las víctimas y las «pruebas» en que se basaba para condenar a los acusados, provenientes de testimonios y confesiones bajo tortura, que eran, en el mejor de los casos, inexactas.

¿Qué procedimientos de tortura se usaron con los reos? Los textos son parcos en detalle. Se habla, sí, de mutilación, decapitación, de arrastrar y «hacer cuartos» a los prisioneros de un motín, pero los instrumentos quedan en la sombra. Para hacernos una idea más clara del sufrimiento por el que pasaban los condenados por este pecado podemos leer el libro del jurista español Antonio Quevedo y Hoyos, *Libro de indicios y tormentos* (1632), que detalla varios de ellos para que los jueces que leyeran su libro supieran en qué momento utilizarlos. Entre los modos de tormento que explica está el del agua, que consistía en echarle agua al paciente por las narices, «tapándole la boca». El del «ladrillo», que consistía en ponerle los pies «mui caliente al reo». El llamado «el moscón», que se ponía en el omblígo del acusado «porque asi orada las mismas tripas» (1632: 73). El llamado «de la cabra» consistía en mantener al reo con hambre por varios días y luego untarle los pies con sal «para que se los lama, lo qual ella haze tambien con la habre y gusto de la sal, que se los rompe y despedaza» (1632: 73). Estos y otros procedimientos tenían la función de producir dolor, marcar el cuerpo del prisionero, humillarlo, destrozarlo y hacerlo confesar; como apunta Francisco Tomás y Valiente en *La tortura en España*, la confesión era considerada la prueba máxima de «la verdad», y para lograrla los jueces aplicaban el tormento de forma excesiva (1973: 114). Los reos debían admitir su culpa y confesar sus delitos ante el juez igual que si lo hicieran ante Dios. De hecho, a pesar de que estos no eran juicios de la Santa Inquisición, uno de los documentos del licenciado Ronquillo muestra que la razón religiosa estaba muy presente en sus acciones, al extremo que Ronquillo pensaba que quienes cometían el pecado nefando en la isla eran los culpables de las tormentas que de vez en cuando azotaban la tierra y producían la poca fertilidad de los terrenos. Ese temor aparece también en otro documento inédito, fechado en 1604, junto con la revelación, terrible como pocas en la historia de Cuba, de que el Teniente General quemó a los sodomitas en un horno de cal porque no pudo encontrar otro espacio para quemar vivas a tantas personas. Después de hacerlo, afirma, tuvieron «abundantísimos frutos»:

> permitía la magd de dios que todos los años sucediesen tan grandes tormentas que se llevava los frutos y mantenimientos y las casas y edificios y una tormenta de estas se llevó la mayor[¿] del castillo de la punta de la guardia de aquel puerto y en veinte y quatro días hice justa de sesenta sométicos delincuentes a los quales hise quemar en un horno de cal porque no había otro lugar más capaz para tanta jente y después acá no a sucedido ninguna tormenta y las tierras mui estériles an dado abundantissimos frutos porque las mui fértiles por esta causa no los davan. (Gomes Ronquillo 1604: 129)

Según el documento, no fueron cincuenta ni cincuenta y uno los condenados a las llamas en 1596, sino sesenta. Se consideraba tan grave este pecado y tantos miedos provocaba entre los fieles que la acusación podía venir hasta de un esclavo negro, que fue lo que sucedió en Cuba: según el informe de 1604 todo comenzó cuando un esclavo de La Habana acusó a un tal Ponçe de «sobarle sus vergüenzas» y de hacerle otros «actos deshonestos». Así, el escribano mayor de la guarnición de La Habana, Jerónimo Vázquez, afirma en el documento que un esclavo se le apareció a Ronquillo y «le dio nota que un soldado de las galeras que se llamaba Ponçe le había persuadido que fuese con él al monte y otras partes secretas y ocultas que tenía que decirle ciertas cosas y con halagos y palabras le sacó al monte y estando en él apartados sobole atento sus vergüenzas y hizo otros actos deshonestos» (2006: 86). Acto seguido, sigue explicando el escribano, Ronquillo tomó preso a Ponçe, quien después de ser «condenado a tormento» confesó que había tenido relaciones sexuales con otras personas. El informe se completaría con menciones a otros sodomitas del Perú, Nueva Granada y Nuevo México, conexiones de las cuales no tenemos más información por la escasez de documentos hallados hasta ahora y por la ausencia de interés de historiadores y críticos respecto a esta historia. Tanto es así, que sólo un historiador cubano, Julio Le Riverend, menciona el hecho de pasada en *La Habana, biografía de una provincia* (1960: 61); Pedro Marqués de Armas se apoya en él cuando refiere que en 1597 un esclavo llamado «Juan Sánchez» solicitó su manumisión porque «había descubierto y dado noticia de los que cometieron el pecado nefando» (2014: 32). Le Riverend no da más detalles sobre el proceso —al parecer ni siquiera tuvo acceso a los documentos mencionados, que tampoco mencionan el nombre del acusador—; se centra sobre todo en las condiciones económicas y sociales alrededor de las cuales se conformó la cultura insular de los primeros siglos de la colonia. De los documentos que citamos, sólo el fechado en Santo Domingo en 1604 menciona los nombres de Ponçe y del mulato que había llegado de Perú, precisamente «Juo. Sánchez».

¿Se llamarían igual el esclavo negro de La Habana y el mulato del Perú, o se trata de un error de transcripción?

Por otra parte, en el mismo Archivo General de Indias hemos encontrado dos pleitos por sodomía en los que un tal Jerónimo Ponçe se defiende de esta acusación y los jueces confirman la condena. El documento está fechado un año después del de Santo Domingo, el 25 de octubre de 1605, y en ellos se da por justa la sentencia de los jueces que lo habían hallado culpable, razón por la se encontraba preso en Sevilla. ¿Fue este Jerónimo Ponçe el prisionero acusado en La Habana de sodomía? Es probable que sí, ya que en otro juicio se dice que Jerónimo Ponce había sido remitido desde La Habana a consecuencia de este pecado; que era mulato, y que el pleito que se le siguió en 1603 en España fue por mantener relaciones sexuales en la cárcel con un esclavo morisco llamado Domingo. En el juicio, según Úrsula Camba Ludlow, Jerónimo Ponce declaró que había sido marinero de la Carrera de Indias, que era natural de Sevilla y que había sido encarcelado cinco años atrás, a los quince años aproximadamente (2012: 34). Si hacemos cuentas es muy probable entonces que Jerónimo Ponce haya sido el mismo del que se habla en el memorial de Ronquillo, aunque allí se dice que todo ocurrió en 1596 y que los acusados fueron condenados a las llamas.

Fuese este o no el acusado, de lo que sí podemos dar fe es de que Ronquillo fue implacable con los reos y que sus acciones debieron aterrar a los delincuentes y a cualquiera acusado de sodomía en La Habana. Después de todo la villa de San Cristóbal a finales del siglo xvi era un hervidero de ilegalidades, según dejan entrever estos memoriales, comenzando por las mismas familias adineradas que controlaban los Cabildos y terminando por la gente pobre que se dedicaba a negocios perseguidos para sobrevivir. Lo mismo sucedía con los propios esclavos, que tomaban para sí parte de los ingresos de los productos que comercializaban, práctica con la cual muchos pudieron conseguir su libertad. O con las esclavas jóvenes, cuyas ganancias, como dice el historiador, no procedían «de ocupaciones confesables, sobre todo en tiempos de flotas», en que llegaban a la Habana miles de marineros de otros países y se quedaban allí por meses (1960: 60).

Es de notar, de todos modos, que las referencias al «pecado nefando» reaparecen con frecuencia en la literatura de la conquista, y que su erradicación en las Indias sirvió incluso de pretexto a Hernán Cortés y Bernal Díaz del Castillo para conquistar México (Hardin 2002: 11). Quien lea estas relaciones, sin embargo, verá que no se trata de indígenas adoradores del demonio por sus prácticas idolátricas, ni de sacrificadores o caníbales: los acusados eran soldados y marineros que formaban parte de esa población flotante que se acrecentaba en las «galeras», y las dos únicas personas que se mencionan por su nombre son mulatos, uno natural de Sevilla y el otro del Perú. Nada de lo cual, por supuesto, es extraño, porque la sodomía fue un delito condenado por la Santa Inquisición y perseguido con celo por las autoridades españolas, que pensaban que ponía en peligro la seguridad de todos por la furia divina.

Desde el punto de vista cronológico el caso que nos ocupa es el primer proceso judicial que se conoce contra este tipo de delito en Cuba. Y aunque nuestra idea de la homosexualidad hoy por hoy difiere mucho de la del siglo xvi, hay que recalcar que ha sido una constante en la historia la persecución de todos aquellos que practicaran sexualidades no-normativas, y en especial «contra natura». La Habana tampoco fue el único lugar donde se siguieron este tipo de procesos criminales: en el mismo Archivo General de Indias pueden encontrarse otros documentos que refieren historias similares en territorios tan remotos como Lima, México o Filipinas. Las autoridades españolas, sin embargo, pusieron especial celo en controlar este delito en La Habana, por la posición tan céntrica que tenía en la comunicación con el resto de las Indias, y los destrozos que Dios permitía que sucedieran para castigarlos.

El caso ilustra perfectamente cómo el Estado colonial trató por todos los medios de mantener y restaurar el orden sexual, algo que no se limita por supuesto al siglo xvi, sino que se mantuvo como práctica habitual y que adoptará luego formas menos violentas, pero igual de impositivas. Entonces ¿cómo el aparato colonial traslada su celo por controlar los cuerpos de los hombres y las mujeres a las relaciones raciales en las épocas siguientes? ¿Qué otras leyes tenían los mismos objetivos?

Para responderse lo anterior basta leer las ordenanzas que emitió la Corona para prohibir el uso indebido de los trajes, o la pragmática contra los casamientos desiguales, que de forma efectiva separaba la sociedad colonial en dos mitades: por un lado los descendientes de africanos, y por otro los blancos. Así, la ordenanza de la Real Audiencia de México de 1612, titulada «el desorden en el vestir y usar de ropas finas», afirmaba que no era justo que a las negras y mulatas esclavas o libertas se les permitiera llevar joyas de oro o plata, ni perlas «ni vestidos de seda de Castilla, ni mantos de seda, ni pasamanos de oro ni de plata, so pena de cien azotes y de perdimiento de los tales vestidos» (Konetzke 1958: 181-183). No hay que olvidar que hasta el siglo xix el sistema punitivo descansó sobre la violencia corporal, sobre todo si era un esclavo quien cometia la ofensa. Con el tiempo, sin embargo, la represión tomó la forma del control sobre la norma y trasladó las pulsiones del orden a la educación y la moral, con lo cual el cuerpo dejó de ser el objetivo del castigo para convertirse en un residuo. El verdadero poder recaerá sobre las mentes y la sensibilidad de los súbditos.

Podemos pensar que estas regulaciones tenían únicamente la función de distinguir entre las castas y mantener el poder simbólico de una sobre la otra. En realidad, significaban mucho más, ya que la ropa y los adornos han tenido siempre la función de resaltar la sexualidad femenina, o como sostiene Jean Baudrillard, la de permitir su erotización o fetichización (1993: 102); por eso hay que verlas también como una amenaza a la moral y un mecanismo para reprimir el deseo. Aquellas mujeres que osaban transgredir estas normas lo hacían con el conocimiento de que su cuerpo, marcado como inferior desde el punto de vista racial o social, tenía la capacidad trasgredir los límites sexuales de la época, con lo cual ayudaban a liberarlo de las trabas morales y raciales que exigía la ley. De esto derivaba el temor a que estas leyes no se cumplieran, y de ahí que en un artículo publicado en el *Papel Periódico de la Havana* (1790-1805), José Agustín Caballero, uno de los intelectuales más respetados de aquel momento, se lamentara de «la confusión» en el vestuario apreciable en el país y del comportamiento de las mulatas en las fiestas nocturnas. Decía Caballero:

> En parte alguna del mundo se ve la confusión que en nuestro País en orden a los vestidos y porte de las personas. Los adornos y trages que estaban establecidos para diferenciar las condiciones, al presente sirven para confundirlas. No se distingue el noble del plebeyo, el rico del pobre, ni el negro del blanco. Regularmente se necesita verles a las caras para no equivocarse por el vestido. La espada a la [ilegible] distintivo de la nobleza, tan bien la ciñe el militar y noble a quien corresponde, como el negro, el mulato y un *Quidom* a quien no pertenece. Igual atavío adorna a una Señora de carácter como una negra y mulata que deberían distinguirse por ley, por respeto y por política, de aquellas a quienes ayer tributaban reverencias, y servían como esclavas. A tal llega la presunción de esta clase de gentes que se desdeñan de baylar (particularmente las mulatas) con sus iguales, y no romperán el sarao, hasta que los mozos blancos no concurran a él. (1990: 67; énfasis en el original)

El *Papel Periódico de la Havana* fue una de las primeras publicaciones de la isla, en cuyas páginas comenzó a forjarse la identidad cubana. Su fundación en 1790 se debió al capitán general Luis de las Casas (1745-1800), quien tres años después puso su dirección en manos de la Real Sociedad Patriótica de la Havana. Su objetivo era criticar aquellas fallas o rasgos en el tejido social que no contribuían a la ilustración ni al progreso del país: la nobleza ociosa, el lujo, la ostentación (Quinziano 1999: 426), y por supuesto las sexualidades fuera de la norma impuesta por el catolicismo y el aparato legislativo de la metrópoli. El momento en que José Agustín Caballero decía esto coincide, además, con el auge de la trata negrera y el despuntar de la riqueza suntuaria, cuando comenzaron a llegar miles de esclavos africanos a Cuba para trabajar en las plantaciones de azúcar. Esclavos africanos que se iban mezclando con los criollos y los españoles, formando esa clase aparte, espoleada y temida, que eran los mulatos.

No extraña entonces que el autor de *Filosofía electiva* se lamente en su artículo del desorden en los trajes y el comportamiento de las mulatas, y que les recuerde a los negros y a los pobres que tener dinero no quería decir que podían gastarlo como quisieran. Que «la ley y tu propia conciencia» debían decirle al «negro atrevido, [a]l mulato insolente, y [a]l plebeyo engreído» que no podían vestirse como un señor ni llevar armas (1990: 68). Se entiende entonces que la preocupación de Caballero sea la del amo que insiste en defender sus privilegios y en marcar las diferencias que lo distinguían de los otros para que no se «confundieran» con él. Al hacerlo se aseguraba de mantener las distancias raciales y de clase, así como de fijar la condición del otro en la arena pública. Sólo ellos podían lucir su poder en los paseos, en la iglesia y los teatros; los otros debían «guardar su lugar», y si Caballero hubiera tenido el poder de hacerlo, incluso le habría quitado a los negros los oficios que ejercían; de hecho, junto con esta crítica al mal uso de los vestidos, llama a los blancos a aprender los oficios que estaban en manos de negros y mulatos, puesto que no tenían que ver, dice, como inferiores estas ocupaciones (1990: 60).

Esta queja se repetirá en los textos de otro de los principales pensadores de la aristocracia azucarera criolla, José Antonio Saco (1797-1879), quien, al igual que hizo antes Caballero, vio la distribución de los empleos como contraproducente para la élite del país. Saco decía que, como a los negros se les había destinado el trabajo mecánico «como propio de su condición», el amo que despreciaba al negro «muy pronto empezó a mirar del mismo modo sus ocupaciones, porque en la exaltación o abatimiento de todas las carreras, siempre ha de influir la buena o mala calidad de los que se dedican a ellas» Por consiguiente, continúa Saco, quedaron para los blancos «las carreras literarias y dos o tres más que se tenían por honoríficas» (1858, vol. 1: 205). Esto explica que adonde quiera que se mire en la sociedad esclavista decimonónica se vea una sociedad polarizada, dividida en blancos y negros, y que los letrados se quejen de que por estas razones hasta las artes hayan quedado en manos de los descendientes de africanos. Para ellos, sin embargo, era un círculo vicioso: estos eran los únicos oficios que podían hacer, y se les criticaba porque su «calidad», según Saco, impedía que los blancos los ejercieran.

En realidad, la cuestión debió ser más complicada que el modo en que lo explica Saco, y es posible que no haya sido únicamente el racismo y las diferencias de clase lo que llevó a los negros a destacarse más que los blancos en estas ramas. La competencia con negros y mulatos de más talento, que sólo tenían este modo de sobrevivir, y pusieron todo su empeño en ser mejores, sumado al dinero que recibían por desempeñar esos oficios, es probable que jugaran un papel aun mayor que el de la raza (Carpentier 2001: 154). Por eso, advierto, fueron estos mismos trabajos rechazados por los blancos los que permitieron a los negros libres, como el sastre Uribe y el músico Pimienta en la novela de Villaverde, ascender en la escala social y ganar un salario que de otra forma no hubieran recibido. Ciertamente, no fue la única vez en la historia que un grupo marginado hizo un trabajo que otros no querían hacer y sacó provecho de esa oportunidad. Por ejemplo, tal como refiere Vamberto Morais en *A short history of anti-Semitism*, a los judíos les sucedió algo similar con la banca. Durante el medioevo fueron forzados a hacer el único trabajo que se les permitía, el de banquero; la iglesia condenó el negocio de la usura muchas veces en los concilios de Laterano (1179), Lyons (1274) y Viena (1312) (1976: 108), al extremo que se dictaron medidas contra los que lo hacían. No obstante, los judíos lograron tal éxito en esta empresa que pudieron poco después financiar o hacer préstamos a los reyes, quienes, cuando no querían pagarles, incitaban al pueblo en su contra (1976: 109-10). El caso de los oficios mecánicos en

Cuba no debió ser muy diferente, y si el gobierno colonial hubiera seguido la lógica de Caballero y de Saco muchos negros y mulatos no hubieran tenido ni siquiera la oportunidad de ejercer profesiones que les estaban reservadas como las de costurero, cocinero, pintor o músico, lo que hubiera resultado en más pobreza y en una influencia cultural mucho menor en la historia de la isla.

Ahora bien, la distribución de los trabajos y la confusión en el vestir no eran las únicas preocupaciones que tenía José Agustín Caballero. También criticaba en otra carta al «hombres muger», aquellos que sufrían el «torpe y abominable vicio de la Afeminación, antiguo BOLERO o enfermedad que ha contaminado a una porción considerable de hombres en nuestro País» (1990: 75). ¿A qué se estaba refiriendo Caballero con estas palabras?

Si consultamos las primeras ediciones del *Diccionario de la Lengua Castellana* veremos que la palabra «bolero» tenía dos significados. El primero se refería al muchacho que se huía de la casa del padre, y se dedicaba a hacer bolas (1726: 638). Esta acepción parece ser la del muchacho «novillero que hace bolas», que registra poco después el diccionario de Terreros y Pandos, que agrega a continuación que se utilizaba este vocablo también para llamar a alguien «mentiroso», siendo esta una voz jocosa (1786: 257). Tenemos así que Caballero critica con el término a quienes lucían o posaban como algo que no eran: aquellos hombres que lucían como mujeres, y eran por eso «mentirosos». Ve la «Afeminación» como una «enfermedad» y llama a curarla. Si se comparan estas recriminaciones con los procesos judiciales contra los sodomitas que hemos mencionado, aun cuando la visión ilustrada de José Agustín Caballero es ciertamente más suave, sigue siendo incómoda, porque revela la persistencia del odio contra el homosexual en Cuba[1]. Para él, estos «hombres-mujeres»

---

[1] Entre los libros que destacan la persistencia de la homofobia en Cuba, vale recordar *Sexual politics in Cuba: machismo, homosexuality, and AIDS* (1994), de Marvin Leiner, y *Machos, maricones, and gays: Cuba and homosexuality* (1996), de Ian Lumsden. En relación con la literatura, véase Fowler 1998 y Bejel 2001.

engañaban a todos al apartarse del resto de los hombres para imitar a las muchachas en el uso de vestidos y arreglos y al frecuentar lugares que, como insiste Caballero, no se prestaban para endurecer el carácter. Su preocupación, otra vez, era con el orden y la «confusión» que el desorden podía causar entre los géneros; si una sociedad debía distinguirse y progresar, sus habitantes debían ocupar el lugar que le correspondía en la gran escala biológica y social determinada por la «naturaleza»: «a los grandes Señores la naturaleza los diferenció de los demás en su nacimiento y sangre, [y] deben también distinguirse en el vestido» (1990: 68). La situación que aparece ante sus ojos resulta muy similar a la anarquía, que él trata de arreglar a través de la sátira, el escarnio público y el dirigismo ilustrado de sus cartas. Para él los hombres-mujeres («petrimetres o afeminados») habían rechazado «el privilegio y la gloria de ser Hombres» (1990: 77) en un mundo en que, por supuesto, las mujeres eran consideradas seres inferiores y sin derechos.

Irónicamente, Caballero no firma este artículo con su nombre. Hace su crítica desde el anonimato, utilizando la voz de «una hermosa y aguda señorita» a quien el periodista frecuentaba y quien, indignada por lo que había visto en La Habana, arremete contra ellos. Critica que los afeminados gocen de lo que él/ella llama «regalos y deleites» –música, bailes y lujos–, porque esto haría que «degeneraran en femeniles costumbres» que no servían para defender la patria. Y se preguntaba: «¿si se ofreciera defender a la Patria, que tendríamos que esperar en semejantes Ciudadanos o Narcisillos? ¿Podrá decirse que estos tienen aliento para tolerar las intemperies de la Guerra?» (Caballero 1990: 77). En uno y otro caso, por supuesto, la respuesta era que no, de lo cual se desprende su preocupación con preservar la norma racial y sexual de la colonia, al igual que sus propios privilegios. No sería esta la última vez que la medicina y la política confluyan entre finales del siglo XVIII y principios del XIX para legislar sobre los cuerpos. Al menos otros dos casos ocurridos en Cuba en esta época muestran la preocupación con guardar las diferencias y en anatemizar la homosexualidad o el hermafroditismo.

El primero sale a la luz en 1813, cuando Tomás Romay publicó en el *Diario del Gobierno la Habana* un artículo sobre Antonio Martínez, un marinero que había llegado a La Habana y que, aunque estaba vestido de hombre, se identificó como de ambos sexos. Romay detalla su caso, las particularidades de su cuerpo y lo caracteriza de «monstruosidad» (1966: 27), aunque afirma que este era un fenómeno que se daba en todos los reinos de la naturaleza, en los animales, las plantas así como en las ostras, que va desapareciendo a medida que el animal se vuelve «más perfecto» (1965-1966: 29). Su punto de vista se origina, como el de otros naturalistas y médicos, en la razón ilustrada y las ciencias, que sirven de guía a otros escritores para tratar de catalogar, describir y vigilar los tipos y costumbres de la población cubana. Responden a un orden de «perfección» en el que los homosexuales ocupaban el lugar más bajo, junto con los animales invertebrados o los «brutos». Tanto es así, que poco tiempo después de escribir Romay este artículo se da el escándalo de Enriqueta Faber, la francesa que vestida de mujer estudió medicina en la Universidad de París y luego emigró a Cuba, donde se casó en 1819 con Juana de León Hernández. Cuatro años después, Juana de León denunció a Faber ante la justicia, alegando que su esposo no era hombre sino mujer, y Faber fue sometida a un juicio legal y un análisis médico en que se le encontró culpable de engaño, siendo castigada a prisión y destierro de la isla de Cuba (véase Pancrazio 2014).

Durante casi todo el siglo XIX, entonces, encontramos esta forma de vigilar y normativizar los cuerpos de los otros con el fin de preservar las diferencias en una sociedad cuyo principal objetivo, como decía el viajero español Antonio de las Barras a mediados del XIX, era «conservar [los blancos] la fuerza moral a fin de tener sometidos a los de la raza negra» (1926: 111). Las reglas exigían, según afirma Barras, que los blancos y los negros no se mezclaran en ninguno de los actos públicos y que tuviera cada cual su espacio designado en el teatro, en el circo y en los bailes. El único lugar donde se les permitía mezclarse era en la iglesia, para demostrar que «ante Dios todos son iguales» (1926: 112); no por casualidad, la primera pintura que se conoce de un negro en Cuba es la pechina pintada por José Nicolás de la Escalera, donde aparece la familia del Conde de Casa Bayona (1760-1766) con Santo Domingo y un esclavo doméstico.

Los blancos, claro está, no tenían estas restricciones. Eran los amos, quienes establecían las leyes y se autorizaban a violarlas; si bien existía desde 1805 una pragmática que prohibía los matrimonios desiguales, los blancos cuando querían tomaban de querida a las mulatas o a sus esclavas. Los negros y mulatos no podían hacer lo mismo, ya que como dice el mulato José Dolores Pimienta en *Cecilia Valdés* (1882), «ellos nos arrebatan las de color, y nosotros no podemos ni mirar para las mujeres blancas» (1971, vol. 1: 215). ¿Cómo reflexionan, entonces, los escritores cubanos de la primera mitad del siglo XIX sobre la sexualidad de negros y mulatos, tomando en cuenta estos límites que imponía la sociedad? ¿Cómo aparece el cuerpo de la mulata en la novela de Cirilo Villaverde, o en las marquillas cigarreras?

En las obras de ficción del periodo los autores se enfocan en las relaciones sexuales, en la topografía, en la naturaleza y en los «tipos y costumbres» de la sociedad colonial, que critican muchas veces desde una perspectiva racista o de privilegio blanco. Su interés principal será la mulata, a la que critican por amenazar con su erotismo la estabilidad de la sociedad. Este es el caso de la serie de marquillas de tabaco titulada «Vida y muerte de la mulata», compuesta por quince cuadros a color que narran su vida desde el momento en que son concebidas hasta el momento en que mueren. Según estas imágenes, producidas por la fábrica de tabaco La charanga de Villergas, la mulata nacía de una relación ilícita, marcada por el interés comercial entre un español y una negra. De joven la mulata ya tiene un amante blanco; poco después es prostituta o querida de un blanco, y finalmente muere sola en un hospital. De modo que en estas ilustraciones no sólo se describe su «vida trágica», sino que se equipara su sexualidad con un acto de transgresión y cosificación de su cuerpo –en más de una de ellas se compara, por ejemplo, su procreación con el trabajo que costaba producir otros productos agrícolas de la colonia–. Según estas marquillas el padre español es quien siembra la «grata cosecha», al embarazar a la negra; y de la mulata niña se nos dice que ya «promete óptimos frutos». Encontramos en ellas el mismo discurso de los industrialistas azucareros, las metáforas «mercantil-utilitarias» que muestran una lógica de dominación que se repetirá en otros escritos de la época, como el poema «La mulata» (1839), de Francisco Muñoz del Monte.

Del Monte describe a la mulata como un ser híbrido y fatal, como la «manzana que arrojó la discordia», como Venus griega y como la serpiente que enrosca con su cuerpo al amante, hasta que lo estrangula y lo devora. En su poema, Del Monte recurre a imágenes sexistas y amenazadoras para explicar los efectos que estas mujeres causaban en sus víctimas, hombres blancos que «la obedece[n] servilmente» y que serán pronto devorados por ellas. Para el poeta la mulata era el «cambiante anfibio, esfinge misteriosa, / que el enigma propone a los paseantes / y al que no lo descifra los devora» (1981: 197). En el mito griego, el «enigma» era un acertijo que sólo Edipo logró resolver; el resto de los que lo intentaron habían muerto devorados por ella. En el poema de Muñoz del Monte, por consiguiente, la mulata es el problema al que hay que buscarle una solución. Es la maldad personificada, que por su propia apariencia –no pertenece a ninguna de las dos razas, y por eso se la compara con el diablo– escapa a la norma y a los controles esclavistas. Escribe Del Monte:

> Y la barbarie y la cultura luchan
> En su frente majestuosa
> Como en la frente de Luzbel un día
> Lucharon bien y mal allá en la gloria.
> (1981: 196)

Lógicamente, detrás de esta descripción de la mulata como ser híbrido, serpiente o diablo, se escondían los temores de una clase que veía cada vez con mayor inquietud el lugar que ocupaban los negros y los mulatos en la sociedad. La mulata, por tanto, está desprovista de todos los atributos que usaban usualmente los escritores decimonónicos para referirse a las mujeres blancas, como bondad, caridad, belleza angelical y desinterés, atributos estos que hereda el romanticismo de la literatura provenzal y del culto mariano, que ve a la mujer como un ser «semidivino», moral y espiritualmente superior al hombre (Stevens 1973: 91). En otros poemas que Muñoz del Monte dedica a jóvenes blancas en *Poesías* –donde no aparece el que estamos comentando–, la mujer es un «ángel» del hogar y del jardín, a quien la «virtud santa / coronó tu belleza y tu talento» (1880: 60). En estos retratos la belleza va unida a la «beldad moral» (1880: 68), y por eso en ninguno se expresa el deseo por el otro. El que más se le asemeja en el tono es el titulado «La Habanera», donde se resalta la belleza «volcánica» de las jóvenes de esta ciudad, una belleza que revela, a su vez, la «violencia concentrada» de su ser (1880: 194). En el poema que dedicó a la mulata, sin embargo, no habla de virtud sino de pecado. No habla de su alma, sino del poder de su cuerpo, voluptuoso y dañino, que podía causarle la muerte al señorito blanco. Y no sólo de forma física, como sucede en la historia de Villaverde, sino también una muerte moral, por las consecuencias que implicaba hacerla su amante y mantener una familia paralela con ella.

En la época abundan las representaciones populares de la mulata y de la mujer que degradan su cuerpo al convertirlo en objeto o mercancía. En otra serie de grabados de las marquillas de tabaco, por ejemplo, se establece una correlación entre el color de la piel de las mujeres y las diversas fases de refinado por las que pasaba el azúcar. Los propietarios de azúcar registraban la calidad de sus productos con nombres como «excepcional, de primera, superior, bueno, corriente, regular e inferior» (Dihigo 1937: 415), mientras que los tabaqueros con el nombre de «desecho limpio, Desechito, Libra, o Injuriado»

(Pichardo 1875: 341). En las marquillas cigarreras, sin embargo, la terminología que se utiliza es la del azúcar, seguramente por ser un producto más apetecible, desde el punto de vista del gusto, que el tabaco. De ahí que en una imagen de la fábrica Para Usted, en la que se ven dos mujeres blancas, se lea «Blanco de primera (refino)»; y en otra, donde se observa una mujer con la piel ligeramente más oscura, «Blanco de segunda (tren común)» (Núñez 1989: 87). Por supuesto, la clasificación más baja en estos cuadros pertenecía a las mujeres con la piel más oscura, que en otra marquilla lleva el lema de «Quebrado de segunda» (Núñez 1989: 86), o sea, el azúcar de menor calidad. En consecuencia, con este sistema de clasificación «estético-mercantil» los ilustradores de las marquillas daban mayor valor a una tonalidad de piel que a la otra. Identificaban a la mujer con una mercancía o un objeto comestible, que podía comprarse o venderse en el mercado, algo que se insinúa también en otras de las imágenes que describen «La historia de la mulata», una de las cuales lleva por título «Poner los medios para conseguir los fines» (Núñez 1989: 57).

En esta otra marquilla se ve a una mulata vendiendo frutas, mientras que un hombre blanco se le acerca y le paga con una moneda. Para colmo, la mujer lleva un seno descubierto y extiende la mano a la altura de la cadera del hombre para recibir el dinero. Aquí no sabemos si el dinero es para pagar por una de las frutas que lleva en la cabeza o para pagar por su cuerpo. En otra imagen aparece una mujer muy similar, llevando también una bandeja de frutas y un seno descubierto, aunque a diferencia de la otra, en esta marquilla la mujer está embarazada y mira fijamente a un hombre que levanta la pierna derecha, en un gesto de querer patearla. El lema: «Percances del oficio» (Núñez 1989: 57). Por supuesto, vender frutas no implicaba ningún riesgo, pero mantener relaciones sexuales fuera del matrimonio con prostitutas o con amantes sí. Escritores y dibujantes podían criticarlas, concentrar en ellas la culpa del delito, más aun cuando pertenecían a un sector discriminado, vilipendiado y sin poder en la sociedad colonial cubana.

De ahí también que la voz lírica en el poema de Muñoz del Monte se presente como si fuera la de un cazador-civilizador, que en lugar de vencer a su enemigo, caía atrapado por su hechizo y tenía que pedir «piedad». Irónicamente, piedad era lo que pedían los esclavos como Camila y Francisco en las novelas antiesclavistas, en donde recurre la violencia de género que caracterizaba la relaciones entre los amos blancos y las esclavas mulatas. Por eso, como sostiene Vera M. Kutzinski en *Sugar' Secrets Race and the Erotics of Cuban Nationalism*, las representaciones de la mulata en Muñoz del Monte y Cirilo Villaverde no son iguales a las de Anselmo Suárez y Romero (1993: 24-25). No obstante, es el personaje de Cecilia Valdés, en la novela de Cirilo Villaverde, el que resume de forma magistral este tipo de representaciones, mostrando los límites que separaban una raza de la otra y lo peligroso que eran estos cruces en la sociedad esclavista. –no olvidemos que en la novela Cecilia termina enamorándose de Leonardo, que era su medio hermano.

Villaverde señalaba así los peligros que producían los cruces raciales y la paternidad anónima. Hacía notar que, a pesar de una sociedad fuertemente dividida en blancos y negros, a pesar de existir una línea racial que impedía desde el punto de vista legal que entraran en amores, no era posible limitar el deseo, y que precisamente por eso ocurrían casos como el de la mulata. Como ejemplo de esta línea racial que dividía ambos grupos, y que se veía trasgredida por las mulatas, Villaverde nota el espacio de la fiesta, adonde iban los hijos de los amos a divertirse y buscar mulatas. El narrador describe así el baile:

> En medio de la aparente confusión que entonces reinaba en aquella casa, podía observar cualquiera que, al menos entre los hombres de color y los blancos, se hallaba establecida una línea divisoria, que tácitamente y al parecer sin esfuerzo, respetaban de una y otra parte. Verdad es que unos y otros se entregaban al goce del momento con tal ahínco, que no es mucho de extrañar olvidaran por entonces sus mutuos celos y odio mutuo. Además de eso, los blancos no abandonaron el comedor y aposento principal, a cuyas piezas acudían las mulatas que con ellos

tenían amistad o cualquier otro género de relación, o deseaban tenerla. (1971, vol. 1: 115)

La descripción de la fiesta deja claro los límites que debía respetar cada grupo y la forma en que esos mismos límites se violaban, especialmente por parte de las mulatas, que eran quienes cruzaban de un lado a otro de la casa. Eran ellas las que buscaban a los blancos para divertirse o para que las hicieran sus queridas; eran ellas las que se tomaban esa libertad, y por eso ejemplificaban mejor que nadie el miedo de la sociedad blanca a la transgresión. De hecho, Cecilia Valdés, como Sab en la novela de la Avellaneda, se asemeja tanto a los blancos que casi se confunde con ellos. Ambos personajes encarnan la desobediencia a la ley que prohibía las uniones desiguales. Ambos se vestirán igual que los que no son de su clase, y en este mimetismo estaba la prueba más clara de la fragilidad de un sistema que dependía de los fenotipos raciales y de los códigos de vestimenta para mantener a unos y a otros separados.

Tanto es así, que al inicio de la novela de la Avellaneda el prometido de Carlota, Enrique Otway, piensa que Sab era «algún distinguido propietario de estas cercanías» o un amigo de Don Carlos, el padre de la joven. Según Otway, el traje que vestía Sab era como el que usaban los propietarios de haciendas de campo, que «gustan vestirse como simples labriegos» (Avellaneda 1963: 12-13). Para sorpresa de Otway, Sab mismo le dice que él es «mulato y esclavo», y esta revelación de su identidad causa tal cambio de opinión en el futuro esposo de Carlota que desde ese momento pone en duda cualquier cosa que Sab le cuente, desde el título de princesa de su madre hasta el origen de su nacimiento. Era gracias a la posesión de esos atributos –la ropa, el color de piel, la forma de hablar– que el joven lo había considerado blanco, algo que por supuesto no era.

Esto es, tanto Cecilia como Sab podían «pasar» por blancos, pero en realidad no lo eran. Su condición racial y social les impedía a ambos «adelantar» en la sociedad. Aspirar a hacerlo ya los convertía de por sí en una persona «soberbia», como dice Villaverde de la mulata (1977, vol. 1: 259), o en alguien «temible» y lleno de «osadía y pretensiones», como decía el oficial del gobierno de la isla, Vicente Vázquez Queipo, en su *Informe fiscal* (1845: 33). De ahí que para mantenerlos a raya, como decía José Agustín Caballero, «se necesita[ra] verles a las caras para no equivocarse por el vestido» (1990: 67), aunque a veces, como ocurría en el caso de Sab y de Cecilia, ni siquiera mirándolos de cerca podía saberse su condición. Era necesario un «ojo conocedor», que lograra distinguir las marcas que la sangre «impura» iba dejando en su cuerpo (Villaverde 1971, vol. 1: 77). En la novela de Villaverde el narrador posee ese ojo, que logra ver entre la «confusión» del baile la línea que los dividía, y que cuando mira a la joven detecta claramente las marcas de negritud en su rostro. Dice el narrador:

> ¿A qué raza pues pertenecía esta muchacha? Difícil es saberlo. Sin embargo, a un ojo conocedor no podía esconderse que sus labios rojos tenían un borde o filete oscuro, y que la iluminación del rostro terminaba en una especie de penumbra hacia el nacimiento del cabello. Su sangre no era pura. (1971, vol. 1: 77)

El narrador nota, en esa ausencia de pureza, que la muchacha pertenecía a la «raza híbrida e inferior» (1971, vol. 1: 113), o que tenía algún parentesco esclavo. Con lo cual nos recuerda los límites jurídicos y raciales de la colonia, o sea, la pragmática que desde 1805 prohibía los matrimonios desiguales por temor a que la sangre del antiguo esclavo «manchara», al decir de Vera Stolcke en *Racismo y sexualidad en la Cuba colonial*, la de los blancos (1992: 44). No era algo nuevo, por supuesto, porque el concepto de «impureza de sangre» tiene una larga data en la historia de Occidente y sirvió como dispositivo de control de los cuerpos mucho antes de la colonia. Había aparecido ya en los conflictos de convivencia entre cristianos, musulmanes y judíos en la España medieval (Kamen 2004: 40), y desde fecha tan remota como el siglo XIII, como recuerda Vamberto Morais, la iglesia católica había prohibido los matrimonios entre judíos y cristianos y exigido a los primeros el uso de escarapelas para prevenir que unos y otros mantuvieran relaciones sexuales sin saberlo (1976: 111).

La pericia, pues, con que el narrador podía descubrir en la fisonomía de la muchacha los rasgos negroides responde a estos intentos de clasificar, dividir y discriminar los cuerpos, basados en la propiedad de la sangre y el interés del poder. Además, si el narrador aspiraba a ser confiable y demostrarle al lector que conocía a los cubanos, debía poseer este «ojo conocedor»: el poder del sistema deviene, así, su propio poder de reconocimiento. Tal vez por eso ningún pasaje de la novela es tan ilustrativo de la forma en que el narrador puede alertar al público de los «errores de reconocimiento» que podían cometer los blancos como aquel donde Isabel Ilincheta, la prometida de Leonardo Gamboa, confunde a Cecilia con Adela, la hermana de Leonardo, y la llama desde su carruaje. Cecilia, que sabía que Leonardo estaba cortejando a Ilincheta y ve en ella a la mujer que venía a quitarle su hombre, se dirige a ella resuelta. Dice el narrador:

> [Cecilia] con las mejillas encendidas y los ojos chispeantes de cólera, era el trasunto de la hermana menor de Leonardo Gamboa, aunque de facciones más pronunciadas y duras. Más ¡ay! reconoció ella [Isabel Ilincheta] pronto su error. Apenas se cruzaron sus miradas, aquel prototipo de la dulce y tierna amiga se transformó en una verdadera arpía, lanzándole una palabra, un solo epíteto, pero tan indecente y sucio que la hirió como una saeta y la obligó a esconder la cara en el rincón del carruaje. El epíteto constaba de dos sílabas únicamente. Cecilia lo pronunció a media voz, despacio, sin abrir casi los labios: –¡Pu..! (1971, vol. 1: 352)

Con el insulto Cecilia no sólo traspasa la línea racial: también logra que Ilichenta se dé cuenta que Leonardo tenía otra mujer. La escena, por tanto, se estructura desde la óptica de un reconocimiento fallido, de una falsa identificación que se da justo por el parentesco entre la mulata y la hija más pequeña del esclavista. Ella era el «trasunto» de Adela, el «prototipo» de su amiga, que se convierte de un momento a otro en un ser monstruoso, mitad mujer y mitad pájaro que escupe improperios. Para el narrador la relación entre Cecilia y Leonardo se explicaba por la condición racial de la primera, ya que al ser la hija bastarda del blanco, tenía la aspiración de encontrar un marido de la raza del padre. Porque, como reiteran una y otra vez los personajes de Villaverde, la mulata –y no el señorito blanco– era la culpable de que así fuera. «La culpa la tienen ellas, no ellos», le dice el sastre Uribe a José Dolores Pimienta cuando se queja de que los blancos les «arrebataban» las mujeres de color. «No te quepa género de duda, porque es claro, José Dolores, que si a las pardas no les gustaran los blancos, a buen seguro que los blancos no miraban para las pardas» (Villaverde 1971, vol. 1: 215). El pecado original, por consiguiente, residía en aquellas mujeres que cruzaban la línea impuesta e iban de un lado al otro de la casa. En un ambiente donde sólo existe el privilegio blanco, ellas son los sujetos anatópicos por excelencia, las que están «fuera» del lugar que es la ley, y por esta razón debían conformarse con los hombres de su color. Cecilia no lo hace, y precisamente por eso es criticada, en una lógica ingenua que desconoce, por un lado, el poder del amo sobre los esclavos, y por otro, la libertad de cada cual de escoger su pareja. De modo que si aquí los señoritos blancos quedaban eximidos de culpa, la mulata era discriminada por su género, por su casta y por su origen. No por gusto, es el deseo de venganza por parte de Cecilia lo que lleva a José Dolores Pimienta a matar a Leonardo Gamboa al final de la novela. La atracción física y el interés por ascender socialmente son los culpables del crimen. Una atracción y un interés que vienen de la internalización de la norma esclavista, que supeditaba una raza a la otra y hacía que la llamada raza «inferior» tratara de imitar a la «superior».

Lógicamente, al adoptar ideas, vestimentas, ritmos y parejas sexuales que no «pertenecían» a su raza, los negros y mulatos estaban rechazando la que heredaron de sus padres y escogiendo la cultura del blanco interesado en mantener el *statu quo*. Villaverde no podía ver con buenos ojos esta imitación de los negros y mulatos porque la imitación y la transgresión podían homogenizar a la larga el país y hacer que degenera sus costumbres. Pero en una sociedad como la cubana, las normas de comportamiento de los blancos eran las únicas con prestigio y las únicas consideradas «superiores», mientras que las otras, las de los negros en los barracones o los barrios marginales como Jesús María, eran consideradas «bárbaras», «salvajes» o peor aún, propias del demonio. Por tanto, exigirles a negros y mulatos que hicieran lo contrario era pedirles que vivieran en otro país y en otra época y desconocer los mecanismos de supervivencia en una sociedad fuertemente jerarquizada y discriminatoria. Cecilia pensaba así, como dice el narrador, porque quería escapar de la pobreza y del racismo de la sociedad, al cual ella misma estaba encadenada por su propia percepción de la superioridad racial del blanco. Dice el narrador:

> A la sombra de un blanco, por ilícita que fuese su unión, creía y esperaba Cecilia ascender siempre, salir de la humilde esfera en que había nacido, si no ella, sus hijos. Casada con un mulato, descendería en su propia estimación y en la de sus iguales: porque tales son las aberraciones de toda sociedad constituida como la cubana. (1971, vol. 1: 170)

Esta conclusión es recalcada en cada escena donde Cecilia habla de los negros y de sus preferencias sexuales. El narrador en una oportunidad llega a hacerle decir a Cecilia que «se me caería la cara de vergüenza, si me casara y tuviera un hijo saltoatrás» (1971, vol. 2: 393); es decir, un hijo de piel más oscura que ella. En una sociedad con un sistema tan «aberrante» como ese, como diría Villaverde, era posible pensar de este modo porque así lo imponían el racismo y la esclavitud. Pero para muchos que no contemplaban el cambio de sistema como opción, este era el único modo que tenían de escapar a su origen, que es precisamente lo que Villaverde critica en su novela. Para él, al hacerlo, la mulata no sólo violaba la ley que prohibía los «matrimonios desiguales» (Stolcke 1992), sino que los blancos corrían el riesgo de acostarse con sus medio-hermanas y de que cayera sobre sus familias el estigma de la «impureza» de la sangre. Era cierto, como dice el narrador, que el caso de Cecilia no era el único en Cuba y que había otras mujeres menos lindas que ella y con «sangre más mezclada» que se «rozaban en aquella época con lo más granado de la sociedad habanera», pero aquellas «disimulaban su oscuro origen o habían nacido o se habían criado en la abundancia» (1971, vol. 1: 170). Cecilia no tenía ninguna de las dos cosas. Su apellido por sí mismo bastaba para hacer notar su procedencia bastarda y su familia era extremadamente pobre, tanto que dependía del dinero que le daba Cándido Gamboa, su padre blanco, para sobrevivir. Por consiguiente, en su caso, el oro no podía «purificar» su sangre, y ella ni siquiera podía «disimular» su origen (1971, vol. 1: 170). Su condición le impide estar en otro lugar que no sea la casa de su abuela o la Casa de Recogidas, donde termina porque en otro lugar era un sujeto anatópico. Es por todo eso que lo que lo que vence en esta novela es la imitación fracasada, el deseo tronchado de la mulata al aspirar a estar en un lugar que no le pertenece. No extraña entonces que, en conjunto con esta crítica a la mulata por querer estar «fuera de lugar», Villaverde critique también las costumbres que habían copiado los negros de los blancos, como cuando hace referencia a la música que se tocaba en esos bailes y a la ropa que llevaban los invitados. En uno de ellos, dice el narrador, se tocó un «minué de corte» para comenzar:

> Este baile serio y ceremonioso estaba en desuso en la época de que hablamos; pero por ser propio de señores o gente principal, la de color de Cuba la reservaba siempre para dar principio a sus fiestas.
> Bailaba aquella anticuada pieza con bastante gracia por parte de la mujer y con aire grotesco por la del hombre, saludaron a la primera los circunstantes con estrepitosos aplausos. (1971, vol. 1: 108)

En efecto, el minué era un baile francés que se originó en la corte de Louis XIV y estuvo de moda en el siglo XVIII. Según el narrador, los negros únicamente lo tocaban porque era propio de los blancos, de «señores o gente principal». Pero el tono «imperioso», «serio» y «ceremonioso» de la pieza no se avenía con el tiempo, ni la fiesta, ni con el lugar donde se escuchaba. Era un anacronismo, una imitación fallida de un mundo al que los negros solamente podían aspirar, y que reproducían de un modo «grotesco». De ese mundo los negros solamente podían sacar fragmentos, objetos ya en «desuso», que no tenían ningún valor real y que lo único que causaban era confusión y risa. Esto es justamente lo que ocurre también cuando Dionisio, el cocinero de los Gamboa, le roba un viejo traje a su amo y se presenta en una fiesta sin ser invitado, solamente para terminar herido en un duelo con Dolores Pimienta. Cuando Malanga lo encuentra en la calle y lo recoge, le dice a Dionisio que pensaba que era un sepulturero por la ropa que llevaba, pero este le responde enfadado: «—Mi traje no es de zacateca, es traje de corte» (1971, vol. 2: 161). La confusión y el anacronismo se unen para crear una imagen grotesca del esclavo y de sus usos y abusos de los objetos culturales de los blancos.

Bastaría solamente con estos ejemplos, entonces, para ver cómo la esclavitud y las relaciones entre blancos y negros en la primera parte del siglo XIX produjo en Cuba una sociedad culturalmente híbrida a nivel urbano. Una hibridez problemática para autores como Muñoz del Monte, Cirilo Villaverde o Félix Tanco (1797-1871), quien decía que los negros esclavos se vengaban «de nuestro cruel tratamiento inficionándonos con los usos y maneras inocentes, propias de los salvajes de África» (2002: 107-108). Para Tanco, el lenguaje, la música, la danza y los gestos de los negros eran vectores contaminantes (este es el sentido del verbo «inficionar») de la sociedad blanca criolla. No eran elementos que podían producir un nuevo tipo de cultura sino, por el contrario, eran formas de tergiversarla, igual que las mulatas podían contagiar con sus enfermedades o con su sangre a los blancos. De esto resulta la necesidad de mantener los límites y el sistema segregacionista, que continuó durante la mayor parte del siglo XIX hasta que, en 1885, el gobierno español se pronunció en su contra (Barcia 2009: 87).

El segregacionismo, recordemos, es típico de una sociedad racista que trata de preservar el estatus social y el poder de una clase sobre la otra, y que rechaza el contacto del Otro porque lo cree inferior y teme que ocupe su lugar, ya sea a través de la mezcla racial o por un acto violento. Recae en los letrados, en las ordenanzas y en los escritores marcar estos límites, controlar esos cuerpos, para, como dice el crítico francés Étienne Balibar, «preservar la identidad del "yo" o la identidad de "nosotros" de toda forma de mezcla, entrecruzamientos, o invasión» (1991: 17-18).

En consecuencia, puede decirse que durante el periodo colonial las relaciones sexuales en Cuba aparecen reguladas a diversos niveles por poderes como la Corona, la Iglesia y la opinión pública, quienes prohíben por un lado los «matrimonios desiguales» y por otro critican el concubinato, la «familia paralela» y la promiscuidad sexual de las mulatas. En el memorial de Ronquillo aparece claramente el interés de la Corona en acabar con las prácticas no normativas que tienen lugar entre los soldados y marineros. El castigo tan severo que imponen a los que son hallados culpables de sodomía muestra la gravedad del asunto, que reaparecerá, en las cartas de José Agustín Caballero, en las acusaciones de «feminización» de los hombres. En estas cartas, en el poema de Muñoz del Monte, en las marquillas cigarreras y la novela de Villaverde vemos desarrollarse la misma intención: la de preservar la ley, y las marcas diferenciadoras en la sociedad esclavista, por temor a perder el poder. Unos y otros tratan de controlar la diversidad, invocando razones de clase social, religión y raza. En sus manos, estas razones son reglas de conducta, con las cuales tratan de reformar la sociedad, sus hábitos de comportamiento y sus deseos –y mantener, con ello, el *statu quo* que garantiza los privilegios del poder blanco. En estas representaciones la mulata adquirirá el papel principal porque ella resulta el objeto de transgresión por excelencia, el sujeto anatópico que se desplaza y salta por encima de las barreras sociales. Por eso se la describe como la amante-monstruo devoradora, que amenaza a los blancos y puede acabar con sus vidas. Esos textos, al hacerlo, buscan corregir ese deseo para evitar la «confusión», la mezcla racial y cultural que podía dar al traste con la cultura blanca-criolla.

El erotismo espiritual de los esclavos

A finales del siglo XVIII los hacendados cubanos idean el proyecto de modernizar la industria azucarera de la isla, y para ello se apoyan en la importación masiva de esclavos africanos. A partir de entonces miles de esclavos son traídos a Cuba en las bodegas de los barcos negreros para trabajar en los campos de caña, lo cual convirtió a la isla en uno de los productores de azúcar más importantes del mundo. Junto con la trata negrera surge también la necesidad de controlar la vida, la sexualidad y las enfermedades de los esclavos a través de un sistema que lo caracterizaba como un sujeto abyecto e inferior, cuyo único objeto debía ser la (re)producción de riquezas para el amo. En este capítulo me ocupo de cómo en este periodo el régimen esclavista puso un énfasis particular en el control biológico de su sexualidad para controlar sus vidas, algo que respondía a una preocupación mayor en el siglo XVIII, que fue, como decía Foucault, con la población en general, «la población-riqueza, la población-mano de obra o capacidad de trabajo» (2012: 35). A partir de esta época, sostiene Foucault, los estados europeos comenzaron a preocuparse por instrumentalizar o convertir la sexualidad en herramienta. Tomaron dominio del «cuerpo-especie» y de los mecanismos biológicos que servían de suporte a la vida humana. Se preocuparon por la salud y por regular la vida, los nacimientos y la mortalidad de las personas, creándose así lo que él llamaba una «biopolítica de la población» (2012: 168).

Cabría preguntarse, en este sentido, cómo el cuerpo del esclavo y de sus descendientes fueron utilizados por los esclavistas como «piezas» en la maquinaria que hizo posible el desarrollo del sistema y del conjunto de «tecnologías regulatorias» (Foucault 2003: 249) que tanto sufrimiento causaron. En lo que sigue quiero destacar la importancia de la sexualidad en los discursos a favor y en contra del poder, un poder que creó todo tipo de regulaciones para defenderse y aumentar su riqueza. Es también con esos fines en mente que los hacendados crean en los ingenios de azúcar barracones-cárceles para evitar que los esclavos se fugaran mientras descansaban por las noches, y mientras ellos escriben tratados de comercio donde aprueban o desalientan la inmigración blanca, africana o asiática.

Desde el punto de vista de la sexualidad, se preocupan por el número de hombres y mujeres que vivían en los barracones, por la talla que medían, por las enfermedades que traían de África o que contraían en los ingenios, así como por los índices de natalidad de las esclavas. Algunas de estas preocupaciones aparecen en los tratados que se publicaron en la época, como *El vademécum de los hacendados cubanos* (1831), de Honorato Bernard de Chateausalins, el ensayo titulado *Los esclavos en las colonias españolas* (1841), de la Condesa de Merlín, María de las Mercedes Santa Cruz y Montalvo (1789-1852), y el *Informe fiscal sobre fomento de la población blanca en la isla de Cuba* (1845), de Vicente Vázquez Queipo.

En estos textos se trata al esclavo en cuanto este era un medio para fomentar la riqueza de la isla o significaba un problema para el orden de la colonia. De este modo, al discutir la inmigración blanca a Cuba, Vázquez Queipo se preguntaba, preocupado, adónde irían a vivir los españoles contratados para trabajar en las plantaciones: «¿Se permitirían las uniones ilegítimas con los graves males consiguientes para la moral pública, [entre ellos, el aumento de] las castas mestizas, mil veces más temibles que la primera, por su conocida osadía y pretensiones de igualarse con la blanca?» (1845: 33). En su informe, Vázquez Queipo sopesa si levantar la prohibición de los matrimonios desiguales o aumentar la población negra de la isla, y encuentra cualquiera de las dos opciones preocupantes. ¿Cómo aumentar la población esclava? La opción que algunos hacendados habían encontrado había sido la de «criar esclavos», que alcanzó su mayor auge después que Inglaterra inició su compaña abolicionista y comenzó a subir el precio de los africanos (Moreno Fraginals 2001: 329).

Este fue el punto de vista que defendió la Condesa de Merlín en su ensayo, publicado originalmente en la *Revue des deux Mondes*; en él, la cubana afincada en París defendía la esclavitud por ser una especie de contrato entre siervos y amos. Un contrato mediado por el interés, en el cual ambos salían ganando, ya que en su opinión los amos hacían un favor a los negros al traerlos a Cuba, evitando así que fueran comidos o matados en África. En lo tocante a la sexualidad, la Condesa argumenta:

> En una parte de la isla, por un contraste de costumbres y de principios digno de notarse en algunas fincas, la esclava recibe una recompensa por cada hijo legítimo o ilegítimo que da a luz, y si llega a tener cierto número se le da la libertad. Este estímulo, tan contrario a las buenas costumbres, es favorable al aumento de la raza y mejora la condición de las esclavas. (2014: 28)

En otras palabras, para la Condesa de Merlín los llamados «criaderos de esclavos» eran una forma de acabar con la trata negrera y reforzar los vínculos que ya existían entre amos y siervos; además, su existencia ayudaba a las esclavas a conseguir su libertad y a ser tratadas mejor que las otras cuando estaban embarazadas. Por supuesto, para sostener esto la Condesa debe borrar el horror que tal práctica esclavista conllevaba, enmascarando bajo la falsa relación de mutuo afecto y beneficio el interés que tenían los amos en aumentar su riqueza. Al hacerlo, los esclavistas tomaban lo biológico como un medio para conseguir un fin: tomaban la vida para producir más vidas que estarían condenadas desde su nacimiento a vivir en la esclavitud y la muerte. Para la Condesa, sin embargo, gracias a esta práctica las esclavas podían llegar a obtener su libertad. Los amos las trataban mejor y «apenas están encinta, se les exonera de todo trabajo penoso, les dan mejor alimento y no vuelven a sus acostumbradas ocupaciones hasta cuarenta días después del parto» (2014: 28). Para colmo, la Condesa compara este tratamiento con el que recibían las mujeres en Francia —que eran libres pero que sí tenían que trabajar durante su embarazo–, para derivar del contraste la supuesta humanidad del sistema esclavista español. No es casual entonces, que en contraposición con esta forma de controlar la natalidad y la reproducción de los esclavos en los barracones, la Condesa describa la vida íntima de los siervos como «violenta y desordenada»:

> Pocas veces se casan y ¿para qué? El marido y la mujer pueden cualquier día ser vendidos a diferentes amos, y su separación llega a ser eterna: sus hijos no les pertenecen, y privados de la felicidad doméstica, así como de la comunidad de intereses, los lazos de la naturaleza se limitan entre ellos al instinto de una sensualidad violenta y desordenada. (2014: 28)

En su opinión, la vida sexual del esclavo estaría condicionada por las reglas que imponía el sistema y por un residuo de animalidad que reducía su comportamiento al «instinto» (2014: 28). Podría pensarse, por consiguiente, que para la Condesa los colonos cubanos habían encontrado la forma de redirigir el «instinto» de los negros, haciéndolos productivos aun en su intimidad, y cuidando de su salud, al menos mientras estos estuvieran aumentando su riqueza con sus propios hijos, que como deja entrever, podían ser «legítimo[s] o ilegítimo[s]» (2014: 28), es decir, tenerlos dentro o fuera de las uniones desiguales.

Por supuesto, huelga decir que detrás de estas alabanzas al «buen tratamiento» de los siervos en la colonia española se ocultaba la racionalidad de hacendados cubanos, que buscaban su propio beneficio (Moreno Fraginals 2001: 329-337, Ghorbal 2009), y que tenía como único objetivo aumentar su riqueza, rechazar las críticas de los abolicionistas ingleses y hacer crecer la «negrada». Con este crecimiento se acabaría con la «injusticia» de la trata, pero se lograría preservar la esclavitud como quería la cubana (Santa Cruz 2014: 11), convergiendo en la sociedad esclavista el control sobre la población esclava y el imperativo de proteger, garantizar y aumentar la riqueza de los amos. La Condesa defiende ese objetivo recurriendo a ardi-

des retóricos como el de la gratitud, el beneficio económico y una «protección» que no se diferenciaba en nada del cuidado que ponían los médicos en preservar la vida de los siervos, porque su fin era el mismo: preservar los cuerpos para la esclavitud, reproducir vidas que sólo merecían vivirse para enriquecer al amo. Vidas desprovistas de moral o de afectos, ya que según Chateausalins en *El vademécum*, la vida sexual de los esclavos era «polígama»[1], llegando al extremo de que no sentían «celos», porque este era un sentimiento característico únicamente de los «hombres civilizados», y a ellos «no les causa ninguna enfermedad» (1854: 37)[2].

Chateausalins publicó *El vademécum de los hacendados cubanos* en 1831, diez años antes que la Condesa de Merlín publicara su artículo, de modo que seguramente la cubana tuvo la oportunidad de leer su libro, que tuvo varias reimpresiones. En general *El vademécum* aboga por un mejor trato para los esclavos, mostrando los efectos que producían la violencia y la poca higiene en los barracones. Muestra tanto

---

[1] A propósito de la sexualidad del esclavo en los barracones, Moreno Fraginals menciona en *El Ingenio* que, por la desproporción entre hombres y mujeres, esta se desviaba a otras prácticas no ortodoxas. Para un comentario sobre la observación de Fraginals en lo tocante a la homosexualidad, véase Fowler Calzada 1998: 15.

[2] Para un análisis más detallado sobre los cruces del discurso médico-naturalista y la literatura de tema negro del siglo XIX, véase Camacho 2015a.

lo contraproducente que era maltratarlos como, al mismo tiempo, la necesidad de tenerlos bajo control, de disponer de sus vidas como si fueran prisioneros; no hay que olvidar que fue el propio Chateausalins quien recomendó que se encerrara a los esclavos en el tipo de estructura del barracón, un bohío con una sola una puerta a la entrada y cubículos separados con llaves, para que los negros no pudieran siquiera hablarse entre ellos por la noche (1854: 36).

En estos barracones dormían a veces cientos de esclavos después de terminar una faena de 12 o 14 horas de trabajo. Esteban Montejo, quien fue esclavo y habló de su experiencia en uno de ellos, decía en 1963, a la edad de 103 años, que allí vivían pocas mujeres. Muchos hombres se acostumbraban a vivir solos, y cuando se interesaban por una mujer recurrían a los «brujos» para que los ayudaran. Quienes primero decidían sobre la suerte de las esclavas eran los amos, que seleccionaban a las mejores para aumentar la población de los ingenios. Montejo relata que los amos buscaban a los negros «forzudos y grandes» para juntarlos «con negras grandes y saludables» (Barnet 1998: 42); los encerraban en un cuarto, los obligaban a tener relaciones sexuales entre ellos, y si la mujer no tenía hijos la mandaban de vuelta para el campo[3].

Su testimonio da fe de una práctica común incluso cuando él fue esclavo, mucho tiempo después de que la Condesa de Merlín se ocupara del tema. Nos habla de la deshumanización que producía

---

[3] Según Montejo: «en un cuarto aparte del barracón los obligaban a gustarse y la negra tenía que parir buena cría todos los años. Yo digo que era como tener animales. Pues... bueno, si la negra no paría como a ellos se les antojaba, la separaban y la ponían a trabajar en el campo otra vez. Las negras que no fueran curielas estaban perdidas porque tenían que volver a pegar el lomo. Entonces sí podían escoger maridos por la libre. Había casos en que una mujer estaba detrás de un hombre y tenía ella misma veinte detrás. Los brujos procuraban resolver esas cuestiones con trabajos calientes» (Barnet 1998: 42). Para una discusión más amplia del estilo y la definición del género testimonial en la obra de Miguel Barnet véase Sklodowska (1992: 7-52).

este sistema, de los profundos traumas físicos y psicológicos que dejó y de la utilización despiadada del cuerpo del esclavo con un fin eugenésico, ya que los esclavistas manipulaban sus características biológicas para encontrar un cuerpo perfecto, «productivo», capaz de rendir más en los campos de caña. Esta sería, entonces, la ingeniería biológica de la esclavitud en su forma más monstruosa y utilitaria[4]. Si los científicos habían ensayado cruces entre animales para lograr mejores crías, los esclavistas harán lo mismo con los esclavos; Esteban Montejo no duda en comparar esta práctica con la cría de curieles (Barnet 1998: 42), un animal conocido por su alto ritmo reproductivo y su bajo costo alimenticio.

A diferencia del testimonio de Montejo, Chateausalins y la Condesa de Merlín hablan del cuerpo del esclavo haciendo uso de los discursos racionalizadores que ordenan la vida en la plantación, y que buscan insertar al esclavo a manera de «pieza» en la maquinaria del ingenio. Son discursos provenientes de las ciencias médico-naturales y del reformismo social y económico, que ponían énfasis en las estadísticas, la arquitectura, los índices de natalidad, las enfermedades, la ingeniería biológica y la idealización del sistema, que buscaban preservar la esclavitud y convertir al esclavo en una mercancía que se reprodujera por sí sola, bajo la coacción y la vigilancia del amo, aun cuando algunos de estos tratadistas mostraban simpatía por ellos y buscaran remediar sus enfermedades. Es el caso de Honorato Bernard de Chateausalins, pero no el único: podemos sumar otros, como el del otro médico francés, Henri Dumont, quien escribió el estudio *Antropología y patología comparadas de los negros esclavos* (1876). Allí Dumont, además de anotar las enfermedades que padecían los negros en los ingenios, habla de la baja natalidad de las esclavas en comparación con la de las blancas. Dice:

---

[4] Para un análisis de la eugenesia en la modernidad véase Negri 2009.

la mujer de color esclava es menos fecunda que la blanca y que la de su misma raza viviendo en libertad. Es, por tanto, necesario precisar el secreto de la relativa infecundidad de las mujeres de color, descubierta por nuestras cifras. También debemos tener en cuenta el terror que causa a las madres esclavas el pensamiento de que sus hijos compartirán la desdichada condición social de sus engendradores negros. (1922: 97)

Dumont llega a esta conclusión basándose en los datos del Censo y haciendo uso de la estadística, otra de las herramientas predilectas del saber-poder de la administración colonial. Al igual que otros médicos que escribieron y curaron a los esclavos en las plantaciones, Dumont se identifica a veces con ellos, lo que por supuesto no quiere decir que abandone ideas preconcebidas, como cuando habla de la «inferioridad» del africano, de ser los congos «holgazanes por naturaleza» (1922: 36), o cuando trata de su vida íntima, que él cree que no se reflejaba como debía de ser en el Censo, ya que afirma que los negros «por su posición social, por su estado de abandono, por la ausencia de todo cálculo económico, y principalmente, por la lujuria, por la vida licenciosa que llevan los hombres y las mujeres de sangre africana, deberían ofrecer una cifra muy superior a la aportada por la raza caucásica» (1922: 97).

Nótese por tanto que esta última razón –contra su propia creencia de que la fecundidad de la raza blanca era mayor que la negra– se apoya en el discurso repetido por otros esclavistas e ideólogos del sistema, que generalizaban y condenaban al esclavo por su «sangre africana», por su «lujuria y la vida licenciosa». ¿Cómo era posible entonces que no hubiera un mayor número de nacimientos en las dotaciones? La respuesta él mismo la había sugerido al dejar constancia del rechazo de las madres esclavas a tener hijos en aquellas condiciones, para que estos no sufrieran lo que sufrían sus «engendradores». ¿Cómo lo evitaban? ¿A través de abortos? ¿Negándose a tener relaciones sexuales? Cualquier respuesta que se diera a estas preguntas sólo podía tener un objetivo: encontrar el «secreto» para remediarlo, algo que solamente podía beneficiar a los esclavistas. La problematicidad que supone el planteamiento o la incongruencia de las cifras era un modo de tratar de incidir sobre la sexualidad de los esclavos, de modo que los esclavistas lograran aumentar sus dotaciones. Su estudio sigue las pautas de otros manuales médicos interesados en «curar», pero sobre todo en «controlar», a través del conocimiento los cuerpos de los esclavos, la forma en que son percibidos y utilizados en los ingenios. Esta tradición había comenzado a finales del siglo XVIII, con las monografías médico-naturalistas de Francisco Barrera y Domingo (1763-1803) y de Antonio Parra Callado, el naturalista portugués que incluyó una de las primeras imágenes de un africano en Cuba, en su *Descripción de diferentes piezas de historia natural las más del ramo marítimo, representadas en setenta y cinco láminas* (1787).

En su libro Parra describe la hernia que padecía Domingo Fernández, que estaba ubicada en sus «partes pudentas», y las expone al público como algo insólito y extraño de admirar, por lo que en la primera obra del naturalismo cubano el negro entra por ser un «fenómeno raro de la naturaleza» (1787: 195): está presente por su deformidad, por ser otra «pieza» que, al igual que las distintas especies marítimas que Parra colecciona y luego vende a los reyes de España, forma parte del catálogo que los científicos europeos estudian a fin de entender mejor aquella posesión de España. Su narrativa ejemplifica lo «insólito y lo curioso en los siglos XVII y XVIII» (Marqués de Armas 2014: 20), que la medicina, con sus gabinetes de ciencia y sus análisis pormenorizados de la anatomía, explota. De hecho, como afirma Jean Lamore en su estudio sobre la mulata en los siglos XVIII y XIX en Francia, una de las fuentes más importantes para entender su representación fueron los textos científicos de la época, «particularmente los tratados de medicina» (1987: 297), que hablaban de un modo determinista de las condiciones atmosféricas de las islas caribeñas y de la inclinación al ocio y de la sensualidad de sus habitantes, reactivando así viejos prejuicios y nuevos modos de exclusión (Lamore 1987: 312).

«José Francisco». Pintura de Víctor P. de Landaluze.

En contraposición a este tipo de discurso médico-naturalista-mercantil, escritores como Anselmo Suárez y Romero y la Avellaneda abogan por un mejor trato para los siervos, enfocándose en sus sufrimientos y en su naturaleza moral. No hablan del sistema esclavista como una institución beneficiosa para los esclavos, ni de estos «criaderos», ni de la «sensualidad violenta y desordenada» que podía existir en los barracones. Se enfocan en la violencia de los amos blancos contra las mulatas y en los males que el sistema traía a la sociedad para tratar de reformarlo (véase Schulman 1977: 358, Silvertein 2015 y Camacho 2015a). De ahí que, al mismo tiempo que hay una crítica a la violencia esclavista en estas novelas, haya también una recreación o invención de la subjetividad de los negros, que invariablemente termina por convertirlos en ficciones sentimentales para solidarizar al lector con su causa[5]. En estos textos el erotismo físico pasará a un segundo plano, y las imágenes religiosas ocuparán el primero. Los

---

[5] Para un excelente análisis del ambiente reformista de la generación de Domingo del Monte véase el ensayo de Ivan Schulman, donde niega que estas novelas buscaran la abolición de la esclavitud y destaca su propósito de crear sentimientos de simpatía en los lectores a través de protagonistas idealizados

«El carnaval será lección de moral». En Antonio Núñez Jiménez: *Marquillas cigarreras cubanas* (106).

escritores recrearán la violencia del sistema, pero sobre todo a través del mundo interior de los esclavos, que funge aquí como una crítica de los discursos reduccionistas que hacían de ellos máquinas reproductivas y los situaban en una categoría sin importancia para justificar su opresión. Ante esa lógica perversa del liberalismo utilitario, estos escritores construyen un erotismo que los humaniza.

¿Cómo lo hacen? Poniendo el énfasis en sus virtudes y su «alma», una forma de defensa que ya había aparecido en la *Brevísima relación de la destrucción de las Indias* (1552) del fraile Bartolomé de las Casas y en otros textos religiosos. Este dispositivo de defensa reaparece en *Sab* (1841), donde el esclavo mulato se enamora de su ama blanca y llega a sacrificar su vida por ella, entregándole el premio de la lotería para que se pueda casar con su prometido. Uno de los momentos más íntimos de la literatura decimonónica cubana aparece justamente aquí, y tiene lugar una de esas noches que Sab, según le confiesa a Teresa, pasaba en vela pegado a la ventana del cuarto de Carlota

---

(358). En este sentido, véase también el libro de William Luis *Literary Bondage: Slavery in Cuban Narrative*.

(1963: 139). Una noche que Carlota se encontraba sola en su habitación, leyendo el libro de los Evangelios, abre la ventada de repente y se asoma al patio. Cuenta el esclavo:

> Súbitamente sentí descorrer el cerrojo de la ventana, y apenas tuve tiempo de ocultarme detrás del rosal que le daba sombra, cuando apareció Carlota. A pesar de ser la noche una de las más frescas del mes de noviembre, no tenía abrigo ninguno en la cabeza, cuyos hermosos cabellos flotaban en multitud de rizos sobre su pecho y espalda. Su traje era una bata blanquísima, y la palidez de su rostro y brillo de sus ojos humedecidos, daban a toda la figura algo de aéreo y sobrenatural. (1963: 139-40)

La descripción de toda la escena es importante: es la primera y única vez en la literatura cubana decimonónica que se describe la pasión oculta que siente un esclavo negro por su ama, algo completamente inaceptable en la época. En esta narración Avellaneda muestra el peligro de la intimidad de los dos grupos raciales y el deseo oculto, innombrable, del esclavo hacia su ama, que también fue tematizado por Víctor Hugo en *Bug-Jargal* (1840), un libro que la Avellaneda seguramente leyó (Picon Garfield 1993: 64). En la novela de Hugo Bug-Jargal se enamora de la hija del amo, María, le canta serenatas desde la oscuridad y, al igual que en la narración de Avellaneda, la espía a través de la ventana. Al final, como en *Sab*, Bug-Jargal muere, reactuando así el papel de héroe legítimo del Romanticismo que al final termina siendo un perdedor, pero lo importante a destacar es que en ambas aparece el deseo del esclavo por la mujer blanca, indicativo del peligro que podían correr las mujeres de ascendencia europea en las colonias donde imperaba la esclavitud. No por casualidad Bug-Jargal le confiesa más tarde a Leopoldo, el prometido de María, que él y su padre vivían felices en África hasta que llegaron los europeos y les prometieron «países más vastos que los suyos y mujeres blancas» (1840: 329). Durante toda la narración se asume que Bug-Jargal ha secuestrado a María para violarla, aunque al final descubrimos que no ha sido así. Bug-Jargal expresa también su amor de modo similar al de los esclavos en las novelas cubanas: a través de la idealización de la amada y el lenguaje religioso. Dice el esclavo: «Cuando veo deslizar tu forma esbelta, ligera y pura entre las inclinadas ramas de los cocoteros, un vértigo turba mi vista, *¡Oh María! y te creo un ángel de la creación*» (Hugo 1840: 51; énfasis mío). En sus palabras no aparece el lenguaje físico y directo que caracteriza el habla de los amos, interesados en mantener relaciones sexuales con las mulatas. Su pasión por la mujer blanca queda anclada a imágenes como la del «ángel de la creación», a pesar de que en la novela el narrador y el protagonista principal hacen críticas continuas al modo en que los revolucionarios haitianos usaban la religión en sus discursos, mezclándolas con rituales africanos, hasta convertir la experiencia religiosa en algo «ridículo» (1840: 192).

Por otra parte, la novela de Avellaneda es más crítica del sistema esclavista que la novela del escritor francés. Aun cuando ambos personajes negros son injustamente desdichados, el lector siente más empatía por Sab, quien expresa las pulsiones de su pasión erótica al tiempo que critica el lugar subalterno que ocupaban la mujer y el esclavo en la sociedad cubana. Como afirma Susan Kirkpatrick, Avellaneda usa la voz del esclavo para expresar su propia frustración por la situación adversa en la que se encontraban las mujeres en su época (1989: 156-157). Podríamos decir entonces que Sab «sabe» cuáles eran sus límites y los de la mujer en una sociedad patriarcal como la cubana, pero ninguno se rebela contra ellos. Su crítica no está dirigida a la forma en que eran tratados los esclavos en los ingenios; es más bien una crítica a la esclavitud doméstica, que, como ya habían señalado escritores costumbristas como José Agustín Caballero y Domingo del Monte, creaba situaciones de peligro y producía deformaciones de todo tipo en las familias blancas. En estos ambientes íntimos unos copiaban de los otros, utilizaban a los otros y se mezclaban con los otros, produciendo «confusiones» o disrupciones a nivel social. Por estos motivos Domingo del Monte decía que la esclavitud doméstica era el «cancro que nos corroe» (2002, vol. 1: 333). Por eso, al comentar el pasaje donde Sab ve a Carlota en ropa de dormir, Evelyn Picon Garfield hacía notar la fuerza subversiva que esto representaba para el poder del blanco (1993: 69); al hacerlo, Sab tiene acceso a una intimidad que estaba reservada únicamente para el esposo. Sab, según le confiesa a Teresa, llega a excitarse tanto al verla así que cree que las palabras que lee Carlota de la Biblia estaban dirigidas a él: «Venid a mí los que estéis cargados y fatigados, y yo os aliviaré» (1963: 139). Y cuando Carlota se arrodilla junto a la reja, el esclavo se acerca tanto hasta donde estaba que dice: «pude besar un canto de la cinta que ceñía la bata a su cintura, y colgaba fuera de la reja» (1963: 140). Tal muestra de «pasión insensata» (1963: 131) era un ejemplo del llamado «peligro» que corrían las mujeres blancas en un país como Cuba, donde ya existían más esclavos y negros libres que blancos. Y también, por supuesto, indicativo del deseo transgresor y subversivo del Otro, que aprovechaba las sombras y la intimidad para actuar y se escondía de las autoridades y del amo, que constantemente temía que los negros fueran a sublevarse. El deseo por la mujer blanca iba de la mano con el peligro, y así aparecen en la novela de Avellaneda, en las pinturas de Víctor P. de Landaluze y en las marquillas de tabaco.

En una pintura de Landaluze, titulada «José Francisco», otro esclavo doméstico acerca los labios al busto de una mujer blanca, cuyo cuerpo contrasta con la negrura de su piel y su boca. El esclavo no llega a tocarla, pero se inclina tanto sobre ella que su sombra sí la alcanza. Encima de la cabeza del esclavo, además, y como testigo mudo de aquella escena, aparece otra mujer que se lleva la mano al corazón y parece abrir la boca. Landaluze, quien se distinguió en Cuba por crear este tipo de escenas costumbristas, conocía muy bien los miedos que existían en la sociedad criolla y criticó con dureza a los cubanos independentistas desde las páginas de varios periódicos. Su percepción de la mezcla racial y la cultura cubana, por tanto, está cargada de una ironía corrosiva, que usa para criticar a los sujetos que se oponían a su parecer ideológico y su aspiración de preservar Cuba «blanca y española». En otro de sus cuadros, titulado «Cuando no hay nadie presente», otra esclava doméstica aprovecha también que está sola para probarse el traje y el sombrero del ama. Esta vez, la esclava, mientras limpia la casa —como era el caso de José Francisco— se detiene ante el espejo del tocador y se prueba por encima de la ropa el vestido azul y el sombrero de su señora, que a medio poner sobre su cuerpo lucen como aditamentos extraños y postizos. Curiosamente, al igual que en la imagen anterior, en la pintura aparece encima de la cabeza de la esclava otro cuadro, que representa también la autoridad esclavista, de un militar que mira la escena y que toma de esta forma el lugar del vigilante, del ojo que mira, del ojo de Landaluze que sorprende a estos esclavos cuando piensan que nadie los ve. Tal como ocurre en la novela de Avellaneda, estas imágenes hablan del peligro, del deseo y de la transgresión. Nos hablan de las aspiraciones y deseos de una clase espoleada que, a pesar de su servidumbre, no perdía momento para violar a escondidas la intimidad de los amos. Nos hablan, en fin, de la inseguridad en que vivían los esclavistas, ajenos a lo que podrían estar tramando los negros y mulatos cuando ellos no estaban a su alrededor. Por eso la pasión de Sab por su ama no podía parecer insólita en una sociedad que se imaginaba constantemente sitiada y al borde de la violencia.

Consecuentemente, la misma idea del deseo que sentían los esclavos por sus amas reparece en la literatura de la guerra de independencia a favor de España, y en las marquillas cigarreras de la fábrica La Honradez. En una de ellas dos esclavos miran a través de un agujero a un grupo de mujeres que se divierten en el campo (figura 3). Las mujeres están solas a la orilla de un lago, donde parece que se van a bañar. La más alejada y pequeña del grupo (la primera a la izquierda) parece no llevar ropa en la parte superior de su cuerpo, mientras que la que está de pie todo indicaría que se dispusiera a quitarse los aretes. En todos los casos las mujeres lucen completamente inocentes de lo que podría sucederles y de los esclavos que las espían (Lugo-Ortiz 2012: 72).

En la novela de Avellaneda, sin embargo, el esclavo mulato nunca se convierte en una amenaza para Carlota, ni tampoco logra su objetivo de enamorarla. Para colmo, en el momento en que llega a estar más cerca de su ama sólo puede satisfacer sus deseos eróticos mirándola y besando la cinta que lleva sujeta a la cintura, objeto en el que sublima sus ansias de poseerla físicamente. No logra hacerlo porque desde el punto de vista legal la sociedad se lo impedía, pero además, su personaje está construido de un modo que llama a la piedad, no al rechazo o al temor. El mismo Sab, se nos dice, era hijo del hermano del padre de Carlota con una esclava. Esto es, era producto él también de otra relación ilícita, fuera del matrimonio y de las razas; es por eso que el hermano al morir se lo confía a Don Carlos, quien se lo entrega a Carlota desde pequeño. No obstante, dice la narradora, Sab hubiera sido el amante ideal para la joven ama, quien termina casándose con Enrique Otway, el hijo de un inglés que estaba únicamente interesado en el dinero que la joven criolla podía aportar al matrimonio. Sab le entrega entonces su boleto de lotería a Carlota y muere al final, con lo cual Avellaneda soluciona dos conflictos: el casamiento de Carlota y la imposibilidad del esclavo de llevar a término su pasión.

En la novela vence, por tanto, el deber ser, la sintaxis sígnico-normativa de la sociedad esclavista sobre el deseo personal del esclavo. Acata Sab la ley del padre, que no es otra que la ley de una sociedad que tiene al esclavo como un ser abyecto, inferior y sin aspiraciones. Por eso, a pesar de todo, Sab reconoce que su pasión no tiene sentido y adopta la posición del amante-creyente, que ve en su amada el reflejo de un objeto sagrado, de culto, como si fuera una virgen o un ángel. Con ese procedimiento Avellaneda purifica el deseo y asegura a sus lectores las buenas intenciones del mulato. Afirma Sab:

> ¡Paréceme verla aún! Sus manos desprendiéndose de la reja se elevaron también y la luz de la luna, que bañaba su frente, parecía formar en torno suyo una aureola celestial! ¡Jamás se ha ofrecido a las miradas de los hombres tan divina hermosura! Nada había de terrestre y moral

en aquella figura: era un ángel que iba a volar al cielo abierto ya para recibirle, y estuve próximo a gritarle: ¡Detente, aguárdame! Dejaré sobre la tierra esta vil corteza y mi alma te seguirá. (1963: 140)

Con esta descripción de la escena Avellaneda intenta borrar, pues, cualquier marca o intención sexual que pudiera haber detrás de las acciones de Sab, y prioriza la divinidad sobre los deseos corporales del mulato —un discurso sublimatorio que, como es sabido, se remonta al culto mariano y que fue muy popular entre los poetas provenzales. Por eso estoy en desacuerdo con Debra Rosenthal cuando afirma que «la Avellaneda no transmite su mensaje a través de las imágenes religiosas» (2004: 71; mi traducción). Todo lo contrario: las imágenes religiosas son tan importantes en esta novela que al final anclan las ideas de Sab en la carta que le deja a Carlota (Camacho 2015: 49); de hecho, hasta la figura misma del esclavo parece haber sido moldeada sobre la del Santo Apóstol Bernabé, como sostiene Nathan Gordon (2017: 163). Por supuesto, no podemos confundir el deseo del esclavo real con esta pasión tan irreal como «insensata», porque sobre todas las cosas Sab sabe que su piel y su condición nunca le permitirían amar a la joven, y porque si bien ambos podían igualarse por sus sentimientos, él nunca podría ser como ella o para ella: pertenecen a dos mundos diferentes. De ahí el simbolismo de encontrarse a través de las rejas; como las leyes y la norma moral que regía la sociedad esclavista cubana, la prohibición era tan fuerte como el hierro, y la línea divisoria que se imponía era infranqueable. Ahora bien, el discurso religioso en este fragmento resulta tan subversivo como el discurso sexual, porque si bien Avellaneda acepta que los dos eran diferentes por el color de su piel y su condición social, sugiere que ambos eran iguales por su condición de subalternos y porque el esclavo tenía un «alma» —este último, un argumento de origen religioso que sirvió a los abolicionistas para reclamar la libertad de los esclavos—. De ahí resulta que el arrebato sexual se convierta en arrebato sagrado, y que en su desesperación

Sab –quien, recordemos, piensa que las palabras del Evangelio que recita Carlota van dirigidas a él– quiera abandonar su «vil corteza» y seguir con su «alma» a su ama (1963: 140). Podría decirse que la religión humaniza la sexualidad en la novela, al convertir el deseo de Sab por Carlota en algo puro, transparente e idílico. Así, también, se eliminaba cualquier temor que pudiera despertar en el lector la imagen del esclavo escondido, que espía al ama en ropa de dormir. Cubre como un manto de buena moral una acción amenazadora; de modo que en la novela confluyen a un tiempo el deseo y la prohibición, la sexualidad y la santidad. La prohibición tipifica al negro o al mulato como un ser deseante, y la santidad en la que se resuelve como un ser profundamente religioso. Mi tesis por consiguiente es que en estas narraciones el erotismo de los esclavos aparecerá a través de imágenes religiosas, que neutralizan su rol subversivo y alejan el peligro negro en la sociedad. Es un erotismo platónico o mariano, en otra muestra de que el mulato respeta su lugar en la pirámide sexual de la esclavitud –lo que lo condena de por vida a la situación en la que está, ya que esto le impide rebelarse.

El amor sexual y el sagrado no están tan alejados el uno del otro como pudiera imaginarse; como bien dice Georges Bataille en *El erotismo*, los dos son formas iguales de un mismo impulso, «una sustitución del aislamiento del ser –su discontinuidad– por un sentimiento de profunda continuidad» (2011: 20). Los dos comparten una «intensidad extrema» (2011: 258), y por eso el intento de unirse al otro es esencialmente religioso. A lo que habría que agregar, con respecto a lo que nos ocupa, que si el erotismo pertenece al reino del silencio y de lo que no se puede verbalizar, la santidad es lo que sí se puede decir: resulta fácil entender cómo y por qué uno puede sustituir al otro en estas narraciones. Para Bataille, incluso, el erotismo está indisolublemente ligado a la muerte, algo que también recurre en las novelas de Avellaneda, de Suárez y Romero y de Zambrana, que terminan con el fallecimiento del esclavo. La pasión, el deseo erótico, condenará a estos protagonistas a la soledad y al suicidio.

Si el erotismo en estas novelas es la transgresión de la prohibición, el esclavo tendrá que pagar la transgresión con la condena máxima. Por eso la conjunción entre deseo sexual e imágenes religiosas aquí no podía ser casual, ni mucho menos ilustrativa de la maldición que implicaba transgredir la moral cristiana; como dice Bataille, «en el cristianismo no podemos operar la transgresión y gozar de ella a la vez» (2011: 268).

También en *Francisco*, la novela de Anselmo Suárez y Romero, se recurre a este erotismo «sagrado», que tiene sus raíces en la misma religión católica. La novela narra los amores entre Francisco y Dorotea, de quien está enamorada también su amo Ricardo. Este, al sentirse rechazado por la esclava, envía a Francisco al ingenio, donde recibe tantos azotes que finalmente se ahorca. Dorotea, por otro lado, pierde la razón y también muere, lo que hace que la novela termine trágicamente. ¿Cómo retrata el narrador los amores de unos y otros? El narrador describe a Francisco tan hermoso de cuerpo como bueno, lo que es parte de la retórica romántica que equipara el alma con la belleza exterior. Francisco era alto y su piel negra contrastaba con la blancura de sus ojos y de sus dientes, pero sobre todo, se nos dice, su «genio apacible se hermanaba perfectamente con la resignación de un cristiano, con el sufrimiento de los estoicos, indicio de un alma grande que permanece serena en medio de los infortunios que la abruman» (1947: 54).

En otras palabras: Francisco no era un esclavo como los demás. Su espíritu y su cuerpo no respondían a las pulsiones de la naturaleza «animal», como decían los esclavistas, ni al amor desordenado y libre que, según la Condesa de Merlín, era común hallar entre los esclavos de las dotaciones. Sus sentimientos no ni mucho menos iguales a los de los «niños», que solamente buscan a las mulatas para divertirse. No. Francisco era un esclavo superior a todos, y sus referentes eran las virtudes cristianas de la resignación y el sufrimiento. Su personalidad sólo era comparable con la de los «mártires de la fe» (1947: 54), y por eso su despertar amoroso se explica también con metáforas religiosas, las mismas que usa el narrador para hablar de su vida. Dice que Francisco, cuando alcanzó la mayoría de edad y comenzó a buscar pareja, «tuvo que alejarla [la vista] de las blancas, que debía admirar tan solamente, y buscar entre las de color *el ángel* por quien anhelaba en sus horas apenadas» (1947: 55; énfasis mío).

Este ángel fue Dorotea. Francisco le pide a la señora Mendizábal que le permita casarse con Dorotea, algo a la que esta se niega, al juzgar «incompatibles la misantropía y retiro de Francisco con la sociabilidad que exige el matrimonio» (1947: 57). Francisco trata de acomodarse a su deseo, pero no lo consigue y vuelve a pedirle permiso al ama, que ella niega de nuevo para no lucir derrotada ante el resto de la servidumbre. No obstante, Francisco y Dorotea siguen encontrándose a escondidas, hasta que la señora Mendizábal los sorprende y castiga a Francisco con cincuenta azotes y grilletes por dos años en la finca, mientras manda de lavandera a la mulata a la casa de una francesa (1947: 60).

Esta actitud tan severa del ama es otro ejemplo de la falta de caridad y las deformaciones que causaba, aun en las mujeres[6], el sistema esclavista, algo que critican también las novelas de Félix Tanco y de Antonio Zambrana. En la finca, por otra parte, el hijo de la señora Mendizábal, Ricardo, maltrata tanto al esclavo que a los pocos días de llegar ya Francisco no podía salir al campo. ¿Por qué tanto ensañamiento? Porque, según el narrador, Ricardo y Francisco amaban a la misma mujer, aunque si la pasión del esclavo es descrita en la novela como «cándida, tierna, celestial», Ricardo «sentía únicamente deseos bastardos y ofensivos para la mulata» (1947: 86). Así, la novela se presenta al lector como un contrapunto entre el negro bueno y el amo malo, entre el amor «celestial» del esclavo y el amor carnal del

---

[6] Según Picon Garfield se trataba de una construcción ideológica que tomaba a la mujer como «víctima expiatoria del sistema de esclavitud regido por los hombres» (1993: 56), algo que convendría matizar. De hecho, hubo mujeres que azotaron a los esclavos con tanta crueldad que los asesinaron, lo mismo en Cuba que en Brasil (Camacho 2015: 92-95).

dueño. No podía ser de otro modo cuando sabemos, por las propias cartas de Suárez y Romero a su amigo y contertulio, Domingo del Monte, que esto fue lo que lo llevó a criticar a los niños blancos y a resaltar el valor y la integridad del esclavo. En una de esas cartas el autor de *Francisco* le decía a su amigo: «Yo dije en mi tristeza, blancos, señores, vosotros sois tiranos con los negros, pues avergonzaos de ver aquí a uno de esos infelices, mejor hombre que vosotros» (2002, vol. 2: 347).

No podemos olvidar, sin embargo, que Anselmo Suárez y Romero era dueño de esclavos, y que a pesar de la caridad que mostraba hacia ellos seguía explotándolos en su propio interés. En otra de sus cartas privadas, esta vez a su otro amigo, el jurista Don Andrés Clemente Vázquez, le contaba que su ingenio había sufrido una epidemia de cólera y que la población de la finca, «que habíamos logrado no ver disminuida por los fallecimientos, sino aumentada por el contrario a causa de la reproducción», había decrecido (1868: CLIX), lo que deja entrever que el autor de *Francisco* veía en esa «reproducción» una forma de aumentar el negocio, y que su dolor ante la pérdida de vidas humanas estaba guiado, como dice, por «la voz del interés» (1868: CLIX). Por eso, aun cuando Suárez y Romero critica la violencia de los amos contra los esclavos, no hay que perder de vista que seguía siendo un esclavista que veía la «reproducción» como parte del negocio, y es sintomático que su novela no critique estas formas de control y explotación de la sexualidad. Critica la violencia del amo sobre los esclavos y la tozudez del ama al negarles que se amen, porque al fin y al cabo la hija de Francisco y Dorotea, Lugarda, seguiría siendo esclava, y ellos nunca aspiran a liberarla. Su lógica es la del «esclavo para la (re)producción», y su mensaje que, en lugar de maltratarlos, se les permita el casamiento y la crianza de los hijos.

El modo en que Ricardo y Francisco expresan su amor por la mulata es muy diferente, y esta diferencia es lo que muestra la gran injusticia que se cometía contra el primero. Francisco quiere casarse con Dorotea, criar a su hija y vivir una vida en familia aun en la esclavitud. Ricardo, por el contrario, quiere hacer a Dorotea su querida: que acepte tener relaciones sexuales con él, en pago de lo cual le compraría una casa, le pondría una negra esclava para servirla, y le daría la carta de libertad a ella y a su hija. A la pregunta de por qué está dispuesto a hacer todo esto, Ricardo le responde, con un lenguaje crudo que solamente se enfoca en el cuerpo y la sexualidad: «–De que me muero por ese cuerpo tuyo tan salado, tan sabroso, por ese arroz, china» (1947: 147). Nuevamente, entonces, encontramos un vocabulario físico y directo para hablar de la sexualidad de la mulata: un vocabulario que responde a la lógica de la dominación sexual esclavista, donde su cuerpo es «arroz» que se come, y es «sabroso» como una fruta que, si se pudre, se desecha. Francisco nunca le habla de este modo a Dorotea. Ni siquiera deja entrever el deseo que siente por ella. En su lugar, como hemos dicho, el lenguaje erótico adquiere un tinte espiritual que lo hace aceptable a los ojos del lector. Pero aquí hay que subrayar que, si bien por un lado la prohibición de hablar de la sexualidad se levanta en el caso de Ricardo, esta se impone en el caso de Francisco: si el primero es «libre» de decir lo que piensa, el segundo, por su condición de superioridad moral, no lo puede hacer, lo que lo limita en la forma de expresar su amor y su deseo. De ahí que la educación, la norma y la moral esclavista sigan siendo el lazo que ata y redime al esclavo, al extremo que cuando Dorotea cede a las presiones del amo le dice a Francisco que ella estaba «¡Perdida, Francisco, sin honor, no me vuelvas a mirar!» (1947: 175). Que es, precisamente, lo que lleva a Francisco a suicidarse.

Las novelas de tema negro, a pesar de ser una crítica de la crueldad esclavista, muestran dos tipos de representaciones hasta cierto punto complementarias, que ejemplifican los extremos de las relaciones sexuales (Deleuze 2001: 76-77). Por un lado el amo sádico, y por otro, el esclavo masoquista. Mientras que el primero ostenta su brutalidad y su poder, el segundo ama, sufre y espera, a pesar de la continua denegación de su placer por parte del ama. Nunca se rebela y al final se suicida. Su propia condición de «mártir de la fe» hace que acepte la crueldad de los amos y de la institución que ellos representan, con lo cual la espiritualidad parecería actuar en estas novelas como otro dispositivo de control que acata la norma, limita la libertad del esclavo y «blanquea» sus sentimientos.

En realidad, ninguna de estas novelas puede escapar de esta paradoja, porque aun la más avanzada de todas, *El negro Francisco* (1875), de Antonio Zambrana, recurre a los mismos temas y formas de defensa que la de Suárez y Romero. En ella se cruzarán nuevamente la violencia sexual y la espiritualidad, el poder de la carne y el poder del espíritu, para concluir con la victoria del amo. En esta ocasión es el señor Orellana quien se enamora de la mulata Camila, quien prefiere a un esclavo que, al igual que en la novela anterior, se «auto-desprecia» y muere (Williams 1994: 126). La novela subraya la bajeza moral del amo, que se contrapone a la belleza espiritual de los esclavos, a tal punto que en la narración destacan dos formas de ver a la esclava: una que enfatiza su cuerpo y otra que enfatiza su alma. El amo desea su cuerpo, mientras que el esclavo ama en ella solamente sus virtudes angelicales. Dice Zambrana:

> *Con un alma semejante*, Camila debió tener otro género de belleza. Su cuerpo parecía una hechicera equivocación del destino. Quien hubiera conocido sólo su pensamiento, hubiera sospechado que era una de *esas suaves, casi etéreas, casi transparentes beldades del norte, cuyo pálido semblante está preparado para el éxtasis, y cuyos ojos copian no sólo el color sino la vaguedad y la serenidad de los cielos.* (1979: 52; énfasis mío)

En otras palabras, a pesar de que el *locus* del conflicto es el cuerpo de Camila, que como en otras narraciones de la época es descrito aquí como si fuera una fuerza destructora por «la morbidez de sus formas» y «sus labios hechos para el beso» (1979: 52), Zambrana destaca en este pasaje su alma y sus pensamientos, que no se avenían con su cuerpo, y que eran precisamente los rasgos de la mulata que más atraían al esclavo. Por eso el narrador describe a la mulata como si fuera una figura del «norte», «transparente», semejante a las santas o a las religiosas en pleno «éxtasis»; al hacerlo, en esa contraposición de cuerpo y alma, une en la imagen de la mulata los dos estereotipos de la religión católica, el de la virgen María y el de la pecadora. Pero mientras él y los lectores blancos ven a la segunda, el esclavo se enamora de la primera. «Él amaba por sobre todo su ideal pureza, sus rubores virginales, su casto pensamiento» (Zambrana 1979: 59). Él amaba el «ángel» y al hacerlo sufre, porque como diría Bataille, cuando los ángeles ocupan el lugar de los cuerpos el amor se convierte en una búsqueda de lo imposible (2011: 20). No obstante, es precisamente esta representación idealizada de la esclava lo que procura al narrador el basamento para sustentar la humanidad del esclavo, su desprecio por lo terrenal y lo monetario, y lo que llama a la «caridad» que debían sentir los lectores hacia ellos. Este simbolismo se reafirma al final de la novela, cuando Francisco está muy enfermo, casi muriéndose por el maltrato que ha sufrido a manos del señor Orellana, y en su delirio se figura que lo viene a visitar un ángel. Dice el narrador:

> En medio de su delirio, Francisco pensó tener cierta noche una visión maravillosa. Acercóse a su lecho una mujer que tenía completa semejanza con Camila, *pero que revestía los vaporosos contornos de un ángel*. Aquella mujer le besó en la frente. De allí en adelante todas las noches se repitió el fenómeno. La figura suave y dulcísima que él miraba marchar por el aire se aproximaba a él, besaba su frente y llevaba después a sus labios, en una copa de cristal, un calmante delicioso. (1979: 137; énfasis mío)

En este otro momento de intimidad lo que sobresalen son las imágenes suaves y salvadoras, que borran cualquier traza del deseo erótico que podía experimentar el esclavo. Para colmo la visión ocurre cuando Francisco está en la enfermería, casi moribundo, y una vez más no es Camila la que viene, sino su espíritu. No es una mujer a quien ve, a pesar de describir este encuentro con sensaciones que convocan el tacto y el gusto —«suave y dulcísima»— sino a un «ángel», lo que cancela cualquier posibilidad de tener un momento erótico entre ambos. Por tanto, al igual que en las otras novelas que hemos analizado aquí, la de Zambrana critica la esclavitud espiritualizando los sentimientos del esclavo, esto es, dándole valor a su subjetividad, que los esclavistas negaban al convertirlos en «piezas», «sacos de ébano», máquinas de parir u objetos que podían vender, comprar o reemplazar cuando quisieran.

En resumen, puede decirse que junto a la expansión del régimen esclavista vemos una proliferación de discursos sobre el cuerpo y la sexualidad que intentan analizar y controlar la vida de los esclavos. Discursos médico-naturalistas, como el de Parra Callado o el de Chateausalins, ensayos reformistas como el de la Condesa de Merlín, jurídico-legales como el de Vicente Vázquez Queipo, y representaciones que enfatizaban su sensualidad y el peligro que conjuraba su cuerpo. No extraña que junto con estas maneras de control y análisis surgiera una literatura enfocada también en la sexualidad del esclavo, donde por un lado abundan las imágenes espirituales, que facilitan crear simpatía entre los lectores, y por otro lado se critica el deseo carnal de los esclavistas. Esto no quiere decir, claro está, que los esclavos hayan expresado su amor, su sexualidad y sus deseos de esta forma en la «vida real»; según el testimonio de Esteban Montejo, los esclavos de los barracones, cuando se enamoraban, recurrían a los «brujos» africanos para que los ayudaran, y en estas novelas no hay traza ninguna de este tipo de creencia religiosa. Sólo vemos imágenes católicas, típicas del romanticismo y de la gramática sígnico normativa de la colonia. No obstante, según el propio Montejo los esclavos domésticos eran más propensos a seguir la religión católica que los de los barracones (Barnet 1998: 40), lo que podía mostrar su adaptación o «avance» en medio de los amos blancos; y Sab, Francisco y Manzano eran esclavos de este tipo, educados en la religión de sus amos, con lo cual se justifica que pensaran de esta forma. Ese modo de representación «controlada» de su sexualidad tenía el objetivo de convertir sus deseos en algo menos lascivo, menos violento y, por ende, menos transgresor.

Así, servía de contraste con el deseo de los señoritos blancos, que tanto criticaban estas novelas, al colocarlos tanto por encima del deseo animal de sus amos como de la vida «desordenada» y «violenta» que podía existir en los barracones. En estas novelas aparecen representadas dos tipos de sexualidades: la que los hombres comparten con los animales, y cuya expresión es la «naturaleza», el «instinto», expresado en los deseos «bastardos» o incestuosos que caracterizan a los amos, la otra, la que comparten los esclavos con los «ángeles», y que opera en un orden religioso / moral, independiente del fin carnal. Ambas perspectivas son antitéticas, y responden a diferentes modos de reflexionar sobre los sentimientos y el cuerpo del Otro.

Erotismo y mercado en José Martí

En una crónica de juventud, José Martí reprocha al poeta español José de Espronceda (1808-1842) el gusto que mostraba en sus versos por el lujo y la riqueza. Critica su apego a «las embriagueces del placer» cuando realmente lo que debía hacer, según el cubano, era invertir sus dotes en cantarle a la patria y a los héroes. Espronceda se abandonó, dice Martí, «a la raquítica vida de los goces». «El olvido de las virtudes arranca sus coronas a los genios», afirmaba (1963-1975, XXI: 39-41). ¿Qué significa esto? Por un lado, que Martí privilegia el discurso de la virtud nacionalista y del trabajo frente a los valores de la sociedad de consumo a finales del siglo XIX. Una crítica en la misma dirección aparece en su poema «Los zapaticos de rosa», donde Martí subraya las diferencias sociales en Norteamérica, y en «Amor de ciudad grande», donde critica el envilecimiento del amor. En este capítulo me propongo explorar la ideología liberal de Martí en relación con el enriquecimiento, el mercado y el consumo, y en particular cuando se trata de crear un sujeto que sirva a la Patria, y cuando se trata de la mujer.

Martí escribe su crónica sobre Espronceda en 1872, cuando recién había cumplido diecinueve años. Cuba todavía se encontraba enfrascada en lo que se conoce como la Guerra de los Diez Años. La isla había tenido un desarrollo económico importante desde principios del siglo XIX, basado en la explotación esclavista, y el resto de Hispanoamérica comenzaba a incorporarse a los circuitos de exportación e importación agropecuarios que, según Ángel Rama, caracterizaron la modernidad en todo el continente (1974: 129). Los partidarios de este liberalismo pedían incentivar la inmigración europea y la industria agroexportadora. En Cuba, este desarrollo del capital suntuario se tematiza junto a la crítica a los hacendados azucareros, que derrochaban su dinero en fiestas y en lujos domésticos. Antonio Zambrana en *El negro Francisco* (1875), por ejemplo, describe así el cuarto de Carlos Orellana, el joven amo que se enamora de la esclava Camila:

> El suelo era de mármol. Los muebles de preciosa madera negra y cubiertos de esculturas. En el fondo se descubría el lecho con una exquisita sobrecama azul y una hermosa piel de tigre a los pies. El suave perfume que respiraba allí, la blandura de los cojines, el sillón formado por cordones de seda en que estaba reclinado Carlos, los adornos y los elementos de su tocador, los grades espejos de su armario: todo descubría los gustos y las costumbres del mancebo. (1979: 49)

Como sostiene Christopher Berry en *The Idea of Luxury*, una de las formas en que se manifiesta el lujo en la literatura es a través las comodidades de la casa (1994: 13). En la novela de Zambrana, quien fue una de las primeras influencias de Rubén Darío, este rasgo sirve para criticar al sistema esclavista y a los jóvenes que gastaban todo su dinero y su tiempo en trajes lujosos, viajes y fiestas. En esta literatura los jóvenes viven una vida «muelle» y mantienen relaciones sexuales con sus esclavas, lo que producía fenómenos como la «paternidad anónima» o el concubinato, además de enormes trastornos psicológicos en la población esclava. Para Martí, quien estaba tan preocupado como Zambrana con la idea de construir la nación, y que seguramente conocía estas críticas a la aristocracia criolla, era natural que el lujo fuera una amenaza para los sentimientos patrios y conspirara contra los fines que se proponía. Esta es la razón por la que en el poema «Al buen Pedro», de *Versos libres*, que nunca llegó a publicar, «Pedro» es un esclavista que gasta todo su dinero en fiestas con «mancebas del astuto Norte» (1963-1975, XVI: 140); a diferencia de él, el hablante poético lleva una vida tan miserable que ni siquiera tiene dinero para cortarse el cabello. Aun así, aspira a liberar su patria y al afortunado «buen Pedro» de su «infamia».

El poema de Martí, además de tematizar su preocupación con el lujo, habla del cuidado personal y lo contrasta con la virtud del revolucionario. Es un poema que mezcla el valor escatológico del oro con la política colonial, ya que, como si fuera una especie de vampiro, Pedro bebe «el sudor sangriento» de los esclavos, metamorfoseado en oro. Martí, por tanto, no podía estar a favor del lujo que corrompía la sociedad y que tenía un origen tan espurio. Mucho menos podía estar de acuerdo con aquellos jóvenes que por seguir una vida muelle descuidaban el deber a la patria, como ocurre en el poema «Hierro» de *Versos libres*, donde critica a los esclavistas y al «barbilindo», que fabrican sus joyas de «oro empañado». Ambos gozan del lujo, y no pueden tocar las armas, porque «¡las armas son de hierro!» (1963-1975, XVI: 142). El hierro, que solamente pueden empuñar los «hombres»: no hay que perder de vista que la definición misma de «barbilindo» –según el diccionario, «el hombre pequeño, afeminado y bien parecido» (1869: 98)– indica su desvirilización, su falta de hombría, que una larga tradición en el pensamiento occidental, como nos recuerda Don Slater en *Consumer culture & Modernity*, vincula con el lujo y la feminización. Esta, como recordaremos, era también una de las principales preocupaciones de José Agustín Caballero, porque distraía al individuo de sus deberes patrios. El parecer de ambos concordaría entonces con el de los moralistas griegos y romanos, que Martí seguramente conocía, cuando en su traducción de *Antigüedades Griegas* (1883), de J. H. Mahaffy, en el acápite sobre la «unidad de la vida griega», tuvo que leer y traducir lo siguiente:

> puede decirse, en general, que los griegos que vivían en las ricas colonias del Asia Menor y mediodía de Italia, y que lindaban con poderosos bárbaros, eran más amigos de los goces y el lujo que los de la madre patria, «nutrida siempre con pobreza» por lo que sus hijos, acostumbrados a la economía y diligencia, adquirían hábitos no comunes de libertad y valor. (1963-1975, XXV: 26)

De tener que escoger en esa contraposición de modelos –de un lado los griegos que vivían con lujo en medio de goces, y por otro los que vivían acostumbrados a la «economía» y desarrollaron por eso hábitos de libertad y valor– era de esperar que Martí escogiera el segundo, y que le preocupara que algunos cubanos en la isla y en los Estados Unidos se dedicaran en extremo a satisfacer sus deseos personales. En esa medida, Martí fija una escala de prioridades donde unas pasiones debían rechazarse para que triunfaran otras. De esta escala dependía que todos los ciudadanos fueran libres, y que aun el bribón y el barbilindo pudieran salvarse. Estaba por ello en el «interés» de ambos hacer la Revolución, y que los cubanos amaran tanto su patria que estuvieran dispuestos a morir por ella. No por gusto en sus escritos Martí siempre prioriza el sacrificio, la renuncia a los placeres y los lujos para poner delante el interés común y la virtud individual.

El tópico aparece ya en su primer poemario, *Ismaelillo* (1882), en el poema «Tábanos fieros», donde Martí recrea la antigua imaginería medieval de la lucha de las virtudes contra los vicios. Aquí vicios como «la envidia», el «oro» y la «bella carne» toman la forma de animales salvajes (chacales, tábanos fieros, vírgenes voraces) que deben ser vencidos por la virtud inquebrantable del poeta. Ellos representan las pasiones que atacan –literalmente– su cuerpo, ante las cuales el poeta opone armas aún más poderosas como la honradez, el ascetismo y la pureza del hijo. Ninguna de las fuerzas malignas es tan potente como el erotismo y el lujo, que reaparecen tentando al poeta en «Brazos fragantes» y «Tórtola blanca». En el segundo de estos poemas, la fiesta a la que asiste el poeta pronto degenera en una cacería. Las mujeres se vuelven «palomas» y los hombres «águilas», al punto que afirma: «en su fiesta dejo / las fieras humanas» (1963-1975, XVI: 50).

Estos impulsos a rechazar la sexualidad o los ambientes donde el ser estaba expuesto al poder tentador de Eros no han pasado inadvertidos por la crítica, que los ha relacionado con la misión política del cubano y el mercado. En esa línea, Arcadio Díaz Quiñones sostiene que la centralidad del tema del erotismo y de la tentación en el primer poemario de Martí están en oposición al carácter ascético del guerrero (1995: 12). Y de forma similar José Gomáriz, al analizar el personaje del artista e intelectual en *Lucía Jerez*, afirma que «el intelectual de *Lucía Jerez* (1885) construye un discurso anti-hegemónico frente a la modernidad burguesa que se cifra en los valores del mercantilismo y en la explotación económica, cultural y genérica del ser humano» (2005: 143). Ante el eros y la modernidad burguesa, con su explosión de mercancías y su apetencia por lo superfluo, Martí mostraría valores como la virtud y la patria. Ningún lugar mejor para verlo que en sus apuntes sobre Venezuela, donde escribió además algunos de los poemas de *Ismaelillo*, y en los que enfrenta dos visiones de la sociedad: una que pone sus esperanzas en el trabajo y el ahorro, y la otra que busca el lujo, el boato y el mundo acomodaticio de los burgueses.

Cuando Martí viaja a Venezuela en 1881, el país de Simón Bolívar era uno de los más conflictivos de Hispanoamérica desde el punto de vista político. El dictador Guzmán Blanco había limitado la libertad de expresión y había echado a andar un proyecto constructivo caracterizado por la fastuosidad y el derroche, para el cual, según sus críticos, utilizaba las arcas del gobierno. Un amigo de Martí, el cronista venezolano de filiación liberal Nicanor Bolet Peraza, que a la sazón vivía exiliado en New York, criticaba a Guzmán Blanco diciendo que «esos millones, ese esplendor, ese boato, ese lujo de propiedades suntuosas, ese tesoro de alhajas, ese mundo de riquezas que como Nabad ostenta el Autócrata de Venezuela son habidos cuando ha administrado los caudales públicos» (en Briceño 1884: 134). En su escrito sobre Venezuela Martí no culpa directamente al dictador, sino que responsabiliza más bien a las clases adineradas, a los intelectuales que le servían y al deseo «innato de lujo» que veía en los caraqueños (1963-1975, XIX: 161). Como solución, Martí habla del «equilibrio» natural que sería el adecuado para el bienestar de las naciones, y contrapone la pasión y el interés de los venezolanos en un intento de encontrar un mecanismo que brindara seguridad para todos. Guiados por el balance de estas fuerzas un político sagaz podía identificar y dirigir bien la sociedad. De lo contrario, «la nación que descuida una de estas fuerzas, muere» (1963-1975, XIX: 154-55). Esa y no otra, afirma categórico Martí, era «la desgracia de los países sudamericanos», que estaban más interesados en disfrutar de las fiestas, de imponerse sobre sus rivales y de lucir su dinero que en trabajar y ahorrar. Si el trabajo y el ahorro eran la vida, la pasión terminaba con la muerte. «Ser conocido» es todo lo que cuenta, de ahí que el dinero se gaste en nimiedades.

Como ejemplo, Martí repara en que durante la Semana santa se suspende el trabajo y los venezolanos se dan al placer de ver y ser vistos: «es una exhibición de la riqueza [...] un desbordamiento de lujo [...] una verdadera batalla entre familias» (1963-1975, XIX: 161). Tampoco la religión, según Martí en este mismo escrito, era un factor que llevara a los hombres a ser mejores. En la iglesia, el hombre pobre era solo un pretexto, dice. En realidad, los caraqueños no pensaban en otra cosa que en cantar, en lucirse y sobrepasar a sus rivales. Allí existe, afirma, una necesidad «innata del lujo [...] impuesta por la abundancia de la naturaleza que los rodea». Es una condición «física» (por lo cual no se puede ignorar), propiciada por la facilidad con que los venezolanos obtenían todo lo que necesitan de su suelo. Se queja Martí, además, de que para los venezolanos la pobreza resulte «un dolor amargo e insoportable», ya que «no creen que la vida sea —como es, el difícil arte de escalar una montaña» (1963-1975, XIX: 161). No les importa, que mientras tanto, «los campos estén sin cultivar por el temor a la guerra, que el comercio sea precario por la escasez de productos de exportación» y que «de la pobreza general nazca un malestar grave y sensible» (1963-1975, XIX: 161).

Estas críticas, por tanto, confirmarían una vez más su rechazo del lujo, o como dice Jean Lamore, a «la riqueza repudiable», que, según el crítico francés, Martí comenzó a sentir justamente en Venezuela (1994: 614). Es un lujo, no obstante, que podemos rastrear en una época anterior, en la misma crítica de los independentistas cubanos como Zambrana a las diferencias de clase, la esclavitud y al derroche de los hacendados azucareros. Una crítica que aparece vinculada a la cosa política y al «boato» que heredaron las sociedades hispanoamericanas de la colonia, algo que explica que Martí comience sus apuntes sobre Venezuela aclarando que, como decía la Biblia, los hijos pagaban los pecados de los padres y «son las Repúblicas de

América del Sur las que pagan los pecados de los españoles» (1963-1975, XIX: 153).

Para liberales como Faustino Sarmiento en Argentina y Guillermo Prieto en México, por ejemplo, muchos de los males de la sociedad hispanoamericana de la época provenían de España y era imprescindible acabar con esa influencia. Prieto, un economista cuyo libro *Lecciones elementales de económica política* Martí reseñó antes de partir para Guatemala años antes, criticaba en él al general mexicano Santa Ana (1794-1876), quien había fomentado el boato en lugar de dedicarse a la colonización (1876: 365). Criticaba asimismo las aspiraciones de vivir como la alta sociedad con pocos recursos para hacerlo, una costumbre a la que daba el nombre de «caballerismo» (1876: 137). No obstante, decía que el lujo, que él llama «lo superfluo», dependía de las necesidades de cada persona (1876: 499). Si se trataba de una persona trabajadora el lujo no hacía daño, pero si quería vivir sin trabajar era demoledor. «El lujo no es peligroso, no manifiesta consecuencias funestísimas, sino donde se quiere resolver el problema de vivir sin trabajar como en México. Es como ciertas bebidas espirituosas: al hombre trabajador lo alientan y robustecen, al holgazán lo embriagan y aniquilan» (1876: 499).

A Martí, que era amigo de Prieto, seguramente debieron llamarle la atención estas ideas; ante este tipo de derroches debe haber sentido la misma ambivalencia de otros liberales, que querían aumentar el comercio y se percataban de que el lujo contribuía al consumo, pero que también creaba diferencias entre las clases sociales, algo que se revertía en la desigualdad general en el país. Era de esperarse que tuviera puntos de vista similares cuando fue a vivir a Guatemala y que viera el lujo desde un punto de vista moral, vinculado al trabajo y la prosperidad de las naciones. Para él era más importante crear una población trabajadora, que contribuyera al adelanto de todos, que una clase poderosa que derrochara el dinero de los demás. Martí tampoco cree que la cuestión se resuelva cambiando las constituciones y tratando de imponer leyes extranjeras sobre una masa de individuos distintos a los europeos —una crítica que reaparecerá en «Nuestra América», y que fue un reclamo constante de liberales como el Barón de Montesquieu y de políticos como Simón Bolívar, que pedían leyes e instituciones propias del país, que reflejaran al hombre tal cual era en América, y no como era en Francia o Inglaterra. La respuesta a los problemas que tenían los latinoamericanos estaba, por tanto, en el estudio de su realidad, en el trabajo y el ahorro. No en la riqueza basada en el trabajo esclavo, ya que sólo la que provenía del trabajo individual podía hacer que el «interés general ordene». Agrega Martí:

> Por medio de una constitución política esperan aliviar sus desgracias y obtener el desarrollo de la Nación, sin ver que no serán bastante fuertes para tener una constitución política respetada y duradera, sino cuando sean bastante trabajadores y bastante ricos para que el interés general ordene y preserve la fórmula de las libertades que hayan de garantizarla. (1963-1975, XIX: 155)

Nótese, por tanto, cómo en este escrito Martí pone un especial hincapié en la importancia de hacer dinero, de hacerse todos «bastante trabajadores y bastante ricos» para que el interés preserve la libertad de la nación. En una carta al periódico *La República*, firmada el 12 de agosto de 1886, Martí expresa una opinión similar, esta vez en relación con Honduras. Afirma que era necesario que los hispanoamericanos buscaran maneras prácticas de poner su inteligencia a trabajar, ya que de lo contrario las inteligencias se «extraviarían por siempre en flores y hojosidades de literatura inútil [y] se pondrían al servicio de las revueltas políticas» (1963-1975, VIII: 27). Y afirma sentencioso: «No hay más medio de asegurar la libertad en la patria y el decoro en el hombre, que fomentar la riqueza pública. La propiedad conserva los Estados. Un déspota no puede imponerse a un pueblo de trabajadores» (1963-1975, VIII: 27).

En este y otros fragmentos de su obra, por tanto, Martí se muestra como un verdadero liberal, que cree que el fundamento de la libertad es la propiedad privada y la riqueza general. Ambas cosas prevendrían que un déspota se hiciera con el poder. Y este argumento, como indica Albert Hirschman en *Las pasiones y los intereses. Argumentos políticos en favor del capitalismo antes de su triunfo*, fue otro de los que adelantaron filósofos liberales como Montesquieu y John Stuart en favor del capitalismo, cuando dijeron que la banca y la economía en manos de comerciantes industriosos evitaba que los soberanos afianzaran su mandato. Dice Martí:

> Allí donde los hombres no tienen un seguro modo honesto de ganarse el pan, no hay esperanzas de que se afirmen las libertades públicas, porque la necesidad de vivir proporcionará siempre auxiliares de sobra a los que quieran conculcarlas y la falta de intereses que defender dará séquito a los turbulentos o ambiciosos. (1963-1975, VIII: 27)

Por eso en sus apuntes sobre Venezuela, a pesar de que Martí admira por su belleza las obras constructivas de Guzmán Blanco, se duele de que los caraqueños no trabajen y derrochen tanto lujo. Dice: «La ciudad —lo hemos dicho— es bella. Constantemente se construyen casas espaciosas [...] un bello teatro y una bella iglesia acaban de ser levantados» (1963-1975, XIX: 162). La ciudad es «París» y el campo «Persia», pero dice, hay en «las clases inferiores una inercia penosa que proviene de la falta total de aspiraciones». Viven nada más que para comprar la arepa, el pan de maíz y amar. Los indios desdeñan «la ciudad y sus hombres», y sólo les preocupa disfrutar del «amor salvaje» (1963-1975, XIX: 167). Por consiguiente, no es extraño que en sus crónicas mexicanas, guatemaltecas y norteamericanas Martí insista en crear sujetos que respondan al mercado, que aspiren a una vida más holgada, consuman lo que se venda y trabajen. Lamentablemente, afirma, en los blancos y los criollos de Venezuela sobresalía «esa fiereza primitiva, ese desprecio al trabajo, y esa pasión de combate que caracterizan a los pueblos nacientes» (1963-1975, XIX: 167).

De nuevo, la falta de intereses y «aspiraciones» hundía la sociedad venezolana en el marasmo. En general, parece decir, Venezuela está varada en un periodo primigenio de la historia, en un estado civilizatorio donde era más importante el culto a la gloria, y la indiferencia a la cosa pública que al ahorro. Ese es el estado de los «pueblos nacientes» o, como dice después, de los «países nuevos», dados a la satisfacción de sus necesidades inmediatas y a resolver sus intereses a través de la guerra.

Esta posición, que ubica la sociedad hispanoamericana en otro tiempo y en una subjetividad distinta a la de países más avanzados en su época, puede haberse derivado de las ciencias sociales o de la teoría de Thomas Hobbes en *Leviatán*, donde afirmaba que en las sociedades primitivas los individuos estaban dominados por sus pasiones e intereses contrapuestos, y que por tanto estaban obligados a unirse en la sociedad política para evitar la destrucción (Bobbio 2006: 50). En lugar de encontrar un estado unificado por el interés común, Martí describe una sociedad atrapada en un ciclo de indiferencia general, de «pereza» o «falta total de aspiraciones» (1963-1975, XIX: 167); una visión común en su tiempo, dirigida a las sociedades menos desarrolladas y a los grupos indígenas y los negros en el continente por no trabajar. Su idea para sacar adelante estas naciones era comprometerse con el progreso económico, acabar con los privilegios de la iglesia, aplicar los adelantos científicos y expandir la educación. De lo contrario, los venezolanos se engañaban. Afirma:

> Una indefinida necesidad de libertad domina y engaña a esos países nuevos, que no ven el bienestar público, esa gran fuerza política, que se llama el bienestar general, como un medio de asegurar la libertad [...] no quieren creer en las virtudes eficaces de la revolución progresiva: para ellos no hay más salvación que la revolución violenta. Pero para un país son malos cimientos las pasiones que la guerra crea. (1963-1975, XIX: 155)

El pasaje es revelador porque en él Martí valora la guerra como algo fatídico, y prefiere lo que llama la «revolución progresiva» (1963-1975, XIX: 155), que no crearía los ímpetus y ardores que propiciaba la beligerancia entre individuos. En la paz, el país podía seguir progresando, sus gentes dedicarse al trabajo y a cultivar las virtudes. Para Martí, quien había vivido dos guerras de muy cerca, una en Cuba y otra en México, la paz y las instituciones que fomentaran los derechos de los ciudadanos podían resultar más provechosas. Este modo de concebir la historia es típico de los intelectuales liberales y positivistas del siglo XIX, especialmente en Cuba y en México, que apostaban por la «evolución» en lugar de las revoluciones. Para los intelectuales que defendían esta doctrina los cambios políticos debían sucederse de manera gradual dentro del sistema, no a través de las armas. Por estas razones el Partido liberal autonomista en Cuba tenía como principio y finalidad propiciar el avance de las instituciones y no apoyaba la guerra de independencia. Rafael Montoro (1852-1933), la figura principal del Partido, se basaba en las teorías de Hegel para apoyar su tesis. Era optimista, pero temía que Cuba no estuviera preparada aún para ser una nación independiente, y que por lo tanto debía seguir fortaleciendo su cultura, su gente y sus instituciones (Zea 1965: 158-59). Como sabemos, Martí fue quien organizó la guerra de 1895, y para hacerlo tuvo que ir en contra de los autonomistas. Por eso seguramente le costó tanta angustia imaginar las consecuencias que podrían traer para la mayoría de los cubanos una guerra que de todas formas llamó «la guerra necesaria».

A juzgar entonces por estos apuntes y los que escribió mientras vivió en Guatemala, Martí creía en el progreso económico, en el trabajo, en el «bienestar público», en que se hicieran los hispanoamericanos «bastante ricos para que el interés general ordene» (1963-1975, XIX: 155), y al mismo tiempo llamaba la atención sobre los excesos o la falta de esa riqueza, o sobre su mala distribución a nivel social. En los quince años de vida que le quedan no cambiará de opinión. Verá el progreso que trae a países como Guatemala o México la economía liberal, el aumento de las exportaciones de productos como el café, y las ganancias que obtienen sectores de la población norteamericana, cuya economía se expandía rápidamente. Al mismo tiempo hará notar los desajustes que provoca esta expansión, el lujo en que vivían los que habían sacado mayor provecho de ella y la pobreza en que vivían otros. Por eso, al hablar del suicidio de un hombre de negocio, afirma tajante que «el lujo pudre» (1963-1975, XII: 70), y en otra crónica, a propósito de la muerte del presidente norteamericano James Garfield (1831-1881), se queja de la «aspereza y frialdad que impone la raquítica exhibición de mutuo lujo en que los modernos hombres viven» (1963-1975, XIII: 207).

Finalmente, como culminación de esta idea, afirma en su ensayo «Nuestra América» (1891) que «el lujo venenoso, enemigo de la libertad, pudre al hombre liviano y abre la puerta al extranjero» (1963-1975, VI: 21). Este es el Martí que aboga por una república de pequeños propietarios, y que ve con sobresalto los extremos de pobreza en que vivían algunos en Nueva York. No obstante, su mirada sobre el capital a veces se suaviza; tal vez los dos ejemplos más claros sean cuando narra con regocijo las amenidades del yate que había mandado a fabricar William K. Vanderbilt para salir de paseo con sus amigos, o cuando escribe al acaudalado cubano Eduardo Hidalgo Gato pidiéndole dinero. En su crónica sobre el yate de los Vanderbilt afirma: «ya se sabe que los Vanderbilt son todos de oro: oro rebosa en el yacht, realza sus ornamentos, alegra sus paneles de madera fina, y en leve cinta da la vuelta al barco entero, realzando con un gracioso filete el color de plomo de que está pintado el casco. En lo interior, el yacht es una maravilla» (2016: 115-116). En esta crónica, pues, Martí no critica lo mismo que en otros lugares, y no lo hace posiblemente porque como dice en la misma crónica, el hombre que mandó a construir aquel yate había sido pocos años antes un «simple marinero» que por unos «cuantos centavos» llevaba en su bote a los pasajeros (2016: 117). Como había dicho en «Nuestra América», el lujo sólo «pudre al hombre liviano» (1963-1975, VI: 21). No a hombres como Vanderbilt o Hidalgo Gato, porque como dice a este último en su carta: «Usted es de mi raza, de la raza de hombres que se levantan solos [...] Usted ama el trabajo, y no ve la riqueza sino como el triunfo de él» (1963-1975, III: 311). Gato, recordemos, había emigrado de Cuba sin dinero a raíz de la Guerra de los Diez Años y había establecido en Cayo Hueso una de las fábricas de tabaco más prósperas del lugar. Además, había construido casas para sus obreros, y el pueblo en que vivían llevaba su nombre: «Gatoville». De modo que además de hablar de una «riqueza repudiable» en los escritos del cubano, deberíamos hacer espacio en su comprensión para un tipo de capital bien habido, producto del trabajo y del sacrificio personal. Este capital sería el que crearían hombres de origen humilde como Vanderbilt o Gato, que se hacen solos y no abusan de su dinero o poder, sino que contribuyen con él al bienestar de la patria.

¿Cómo entonces representa Martí a la mujer, especialmente norteamericana, que como vimos en el poema «Al buen Pedro», acompañaba a los esclavistas en sus banquetes? ¿Cómo aparece el mercado como un código para entender las relaciones sexuales en su obra? En «Amor de ciudad grande» el hablante poético habla de la mujer del magnate neoyorquino como si fuera otro objeto de lujo de su casa. Es una mujer que se convierte en algo costoso, rodeada de vestidos y fastuosidades. Después de criticar la ciudad, el deseo y la sexualidad, afirma:

> Pues ¿quién tiene
> Tiempo de ser hidalgo? *Bien que sienta,*
> *Cual áureo vaso o lienzo suntuoso*
> *Dama gentil en casa de magnate!*
> O si se tiene sed, se alarga el brazo
> Y a la copa que pasa se la apura!
> Luego, la copa turbia al polvo rueda
> (1985, I: 89; énfasis mío)

Aquí Martí no ve a la mujer como si fuera la compañera inseparable del hombre, que en «la persecución y la muerte va cosida a su indio» (1963-1975, XXIV: 204), como decía en el prólogo de *Ramona*, de Helen Hunt Jackson. No: aquí se trata de la mujer materializada, convertida en un objeto de lujo, en una copa o en un vaso de oro en la casa del burgués. Como dice en este poema, ya no se trata del «inefable / Placer de merecer», sino de ver la ciudad como una villa de palomas por cazar, donde «el deseo, de brazo de la fiebre» recorre el soto, «cual rico cazador» (1963-1975, XVI: 121). En realidad, no hay límite al deseo ni a la satisfacción personal en la nueva sociedad capitalista, y por consiguiente la voz poética asocia estos placeres y espacios urbanos con la degradación de la moral y los valores individuales. El dinero, la mercancía y el deseo de poseer eran los únicos códigos que servían para medir las relaciones sentimentales. El mercado y la plaza –no la casa– eran los lugares propicios adonde ir a buscar mujeres, por eso afirma la voz poética que «las almas»,

> No son como en el árbol fruta rica
> En cuya blanda piel la almíbar dulce
> En su sazón de madurez rebosa,
> Sino fruta de plaza que a brutales
> Golpes el rudo labrador madura!
> (1985, I: 89)

Una y otra vez en estos versos Martí asocia, por tanto, la sexualidad con el mercado y con el valor que tienen los objetos preciosos o comestibles. La mujer será ese objeto y el hombre el cazador que nada tiene que perder en conquistarla o en comprarla. En lugar de ser una «fruta rica» que cuelga del árbol, será la fruta que el mercader madura a golpes «brutales». El acto de madurar artificialmente la fruta –algo que es tan común en Cuba aún hoy, ya que la pulpa del fruto se vuelve suave y le hace parecer al comprador que está lista para ser consumida–, implica un engaño para el comprador, que en términos sexuales podría creer que la mujer es virgen o buena para casarse, cuando en realidad no es ninguna de las dos cosas. Aun así, la mujer «se vende» como algo que aparenta ser y por eso, en la única novela que escribió Martí, *Lucía Jerez* o *Amistad Funesta* (1885), el narrador alerta al lector de que es a los «mercados» donde van los jóvenes como el protagonista, Juan Jerez, en quien el cubano proyecta rasgos de su propia personalidad, en busca de mujeres con quienes casarse, sólo para llevarse un chasco:

> ¡Ay, en esos mercados es donde suelen los jóvenes generosos, que van en busca de pájaros azules, atar su vida a lindos vasos de carne que a poco tiempo, a los primeros colores fuertes de la vida, enseñan la zorra astuta, la culebra venenosa, el gato frío e impasible que les mora en el alma! (1963-1975, XVIII: 195)

Tenemos así que el mercado es nuevamente el lugar que simboliza la comunión de los cuerpos. El lugar donde las mujeres se venden como «lindos vasos de carne», que jóvenes generosos como Juan compran sin percatarse de que poco tiempo después se convertirán en animales dañinos y despreciables. No por gusto al final de la novela una de estas mujeres –precisamente la prometida de Juan– asesina a la otra por celos y muestra con toda claridad el animal que le rumiaba en el alma. Juan, como cualquier otro comprador ingenuo, esperaba recibir el valor de lo que había pagado. No esperaba ser timado por el vendedor, y sin embargo termina preso de su «generosidad». No extraña entonces que en muchos textos de Martí aparezca este recelo por la mujer, esta misoginia latente o encubierta que convierte a la mujer en vampira, esfinge y serpiente, símbolos con los cuales la imaginación *fin de siècle* trataba de enfrentar el empuje de las feministas, que reclamaban los derechos de la mujer y amenazaban con sus acciones el poder patriarcal. En todo caso, las metáforas que organizan estos textos de Martí son las del mercado, el «Eros dominandi», y la del dinero, que aparecen unidos ya desde la época de los moralistas romanos y cristianos (Berry 1994: 97-98).

Otro poema, que Martí también dejó sin publicar y que debía aparecer en *Versos libres,* tematiza también este encuentro y muestra una violencia similar a la de «Amor de ciudad grande» y a la de *Amistad funesta*. Me refiero al titulado «isla famosa», donde Martí describe una escena báquica en la que «galanes blancos y Venus negras» bailan y se divierten en una isla tropical que al parecer es Cuba. Como en el poema «Tórtola blanca», el hablante poético otra vez observa las parejas de danzantes desde un lugar lejano o desde una posición de superioridad moral, que se identifica aquí con una roca. Desde allí ve como estas parejas «gozan» mientras el poeta que los está observando sufre. Dice: «Aquí estoy, solo estoy, despedazado [...] / Sacra angustia y horror mis ojos comen». Y continúa:

> Blancos, y Venus negras, de unas flores
> Fétidas y fangosas coronados:
> Danzando van: a cada giro nuevo
> Bajo los muelles pies la tierra cede!
> Y cuando en ancho beso los gastados
> Labios sin lustre ya, trémulos juntan,
> Sáltanles de los labios agoreras
> Aves tintas en hiel, aves de muerte.
> (1985, I: 85)

Lo primero que hay que notar es que se describe un ambiente báquico donde danzan y se besan parejas de razas desiguales, algo que la voz lírica critica desde el mismo momento en que sus cuerpos quedan asociados a lo abyecto y la suciedad, y al besarse surgen de sus labios aves agoreras, «aves de muerte». ¿Por qué esta visión tan apocalíptica? Por un lado, cabría decir, porque siempre hay en Martí una condena del relajamiento de la moral y de los males que podían distraer al sujeto de sus funciones cívicas, llámense el juego, la sexualidad o el lujo. Pero aquí, además, el erotismo está conectado con la prostitución, con la mezcla racial y la promiscuidad que existía en la sociedad esclavista cubana, que critican todos los escritores que trataron de reformar el sistema o que rechazaron la esclavitud. El erotismo no está asociado en estos versos con la familia ni con la procreación dentro del matrimonio, sino con el placer en las fiestas y banquetes, como también ocurre en el poema «Al buen Pedro». Por eso el hablante poético, después de mirar este cuadro, se pregunta consternado: «En pro de quién derramaré mi vida?» (1985, I: 85). La pregunta revela un hondo pesimismo: contempla los sujetos por los que se va a sacrificar y se pregunta si vale la pena sacrificarse por ellos. Martí no responde la pregunta que él mismo se hace, pero obviamente su entrega a la revolución independentista, la entrega de su vida en la guerra, nos hace pensar que al final creyó que sí.

Si creemos entonces que Martí, en efecto, critica en este poema a la juventud que se divertía en Cuba de espaldas a la política, podríamos recordar además que no fue el único que lo hizo. También lo hicieron otros autores de su tiempo como su maestro Rafael María de Mendive (1821-1886) y Luis Victoriano Betancourt (1843-1885), quienes reprochaban a los jóvenes dedicarse al baile y a las fiestas sin percatarse de la situación en que vivía la isla. Betancourt exclamaba irónico en una de sus crónicas sobre el baile: «¡Que dulce es morir bailando!» (1941: 190). También hay que recordar que Martí escribe este poema mientras preparaba la guerra de 1895, y que su crítica no está dirigida a la obscenidad o a las «letras pornográficas» de estas canciones, como decía Benjamín Céspedes en *La prostitución en la ciudad de La Habana* (1888), sino al tipo de personas que se divertían con ellas y al acto mismo de divertirse en el campo. En la época, además, ritmos como el danzón y la guaracha eran criticados por los costumbristas cubanos por ser de herencia africana y por resultar un narcótico para la juventud. En las fiestas, como ya habían observado José Agustín Caballero, Cirilo Villaverde, Victoriano Bentacourt y otros, se permitía además el traspaso de sociabilidades compartimentadas en una sociedad obsesionada con los límites raciales. Se entiende así por qué la visión de los cuerpos en este poema termina con la muerte de los danzantes, un acto violento que surge como un deseo implícito de la voz poética de poner fin al placer y restaurar el control y la moral de los cuerpos.

Todo esto explica el lugar conflictivo que ocupan la sexualidad y el erotismo en la obra de Martí, que de forma extraña reaparecen en su obra en un poema de *Versos Sencillos* (1891), donde describe a la mujer con las mismas imágenes que utiliza en el poema «Amor de ciudad grande» para criticar al burgués; esta vez comparará su cabello con una lujosa «cortina», y su oreja con la «porcelana de China». A diferencia del otro poema, la voz poética le habla aquí directamente a una mujer, a quien le dice:

> Mucho, señora, daría
> Por tender sobre tu espalda
> Tu cabellera bravía,

Después de esta introducción pasa a describir en tercera persona sus atributos físicos, en particular su oreja y su pelo, que a finales del siglo XIX se había convertido en un fetiche erótico. Dice:

> Por sobre la oreja fina
> Baja lujoso el cabello,
> Lo mismo que una cortina
> Que se levanta hacia el cuello.
> La oreja es obra divina
> De porcelana de China.
>
> Mucho, señora, te diera
> Por desenredar el nudo
> De tu roja cabellera
> Sobre tu cuello desnudo:
> Muy despacio la esparciera,
> Hilo por hilo la abriera
> (1985, I: 280)

En otras palabras, la voz lírica describe a la mujer metamorfoseada en objetos suntuosos. En *Amistad Funesta*, recordemos, había caracterizado a las jóvenes como «pájaros azules», «lindos vasos de carne», y en «Tórtola blanca» como una «copa labrada» que recordaba la figura en forma de V que daban los corsés a los cuerpos de las mujeres. Convertida en estos objetos, ella bien podría figurar en la casa del magnate o del rey burgués que narra Rubén Darío en su famoso cuento. Estas referencias a la cultura oriental nos obligan a ver a la mujer en este texto como un objeto sexual y orientalista, inmóvil, lista para recibir las caricias del poeta (Cámara 1998: 149), lo cual coloca al hombre que la mira como agente activo en la relación, lo que lleva implícita la subordinación de la mujer a su propio deseo (todo lo contrario de lo que ocurre en «Brazos fragantes» de *Ismaelillo*, donde la mujer de brazos robustos es la que se le acerca al hombre-flor, y parece ahogarlo con su abrazo). Con lo cual no sorprende que en este poema sea la voz lírica la que le proponga un trueque a la mujer, y le diga: «Mucho, señora, te diera / Por desenredar el nudo / De tu roja cabellera». Y valga agregar que aunque en Martí el cuerpo es casi siempre un área llena de prohibiciones, aquí el deseo aparece con una fuerza inusitada concentrado en el cabello, que es lo que sublima el deseo erótico. Esto es también lo que ocurre en el poema número XXXIII del mismo poemario, donde el poeta pide «ver una mujer hermosa», y seguidamente la describe: «El cabello, como un casco, / Le corona el rostro bello: / Brilla su negro cabello / Como un sable de Damasco» (1985, I: 270). En todos los casos, por tanto, la mujer se convierte en un objeto que resplandece, blindada con sable y casco para la batalla como si fuera Atenas, la diosa griega de la sabiduría, el coraje y la guerra.

Martí no es el único de los modernistas que recurrirá a este tipo de representaciones o que se fijará en esta parte del cuerpo de la mujer. Los pintores prerrafaelitas fueron quienes más explotaron el tema del cabello como símbolo erótico en sus cuadros, algo que iba contra la norma tanto en la sociedad victoriana como en la cubana, en las que la mujer debía llevar el pelo recogido en forma de «nudo»; las revistas, por ejemplo, mostraban en una misma página hasta doce tipos de arreglos para enseñar a las mujeres cómo hacerlo. Así, en la poesía de Martí el pelo de la mujer se convierte en una forma de expresar el deseo sexual, de imaginar un mundo de placeres que no puede verbalizarse por la censura. Por eso el poeta la ve y se ofrece a «desenredarle el nudo».

¿De qué trueque estamos hablando? Si analizamos con detenimiento los registros de la voz lírica en el poema, notamos que nunca menciona su nombre; utiliza el apelativo de «señora» al inicio de ambas estrofas, pero acto seguido pasa a tratarla de «tú» en lugar de «usted». Sobre todo, es de notar que el discurso del deseo pasa necesariamente por la transacción de valores: en el poema se realiza una propuesta de intercambio, y las dos veces que la voz lírica alaba su belleza es para insinuar que le daría algo a cambio si ella lo dejara tocar su pelo. Cabría pensar que «eso» que promete darle el poeta a la mujer no es otra cosa que amor, pasión o respeto, pero la voz lírica nunca dice qué le daría y el énfasis que pone Martí en la materialidad y el lujo de su cuerpo podría llevarnos a pensar que es dinero, o algo tan valioso como el dinero. ¿Pudo ser ese el caso? Cualquiera que sea la respuesta, hay que recordar que Martí no es el único de los poetas modernistas o vanguardistas que tematiza el comercio sexual en sus poemas. Manuel Machado (1874-1947) y Emilio Carrere (1881-1947) lo hicieron en España, y el mismo tema es desarrollado por el chileno Vicente Huidobro pocos años después en el poema de corte orientalista titulado «Nipona». Después de todo, el mismo Martí en su famoso poema «Amor de ciudad grande» habla de la mujer-trofeo como un «objeto de lujo» y la compara con áureos vasos, pinturas caras y una fruta que se vende en el mercado.

Cualquiera que sea la respuesta, repito, lo que importa es notar el valor de «mercancía» que le atribuye Martí a la mujer, que como dice Luce Irigaray en «Women on the Market», fue el modo más común de tratarla en la cultura patriarcal de Occidente hasta los años setenta. La sociedad y la cultura que conocemos, dice Irigaray, se basa en la idea del intercambio de la mujer, de su circulación como un producto de consumo o un objeto entre los hombres, y es esta función la que subrayan antropólogos como Claude Lévi-Strauss y psicólogos como Sigmund Freud, para quienes esto permitía el equilibrio biológico en la sociedad, sin el cual esta podía desintegrase (Irigaray 2004: 799). Para Irigaray, por tanto, la mujer es para los hombres un producto básico de consumo, un componente de la propiedad privada sin el cual no se reconoce o no se convierte lo natural en lo social (2004: 809).

En ese sentido, la representación de la mujer en estos poemas de Martí describiría el traspaso de lo femenino de lo natural a lo social en la sociedad capitalista, donde ella sería otro objeto desnaturalizado que se convierte en mercancía para ser consumida por los hombres. Lo paradójico es que Martí recurra al mismo concepto desnaturalizante para criticar la sociedad burguesa y al mismo tiempo para acercarse a ella. Que haga lo mismo que critique, y que no sepamos nunca cómo termina esta «proposición», si era en efecto dinero, o era amor, lo que estaba ofreciendo el poeta a la señora: si era pasión o interés lo que podía motivarla. En todo caso, el poema muestra la cosificación de la sexualidad y a la mujer subordinada, desde el punto de vista monetario y político, al hombre, que ocupa aquí una posición de poder: es él quien habla y ofrece el trato. De manera que el final abierto era necesario para salvar a la voz lírica de tener que elegir entre los dos extremos, y permite que sobreviva la lógica del valor del cuerpo, del gasto, tanto monetario como sexual, que es la que rige este poema erótico, donde la prohibición aparece como imposibilidad de realizar el deseo, de cerrar el convenio entre la mujer y el hombre.

A pesar de que esta no será la lectura más ortodoxa de Martí, sobre el que se ha escrito muchísimo desde un punto de vista hagiográfico, sus escritos están muy lejos de ser transparentes o «sencillos», como reza el título de su poemario; por su misma condición de político, Martí estaba muy consciente de su público, de su interlocutor, y su poesía, y aun estos versos, ofrecen gran resistencia al observador. Ningún ejemplo es tan ilustrativo en este aspecto como los poemas donde Martí habla del yo íntimo, que trata constantemente de ocultar o de proteger de la mirada de los otros, y donde confiesa que lleva una «máscara» puesta, bajo la cual se hace difícil que hasta él mismo se reconozca. Al igual que Arthur Rimbaud, Martí parece repetirnos constantemente «yo soy Otro», y eso nos obliga a pensar sus escritos a través del valor performativo de la personalidad, que si bien está asociado a la doblez para burlar las convenciones sociales, también permite la floración de una conciencia escrituraria, de un yo soberano que indirectamente, como en este caso, habla de la sexualidad y del temor.

En la obra martiana reaparece muchas veces el discurso del bienestar suntuario para criticar al magnate, al hacendado esclavista cubano o a la sociedad burguesa en su totalidad. Este discurso – que se remonta a la Roma clásica y es retomado luego por el cristianismo– es en él un discurso en esencia político, que critica los males que la esclavitud, la mala distribución y el gasto desigual de la riqueza podían traer a las sociedades latinoamericanas. Lo que me interesa subrayar aquí es que esta crítica a la ostentación y a la riqueza desmedida va de la mano con su crítica a las pasiones, que filósofos y escritores modernos tachaban de «salvajes» o indomables. En sus poemas Martí contrapone estas pasiones a la virtud del héroe, en un mecanismo retórico para modelar conductas y actitudes y hablar, sobre todo, de la necesidad de construir una nación basada en el trabajo y el ahorro. Este discurso le sirve además para proponer una sociedad donde no rija el interés individual sino el común, «el bienestar general», como dice, en una alusión a filósofos liberales del siglo XIX como Bentham y Stuart Mill, que ponían su esperanza en el desarrollo económico de la sociedad para alcanzar la satisfacción y la libertad de todos. Como sostiene en su crónica sobre Venezuela, ese y no otro debía ser el objetivo de toda sociedad y de todo político. No el lujo ni el interés privado, que Martí asocia con las aspiraciones de «gloria» y las revoluciones violentas. En Venezuela se había roto el equilibrio entre el «instinto innato» de satisfacción personal, caracterizado en un extremo por la búsqueda de la riqueza, la gloria y el placer, y en el otro por el ahorro, el trabajo y la prosperidad común. Las pasiones habían sobrepasado los intereses, cuando según Martí ambas debían ir de la mano. Pero paradójicamente, en sus escritos de los Estados Unidos, y específicamente en sus poemas amorosos, Martí conecta el lujo con la mujer, que se convierte allí en trofeo, en otro objeto precioso, refinado y exótico en la casa del burgués, un lugar semejante al que ocupa el poeta en el jardín de *Azul...* con lo cual se crea un vínculo entre la mujer y el poeta, ambos sujetos subalternos en la sociedad de consumo norteamericana.

La poesía erótica de Mercedes Matamoros

El 20 de mayo de 1902, después de varias décadas de lucha, Cuba alcanzó finalmente su independencia. Durante este periodo las mujeres jugaron un papel fundamental en la formación de la nación. Primero en la guerra, al lado de los independentistas, y después en la República, incorporándose a los sectores principales de la economía, la educación y la burocracia. Entre las escritoras y pedagogas que se destacaron en esta época están Aurelia Castillo de González (1842-1920), Domitila García Doménico de Coronado (1847-1938), Nieves Xenes (1859-1915), Juana Borrero (1877-1896), María Luisa Dolz y Arango (1854-1928) y Mercedes Matamoros y del Valle (1851-1906), quien fue en su día, a pesar de la poca atención crítica que ha recibido, una de las poetas más importantes de Cuba. Matamoros nació en Cienfuegos en 1851, y comenzó a colaborar desde los dieciséis años en diversas publicaciones de la isla. Aprendió de niña varios idiomas y tuvo una vida relativamente holgada hasta que en 1884 su padre perdió el empleo, enfermó, y ella tuvo que cuidarlo. En 1892, gracias a Antonio del Monte, el redactor de *El País*, Matamoros publicó su primer poemario, *Poesías completas*, que incluye algunas traducciones y versos publicados en revistas cubanas y extranjeras, como *El Nacional* de México. Después de publicar este libro siguió escribiendo hasta poco antes de su muerte, el 25 de agosto de 1906.

Por las traducciones y los poemas que dejó sabemos que primero admiró a poetas románticos europeos como Lord Byron y Goethe, pero que más tarde cultivó una sensibilidad modernista, cuya expresión más acabada fue el conjunto de sonetos titulado *El último amor de Safo*. Estos sonetos recrean los amores de la poeta griega con Faón, basados en parte en un mito griego que refiere que Afrodita, después de ser ayudada por el barquero Faón, lo recompensó con una poción mágica que lo convirtió en un joven hermoso del que todas las mujeres se enamoraban. Safo fue una de ellas.

Tomando como punto de partida esta historia, Matamoros escribió doce sonetos que publicó en *El Fígaro*, la revista literaria más importante de Cuba en la época, donde publicaban escritores modernistas como Rubén Darío, Amado Nervo, Enrique Gómez Carrillo y Julián del Casal. El Modernismo, recordemos, fue un movimiento estético iniciado por José Martí, Gutiérrez Nájera y Julián del Casal a finales del siglo XIX, que respondía a la época de crisis que conocemos con el nombre de modernidad. Rubén Darío fue la cabeza más visible del grupo y su animador principal, y en sus versos aparecen muchos de los rasgos que caracterizaron la literatura francesa de la época: la preocupación por el estilo, el exotismo, la desmiraculización del mundo y la sexualidad. Una sexualidad entendida muchas veces fuera de la norma o de los dualismos tradicionales, y que estaba íntimamente ligada a la «muerte de dios», que al decir de Michel Foucault en su ensayo sobre Georges Bataille, abrió el ser a «una experiencia interior y soberana» (1996: 125).

En los sonetos que publicó *El Fígaro* en 1902 Matamoros se enfoca en la sexualidad desde el punto de vista femenino, rompiendo así con la tradición patriarcal que veía a la mujer como objeto de deseo, presto a recibir las caricias del hombre. La figura que le sirve de pretexto es Safo de Lesbos, cuya vida había sido recreada por muchos otros poetas, mujeres y hombres, entre los que se cuentan autores cubanos como Gertrudis Gómez de Avellaneda, José Silverio Jorrín y el mismo Manuel Serafín Pichardo, el editor del *Fígaro* (Vallejo 2004: 20, Morilla 2007: 286, Cleger 2011: 552). Los poemas de Matamoros destacan por la fuerza y la pasión femenina que expresan, y de ahí que provocaran tantas reacciones encontradas en La Habana de principios del siglo XX.

Una idea de estas reacciones puede darla la polémica que suscitó la publicación de estos versos. Dos días antes de aparecer *El Fígaro* con los poemas, el *Diario de la Marina* publicó una breve reseña del número donde mencionaba a «la genial y notable poetisa», cuyos «soberbios sonetos, *El último amor de Safo*, en opinión de los críticos es la obra poética más acabada y brillante que ha producido la mujer en Cuba desde la Avellaneda hasta la fecha» (anónimo 1902d: 3). Poco tiempo después Manuel Márquez Sterling le dedicó un ensayo donde elogia igualmente el «esfuerzo al que no estamos aquí acostumbrados», pero le reprocha que no se vea el carácter de la verdadera Safo en estos versos, porque «sin duda se falsea» (1902: 5). A pesar del reproche, Márquez Sterling alaba la belleza de estos poemas, y Matamoros reprodujo sus palabras como prólogo al libro que reúne su versión definitiva, *Sonetos* (1902). Sin embargo, no todas las reseñas fueron tan elogiosas. Un crítico anónimo del propio *Diario de la Marina*, después de leer estos versos y el artículo de Márquez Sterling, escribió nada menos que tres crónicas atacándolos. La primera de ellas apareció el 5 de agosto de 1902, y comienza con esta declaración bastante despectiva: «Ya hemos apurado las heces del poema "El último amor de Safo", y hemos leído además las observaciones críticas que su lectura ha sugerido a Márquez Sterling» (1902a: 2). A continuación anuncia que dará una opinión imparcial de los poemas, defendiendo a Matamoros de las acusaciones del crítico, pero inmediatamente va al grano del asunto, que no es otro que la ansiedad que le producía el tema erótico. Afirma:

> Dicho lo bueno, expongamos lo malo. Por lo pronto el personaje y el asunto, cuya escabrosidad es tal que parece inasequible a una señorita. Safo tiene tremenda fama; cuanto se relaciona con ella es delicado de tocar. Ni aun su parentela se exime de esta contaminación libidinosa, pues hermanos tuvo cuyo nombre es decorosamente impronunciable.
>
> Acaso es una prueba de talento abordar ese tema y desarrollarlo sin grave alarma del pudor; pero por desgracia desde el primer soneto hasta el último abundan, unos por anfibología y otros por designios del poeta, en expresiones e imágenes capaces de ruborizar a un cochero de Estanillo. (anónimo 1902a: 2)

En sus críticas el periodista anónimo recurre a un lenguaje rudo, lleno de referencias al submundo habanero, con el objetivo de rebajar su poesía y de mostrar que las «expresiones e imágenes» de sus poemas eran más apropiadas de hombres de clase baja, o de «hombres de mundo», que de una señorita que supuestamente debería proteger su virtud, su virginidad y su moral, según la norma religiosa. Los «cocheros de Estanillo» eran los conductores de la compañía de Pedro Antonio Estanillo, dueño de la línea de ómnibus «El Bien Público», que estuvo envuelta en varios juicios por usar las vías de una empresa competidora de la Habana, la Empresa de Urbano, y fue demandado por «daños, maltratos, interacción de la vía y otros hechos», según un acta de casación por infracción de la ley, emitida en España en 1891, por el Tribunal Supremo en Materia Civil. Como puede apreciarse por la cita anterior, los reparos que hace a Matamoros son más de tipo moral que literario. Tienen el tono típico de las publicaciones satíricas de la época, al extremo que afirma que si Matamoros había dicho que Safo era del color de una «golondrina oscura», seguramente se equivocaba porque Safo era blanca: o bien Matamoros «ha confundido a su heroína con Quintín Banderas[1] o no ha visto en su vida una golondrina» (1902a: 2). En sus críticas, el cronista anónimo destaca también errores de métrica y frases cursis, pero lo que más le inquieta no son estas supuestas incorrecciones del estilo, sino la «escabrosidad» del tema, que era «inasequible a una señorita», ya que no se veía bien que las mujeres escribieran de estos asuntos, porque podían producir una «contaminación libidinosa» y los nombres de los hermanos de Safo eran «decorosamente impronunciables».

---

[1] José Quintín Banderas (1837-1906) fue un descendiente de africanos que luchó en las guerras de independencia, donde alcanzó el grado de general. Era un hombre de poca educación, con lo cual se entiende la doble intención del cronista al comparar a la poeta con el guerrero. Sin embargo, como bien dice Matamoros a Serafín Pichardo en una carta privada de 1906, ella tuvo en cuenta la verdad histórica cuando describió a Safo, ya que «según todos sus biógrafos, [Safo] era trigueña» (2004: 302).

Ahora bien, ¿a qué se refería con estas alusiones? A la tradición que vinculaba a Safo con el amor entre mujeres, que a finales del siglo XIX ya se conocía con el nombre de «lesbianismo». En su poesía Safo le canta a la diosa Afrodita, y expresa su deseo sexual en términos muy físicos, descentrando de este modo la visión masculina (McIntosh 1997: 15), lo que llevó a Charles Baudelaire a utilizar su nombre y el de la isla de Lesbos para referirse a las relaciones sexuales entre mujeres. Para el crítico del *Diario de la Marina*, por tanto, tal desvío de la norma –el hecho de que su nombre pudiera ser poetizado por otra mujer o pudiera describirse el placer femenino en términos tan eróticos– podía resultar amenazador. Es un miedo que recorre toda la literatura cubana, para no decir universal. Matamoros, valga aclarar, no desarrolla este motivo en sus poemas, que tratan en realidad del amor entre la poeta de Lesbos y Faón. Con todo, el crítico del *Diario de la Marina* alerta a los lectores de que «hay dos poemas, «Invitación» y la «Bestia», que son bonitos, pero de una sensualidad feroz» (1902a: 2), y el primero de ellos pudo darle pie para ver en estos versos un guiño homosexual. En «Invitación» Matamoros desarrolla un diálogo entre Safo y la Bacante, quien le reprocha a la poeta de Lesbos que llore por el barquero Faón y la invita a estar con ella. Dice la voz poética:

> La Bacante: –Ya escucho la doliente
> lira en que tu alma su pasión deplora […]
> ¡Necia, en verdad, es la mujer que llora
> cuando el vino en la copa salta hirviente!
> Si el hombre huye de ti, mi cuerpo siente
> a tu lado un afán que lo devora!
> ¡Mira […] con verde pabellón decora
> Amor su nido entre la sombra ardiente!
> Safo: –¡Qué horror! […] ya vuelven tentadores
> los placeres que en tiempo que maldigo
> me hundieron en el fango de la vida! […]
> La Bacante: –¿Por qué vanos temores?

¡La dicha sólo encontrarás conmigo!
Baco te aguarda! ¡Embriágate y olvida!
(1902: 21)

Aquí aparece el tema de la tentación, típico de la literatura modernista, en su mayor parte escrita por hombres, en la cual las bacantes, las sirenas, Salomé y los «hermafroditas» se aparecen a los poetas para incitarlos y provocar su perdición (Camacho 2006: 225-239). Joaquín Lorenzo Luaces (1826-1867), un poeta romántico cubano, había escrito en 1853 un soneto titulado «La Muerte de la Bacante», que se conoce como uno de los poemas más eróticos publicados en Cuba (1857: 53). En el de Matamoros, en cambio, la bacante no muere, sino que invita a Safo a tener relaciones sexuales con ella, en una sugerencia a la búsqueda del placer homosexual y el rechazo del hombre en favor del placer femenino. Safo es cierto que rechaza al final con «horror» esta «invitación», y confiesa que «ya vuelven tentadores / los placeres que en tiempo que maldigo / me hundieron en el fango» –una confesión de que en algún momento había vivido esos placeres y se sentía culpable por ello. Por eso, a pesar del rechazo que expresa, hay en estos versos un reconocimiento de este «placer», un gesto de transgresión único en la literatura cubana de principios de siglo escrita por mujeres. El poema contrasta, por tanto, con el que le sigue en el mismo poemario, que como dijera el crítico del *Diario de la Marina* era «bonito», pero tan «feroz» como el otro. Este se titula «La Bestia», y en él, efectivamente, podemos ver los signos de otro tipo de violación de los límites impuestos por la sociedad porque elogia el amor carnal entre Faón y Safo de manera inusual para su tiempo, tan inusual que la mojigatería y la hipocresía criolla de la época no la podían tolerar. Dice Matamoros en «La Bestia»:

En lo más negro de aquel monte umbrío,
nuestro lecho, Faón, he preparado,
¡de mi pecho el volcán se ha desbordado!

de la fiebre fatal ya siento frío!
¿No escuchas a lo lejos al sombrío
león, que con rugido apasionado
responde a la leona, en el callado
y hondo recinto de su amor bravío?
¡Amémonos así! ¡Ven y desprende
de mi ajustada túnica los lazos,
ante mi seno tu pupila enciende!
Es el amor que humilla y que deprava!
¡No importa! ¡Lleva a Safo entre tus brazos,
donde loco el Placer la rinda esclava!
(1902: 21)

Matamoros compara su pecho con un volcán en erupción, imagen que le correspondería por la forma similar de ambos, además de que el lector puede también hacer una homologación entre la lava y las secreciones sexuales. La voz lírica convierte su cuerpo en naturaleza, dejando al lector en presencia de una «pornotopia», al decir de Douglas Porteous (1990: 81), una forma muy antigua de hablar de la sexualidad, utilizada muchas veces por escritores hombres para describir el cuerpo femenino. En estos textos «pornotópicos» el hombre es una especie de explorador que da nombre a la naturaleza y al cuerpo de la mujer como si fuera un nuevo Adán, lo que se corresponde con el poder que siempre ha tenido en la sociedad patriarcal (Porteous 1990: 85).

La equiparación se refleja en el ambiente selvático de este y otros poemas de la colección, en los que la voz lírica habla de su cuerpo como si fuera parte del paisaje natural. En el poema titulado «Yo», por ejemplo, se describe a sí misma como una «golondrina», sus ojos son «diamantes», su boca es una «urna de coral», su cuerpo «es hecho de azucena y rosa», y «en el mórbido seno se doblega / lánguidamente el cuello como un lirio!» (1902: 14).

Como decía Lily Litvak en *Erotismo fin de siglo*, la cultura de la época cargaba la naturaleza, los jardines y las flores con un erotismo primigenio, natural y transgresivo que subvertía las normas sociales (1979: 19). Este es el simbolismo asociado a las pinturas del *Art Nouveau*, con sus curvas sensuales y su celebración de los cuerpos, y no hay duda que tanto en *El último amor de Safo* como en *Mirtos de Antaño* Matamoros recurre al simbolismo de las flores —como el mirto, asociado a la diosa Afrodita, el clavel, el jazmín y el lirio— para hablar del deseo sexual. A través de estas imágenes bucólicas Matamoros conecta su cuerpo con el mundo y muestra la pasión como algo normal y cotidiano. Selva y cuerpo quedan co-implicados, y por eso la pasión de la «leona» se convierte en un antídoto ante la doble moral burguesa. Con estos poemas, por tanto, la voz lírica reivindica su derecho a la pasión y a la sexualidad: deja claro que no hay diferencia entre ella y las fieras, ya que ambas se mueven motivadas por el mismo deseo «feroz» y soberano. El hablante poético muestra un erotismo violento, entendido como una fuerza del instinto suprarracional, al que deben responder los hombres. Georges Bataille coincidiría con esta proposición y la literatura de vanguardia también. Ahora bien, no hay que pasar por alto que el erotismo y la bestialidad ya estaban unidos en la poesía del poeta español José de Espronceda, otro de los referentes directos del modernismo, quien abordó la pasión masculina, igual que Matamoros, echando mano a referentes naturales. En el Canto IV de *El Diablo Mundo* (1848) Espronceda comparaba el deseo erótico de un mozo con el de un león en una jaula:

> Fiero león que a la leona siente
> En la cercana jaula de amor llena,
> Que con lascivo ardor ruje demente,
> De cólera, erizando la melena.
> (1868: 36

En el poema de Matamoros la analogía reaparece, sólo que cada uno pone su atención en un género diferente. Espronceda en la pasión del joven y Matamoros en la mujer, dejando claro de paso que el león no hace más que «responder» a la leona, que lo llama desde el fondo del bosque. Así, Matamoros le asigna un rol activo a la figura femenina, lo que iba en contra de la norma. Si la identidad femenina había sido construida como frágil y pasiva por la sociedad, la voz lírica rompe con este constructo genérico y reclama ser satisfecha. Faón, sin embargo, no lo hace, y por eso la voz lírica lo alienta a que le desgarre la ropa y la posea con «el amor que humilla y que deprava!» (1902: 21). Ambos verbos, por sí solos, mostrarían los extremos a los que estaba dispuesta a llegar la Safo de Matamoros en su afán de lograr el amor de Faón: tanto uno como el otro significan la pérdida total de orgullo ante la figura masculina. «Humillarse», recordemos, significa postrarse, arrodillarse en el suelo en señal de sumisión, rebajarse o envilecerse (Domingo 1853: 959), mientras que «depravarse» quiere decir «hacerse o volverse malo», «ser puesto en estado de perversión y corrupción moral» (Domingo 1853: 545). En uno y otro mandato lo que subyace es la violencia, el deseo de dominar y rebajar al otro. Es una lógica masoquista más que sádica, que habla con la voz de la «víctima», en este caso la mujer, que manda a Faón a que la quiera. Es ella quien lo incita a amarla, aunque si bien la voz lírica aquí deja de ser un ente pasivo, nunca llega a conquistarlo. Se ofrece a sí misma como naturaleza viva para ser poseída, pero Faón la desprecia y como resultado, al final de la serie, la protagonista se suicida en la roca de Leucades. Aun con voz, la poeta no tiene poder más que sobre su propio cuerpo, con lo cual termina siendo otra víctima del amor y del deseo.

Estos poemas de Matamoros insinúan, por consiguiente, distintas lógicas de dominación patriarcal, entre las que están la violencia corporal y animal y la negación de la dignidad femenina. El camino que lleva a ellas es el deseo, expresado a través de la naturaleza, el fuego y la pasión violenta, característicos de la literatura y de la pintura modernista, que pasarán más tarde al surrealismo y al criollismo. Piénsese si no en el poema de Martí titulado «Brazos fragantes», de *Ismaelillo* (1882), donde el acto erótico es descrito también con imágenes bucólicas, y donde el cuerpo del protagonista se convierte en una «rosa que besada» se abre; o en las pinturas de Georgia O'Keeffe, en las que las flores dan la impresión de ser partes íntimas del cuerpo femenino; o en los cuadros de Carlos Enríquez, donde la naturaleza adquiere rasgos femeninos o masculinos según la estética surrealista. En todos los casos se trata de paisajes eróticos a través de los cuales la voz lírica expresa su propio deseo y «Placer», palabra que aparece con mayúsculas en el texto: la naturaleza deja de ser el espacio idílico de los románticos para convertirse en una fuerza transgresora que avasalla y convierte en «esclava» sexual a la protagonista. Una declaración sumamente audaz para la literatura femenina de la época, que promovía representaciones tradicionales de la mujer, como la de la madre rodeada de hijos, la del «ángel del hogar» o la de la mujer como representación de la patria. Cualquier conducta que cayera fuera de estas representaciones era percibida como algo que merecía rechazarse.

Matamoros rompe con esta tradición al convertir a su heroína en otro «ídolo de perversidad», al decir de Bram Dijkstra en su libro del mismo título sobre el arte y la literatura europeos. Entre esos ídolos de los que se ocupa Dijkstra figura la imagen de la mujer como serpiente, demonio, sirena o bacante, o la de la mujer desnuda, «con la espalda rota», que invita a los hombres a poseerla (Dijkstra 1988: 105-107). De este tipo de imágenes serían también un ejemplo el dibujo de Santiago Quiñones para *El Fígaro* y el lienzo de Guillermo Collazo titulado «Voluptuosidad». Matamoros publicó sus poemas sólo dos años después en la misma revista habanera, pero a diferencia de Quiñones o de Collazo ella era mujer, y el dibujo de Quiñones tiene, además, un marcado tono patriótico. En él, la mujer-patria que sostiene la bandera cubana se ofrece al sol, que la ilumina desnuda.

En los poemas de Matamoros el erotismo no está en lo absoluto asociado a la patria, sino al placer de los cuerpos, a la pasión femenina y a la violencia, que al igual que el dibujo de Quiñones, hace del sol otro amante, otra fuerza de calor que penetra a la mujer. Escribe Matamoros en el poema VII de *Mirtos de Antaño*:

Ilustración de Santiago Quiñones para *El Fígaro*.

Cerca estás, y tan lejano
Del triste ser que no amas,
Como el astro soberano
Que sobre mí vierte llamas.
(2018: 58)

En los poemas de Matamoros la pasión femenina arde –«me inflamas» (1902: 58)–. También puede adquirir un rostro violento, como cuando la voz lírica habla de los deseos de Safo de acabar con las mujeres que amaban a Faón. Primero cuando dice quererle morder la mejilla a Cloé (1902: 15). Después confiesa querer enterrarle alfileres en la cara a Mirene (1902: 18), y finalmente afirma, en el poema titulado «Venganza», que quiso matar al amante una noche que entró a su cuarto y lo encontró dormido (1902: 22). Al verlo tan indefenso en su cama se arrepintió, pero de todos modos su pensamiento homicida forma parte de esa atmósfera de violencia, celos y desequilibrio mental que recorre toda la literatura finisecular sobre mujeres, de lo que es un ejemplo el personaje de Lucía Jerez en la novela homónima de José Martí. En escritores hombres como Martí esta violencia dejaba ver la misoginia, producto de la ansiedad que despertaba en ellos la «nueva mujer», «como sacada de quicio y aturdida» (Martí

1963-1975, VII: 228). En los textos de Matamoros, sin embargo, la violencia era un modo de rebelarse contra el poder patriarcal y de mostrar la fuerza de la mujer. Aun cuando la voz lírica dice quererse «humillar», «depravarse» o ser esclava del amante, es imposible no ver en ello la satisfacción por someterse a él y ser tratada con dureza, un rasgo psicológico que ya a finales del siglo XIX era conocido con el nombre de masoquismo.

Según Richard von Krafft-Ebing, que fue quien primero definió el término en *Psychopathia Sexualis*, el masoquismo era el deseo de ser «humillado y abusado» (1886: 89) por el amante. No sólo los manuales psicológicos de la época, sino también la literatura comenzaba a describir esta «patología». Véase ejemplo el cuento de Julián del Casal titulado, justamente, «El amante de las torturas», cuyo protagonista, como dice el narrador, había hecho «del sufrimiento una voluptuosidad» (1963: 237). Ese sufrimiento del cuerpo se consigue en la narración de Casal –como en cierta tradición católica que buscaba la santidad a través del dolor– a través de la mortificación de la carne, sólo que el contexto religioso y erótico del texto de Casal iba en contra de la moral criolla y de la propia institución católica. Era otro signo del desvío y de las sexualidades minoritarias, excluidas por la gramática heteronormativa que proscribía el autoerotismo, el sadismo, la autoflagelación o el «satanismo» en las relaciones sexuales[2].

«Safo», por consiguiente, aparece en los poemas de Matamoros como la típica mujer-fatal del modernismo, pero también como la «víctima» complacida del maltrato del amante, Faón: dispuesta a soportar la humillación, «como una dulce oveja / [que] tras el golpe, acaricia tu mano». ¿Cómo se reconcilian estas imágenes opuestas de transgresión y humillación, de erotismo e interdicción? Por un lado, como ha sugerido Gilles Deleuze en su ensayo sobre las novelas de Sacher-Masoch, el masoquista deja de ser víctima a partir del

---

[2] Sobre el cuento de Casal, véase Morán 2007 y Montero 1995.

momento en que instruye, enseña y participa activamente en planear su propia humillación. Es decir, a partir del momento en que pide ser torturado. En esa medida, como apunta Deleuze, «el contrato aparece como la forma ideal y la condición necesaria para la realización amorosa» (2001: 79). La Safo de Matamoros asumiría de esta forma la personalidad «masoquista»: vive su fantasía erótica, espera que la amen, exhibe su sufrimiento y finalmente acepta su muerte como una forma de reemplazo del placer que se le niega. En este juego de poder el barquero Faón sería su «amante-verdugo» y ella la esclava dispuesta a permanecer a su lado mientras él la quiera. De modo que podemos ver la violencia de Safo contra sí misma como un tipo de persuasión, de «contrato» masoquista *avant la lettre*: una promesa según la cual ella sacrificaría su cuerpo y soportaría todas las ofensas, como si fuera su esclava, mientras él la amara. ¿Era ese masoquismo, cuyo correlato era el sacrificio y la «abnegación» de la mujer, los extremos a los que esta debía aspirar para conseguir un hombre? ¿Era soportar la humillación el pago por su amor?

Estas preguntas inquietantes son algunas de las que subyacen en estos poemas, que por mostrar el deseo sexual femenino del modo más crudo y directo inquietaron al público habanero y provocaron reacción tan virulenta del crítico anónimo del *Diario de la Marina* ante unos versos que, dice, eran «dignos de anunciarse como ciertos espectáculos de feria o como las conferencias de Fray Gonzalo: para hombres solos» (1902a: 2). Sus ataques evidencian tanto las limitaciones morales y filosóficas de la época como la postura de un sector de la población que no estaba dispuesto a permitir este tipo de transgresiones. Estos temas, recalca, no eran apropiados para señoritas: más bien eran para «gente de mundo», ya que eran los hombres quienes producían este tipo de representaciones de la mujer, y a los que estaban dirigidas las charlas íntimas o los anuncios publicitarios de medicamentos que prometían curar cualquier enfermedad relacionada con el sexo.

En estos anuncios, que publicaba «para hombres solamente», el mismo *Diario de la Marina* se pedía a los suscriptores que si tenían algún problema sexual enviaran su dirección a la compañía norteamericana State Remedy Co; a vuelta de correos recibirían un «remedio eficacísimo», con el cual «todos los que sufren de cualquier forma de debilidad sexual, resultante de errores de la juventud, pérdida prematura de fuerza y memoria», podían curarse en sus casas (1902: 4). De modo similar, los poemas de Matamoros entraban también en esa zona exclusiva, prohibida y oscura de la sociedad cubana, a la que solamente tenían acceso los hombres. Tanto es así que cuando su amigo, el editor de *El Fígaro* Manuel Serafín Pichardo, lee los poemas de Matamoros en el Ateneo, como parte de una velada dedicada a la autora, evita leer «La Bestia» ante «el temor de alarmar a las señoras» presentes en el público. Al enterarse, Matamoros le comenta en una carta:

> Apruebo que por prudencia suprimiese la lectura de «La Bestia», pero no he podido menos de sonreírme con usted ante el temor de *alarmar* a las señoras. Yo, que por mi sexo tengo más intimidades que usted en el mundo femenino, sé que ese mundo ha cambiado mucho en Cuba y que en las habitaciones de jovencitas muy atildadas de 18 o 20 años se ven por todos lados novelas de Bourget, Zola y Paul de Kock sin que los papás se preocupen en lo más mínimo por la lectura de sus hijas. (2004: 301; énfasis del original)

El fragmento de la carta de Matamoros al editor de *El Fígaro* es elocuente con relación al temor que despertaban sus poemas entre las «señoras». También subraya con cierta ironía el cambio de actitud que comenzaba a ocurrir entre las jóvenes cubanas con respecto a la sexualidad. Nadie mejor que ella para detectarlo, ya que Matamoros fue profesora por un tiempo de la escuela para adolescentes de María Luisa Dolz, que desafiaba los valores tradicionales de la sociedad burguesa. Por eso, como recuerda K. Lynn Stoner en *De la casa a la calle. El movimiento cubano de la mujer en favor de la reforma legal (1898-1940)*, Dolz es considerada la primera feminista de Cuba, alguien que «atacó el concepto de la inferioridad legal e intelectual de la mujer» (2003: 59). Matamoros debió percibir entonces ese cambio de actitud, y se atrevió a escribir lo que otras no habían hecho antes. Lo cual explica posiblemente también la manera indirecta que escogió para abordar estos temas; a diferencia de *Mirtos de Antaño*, aquí Matamoros narra la historia de Safo, no habla de sí en primera persona, como solía ser habitual en el Romanticismo. La hipótesis estaría avalada por una carta que envió Nicolás Azcárate Escovedo a Matamoros, en la cual el abogado cubano le da algunos consejos a la poeta: «Haga Vd. pequeñas escenas donde hablen dos personajes o uno solo, pero en que no hable Vd. Para una mujer esclavizada por numerosas trabas en todas partes, y sobre todo entre nosotros, es muy difícil la poesía lírica sin la ficción de hacer decir a otro lo que las leyes sociales le impiden decir a ella» (1939: 211). Azcárate sabía muy bien de lo que hablaba, porque como abogado estuvo envuelto en algunas de las peleas legales más importantes del siglo XIX en Cuba. Íntimo amigo de Domingo del Monte y de otros escritores de su círculo literario, incluso salvó a José Martí de ir a la cárcel cuando fue deportado de Cuba por segunda vez en 1879. Sus palabras, pues, confirman las limitaciones que tenía la mujer en la sociedad cubana, «esclavizada por numerosas trabas [como] en todas partes», y la prohibición de tocar algunos temas tabúes. Azcárate le recomienda que utilice la «ficción» de otro personaje para expresar sus sentimientos, de modo que Matamoros estaba muy consciente –había sido alertada– de la repercusión tal vez legal, pero sobre todo social, que podían tener sus ideas.

Matamoros, por supuesto, no sería la única en recurrir a este tipo de tecnología del ser para hablar de temas tabúes; en la poesía moderna el «yo» es también un lugar conflictivo, rodeado por la opacidad que imponían sobre el poeta las nomas y las leyes sociales. En Martí, incluso, la sexualidad no es tan importante u oscura como el yo íntimo, que el poeta trata constantemente de proteger de la vista de los otros. Así, Martí habla constantemente de una «máscara» que lleva puesta, bajo la cual es difícil que hasta él mismo se reconozca. El poema más importante en este sentido es el titulado «Homagno», que introduce en la poesía modernista la conciencia de un yo escindido. Sus textos y los de Matamoros hay que leerlos a través de la «perfomance» o la «pose» del sujeto, que si bien está asociada a la mentira para burlar las convenciones sociales, permite también la floración de una conciencia escrituraria, de un yo soberano que indirectamente habla de la sexualidad. Desde finales del siglo XIX el poeta entiende que la poesía ya no puede ser la confesión de los románticos, sino que necesita de la «ficción» para hablar; de esa conciencia de la multiplicidad del yo son ejemplos más que ilustrativos los heterónimos de Fernando Pessoa o un texto como «Borges y yo», de Jorge Luis Borges.

Si se lee a Matamoros bajo esa perspectiva, el personaje de Safo sería una especie de subterfugio, de máscara del yo a través de la cual la autora puede hablar y proyectar sentimientos, frustraciones y anhelos que de otro modo no podían exteriorizarse en la sociedad cubana. En todo caso se trata de un mecanismo de desdoblamiento marcado por la ambigüedad, que fija su propio límite y que, como sucede en la poesía de Martí, Nervo y Darío, deviene transgresión de la ley al mismo tiempo que repudio o desautorización del Otro, como diría Stuart Hall (1997: 267).

Pero volvamos al comentarista anónimo del *Diario de la Marina*. No satisfecho con sus críticas anteriores a la autora de los sonetos a Safo, cinco días después vuelve a la carga, en otra crónica fechada el 10 de agosto de 1902. Esta vez toma como excusa un artículo que había aparecido el día anterior en el diario *El Mundo*, escrito, dice, por «un señor que nos es enteramente desconocido» y que había optado por defender a Matamoros (1902b: 2). En esta segunda crónica se dedica a refutar los argumentos que daba «el campeón» y «defensor de la señorita Matamoros»; argumento que habría podido señalar muchos más errores de los que había señalado en su artículo anterior, pero que no lo había hecho para no dedicarle «una extensión desmesurada a una obra algo insustancial y poco edificante» (1902b: 2). Finalmente, el 9 de diciembre de ese mismo año, publica otro artículo «acusando recibo de *Sonetos* que en nombre de su autora, Mercedes Matamoros, se nos envía» (1902c: 2). Al parecer Matamoros había leído sus reseñas en el periódico y le había enviado un ejemplar del poemario dedicado; el crítico, que asegura no estar acostumbrado a recibir ese trato después de haber criticado tan severamente a un autor, lo acepta, pero agrega que no puede modificar su juicio: la obra «con dedicatoria y sin ella» seguía siendo «buena y mala» (1902c: 2). Esta vez, además de repetir los principales argumentos que había dado en contra de los sonetos en ocasiones anteriores, critica los otros poemas que la autora había incluido en el libro.

La polémica evidencia lo sensible que era tratar estos temas en Cuba, especialmente para una mujer, y las críticas públicas a las que tuvo que enfrentarse la autora cuando publicó estos versos. También pone de relieve la perseverancia de Matamoros, que no sólo siguió escribiendo, sino que un año después comenzó a publicar en el mismo *Diario de la Marina* su colección de poemas titulada *Mirtos de Antaño*. Estos poemas, publicados entre junio de 1903 y abril de 1904, son también de tema erótico, pero esta vez Matamoros no se escuda tras la poeta de Lesbos para hablar, sino que usa su propia voz. No habla aquí de pasiones violentas y «feroces», sino de (des)amor y de tristezas. Con toda seguridad, eran textos mucho más apropiados para «señoritas» y para una revista conservadora como el *Diario de la Marina*, que durante la colonia había sido un bastión de la causa integrista, a pesar de que una vez instaurada la República publicaron en ella muchos autores de prestigio que habían estado a favor de la independencia; es el caso de Enrique José Varona, cuyas crónicas aparecían al lado de los poemas de Matamoros. En su columna Varona disertaba sobre diversos temas con el estilo ágil y reflexivo que lo caracterizaba, y Matamoros publicaba sus *Mirtos de Antaño* junto con otros poemas y textos en prosa.

Desde el punto de vista literario, *Mirtos de Antaño* tiene una fuerte cohesión interna. Todos los poemas giran alrededor de un mismo tema. Hay en ellos un erotismo suave y filosófico, ligado a la naturaleza, similar al que aparece en la literatura modernista o en cierta poesía mística española. Esto hace que a veces el «amado» se confunda con el Universo, y que los idilios amorosos no ocurran entre personas sino entre abejas, flores, mariposas y pájaros típicos del paisaje cubano. Estos nuevos poemas no están caracterizados por el deseo «carnal» de los sonetos dedicados a Safo, sino por un erotismo anímico, de almas que entran y salen de las habitaciones como de las flores, y que nos recuerdan el constante movimiento del Universo y de los amantes. Este erotismo, como decía, resulta muy similar al de otros poetas modernistas que crearon escenarios bucólicos donde se mezclan los deseos, el paisaje y las almas. Es el caso de muchos poemas de José Martí, de «El reino interior» de Rubén Darío y de «Mariposas» de Gutiérrez Nájera[3]. Basta citar unos versos del poemario de Matamoros para que se tenga una idea. En el número XII la voz lírica dice:

> Como abeja que suspira
> buscando miel en la flor
> así mi espíritu gira
> de tu ser en derredor. (2018: 60)

Como en otros poemas de la serie, la voz lírica se imagina junto a su amado en el bosque. «Su espíritu» toma el lugar de la abeja y el amante toma el lugar de la flor, y a través de esta asignación de roles genéricos se sugiere el juego erótico que se desarrolla paralelamente en el mundo de los insectos y en el de los hombres. Aquí el escenario es menos «feroz» que como vimos en «La Bestia», pero más sugerente. Si allí sobresale el deseo, aquí se frustra el amor «por la esquivez de la flor!...», no por el deseo de la abeja de libar su néctar. De forma sutil, por tanto, en estos poemas la voz lírica toma el papel activo que normalmente se le atribuía al hombre en la relación erótica: asume

---

[3] Al respecto, véase Camacho 2006: 195-239.

el rol del «picaflor», y el hombre/flor se convierte en el objeto sexual de la amante. Es ella la que lo busca y él quien la rechaza. A medida que transcurre el poemario ese amor se hace cada vez más oscuro y triste: si el primer poema empieza con el despertar de la naturaleza y el canto de un ave («soy el ave que te canta»), el último sugiere la muerte de la protagonista con palabras «tétricas» y rotundas como el «sepulcro» y el «entierro» de su corazón. Por el camino el lector había sido testigo de su amor y desamor; había leído lo que es casi una confesión de suicidio (LXXIII), e incluso las líneas en que la voz lírica le deseaba la muerte al amante (LXXVI), con lo cual se cierra cualquier posibilidad de realización del deseo o de la unión erótica entre ambos.

Después de su muerte, los poemas de Matamoros aparecen en algunas antologías de poesía cubana (Morilla 2007: 242-243), hasta que casi quince años después surge una breve polémica entre Concepción Boluña, Antonio del Monte y Eva Canel que revela algunos datos de su vida, como que había dejado inéditos algunos poemas de *Mirtos de Antaño*, y un testamento, que luego publicó Hortensia Pichardo en 1951. Esta otra polémica comenzó el 24 de septiembre de 1921, cuando *El Mundo* publicó un artículo de la escritora española Concepción Boluña, donde esta se hacía eco de otro publicado por Félix Callejas. Ambos recuerdan la muerte de la poeta cubana y se duelen de que tan pocos intelectuales hayan reconocido su talento o asistieran a su entierro. Callejas recuerda que fueron muy pocos al velorio, y Boluña afirma: «Mercedes, en otras latitudes, en un suelo menos ingrato, entre literatos más altruistas y de más altos vuelos, habría sido más apreciada según sus méritos» (1921: 10). Después de estos artículos, aparecidos alrededor del aniversario de su muerte, ocurrida el 24 de agosto de 1906, Eva Canel, una escritora asturiana radicada en Cuba, escribió una «riposta» y más tarde otro artículo donde reproduce una carta de Antonio del Monte, en la que este critica a Boluña y ofrece, al mismo tiempo, algunos datos sobre la vida de Matamoros, de quien había sido íntimo amigo. Del Monte además había publicado su primer poemario, y la había ayudado económicamente después de la enfermedad del padre. Matamoros le había escrito un poema a su hija, Ada Celia del Monte y del Monte, en 1893, titulado «Madrigal», y le había dejado a ella, además, una de sus casas en su testamento. Gracias a Del Monte sabemos de la relación que mantuvieron Mercedes Matamoros y Antonio Comoglio y Naranjo, quien según el redactor de *El País* fue quien «seguramente» le sirvió de inspiración a Matamoros para escribir *El último amor de Safo* y los poemas de *Mirtos de Antaño*. Afirma Del Monte:

> En estos largos años la visitaba un señor A. C. vecino de Guanabacoa, empleado de su Ayuntamiento, amigo mío, con aficiones literarias, y amante de los versos, quien la entretenía en sus soledades con la lectura de poesías y a quien a veces ella le consultaba las suyas, y quien se prestaba también gustoso a todos sus encargos. ¿Este amigo de sus soledades fue acaso el Fhaón ideal de nuestra Safo y quien inspiró en sus postrimerías sus más bellas composiciones y aquel manojo admirable de *Mirtos de Antaño*? Seguramente. (en Canel 1921: 1)

Por su narración sabemos que cuando apareció su primer poemario Matamoros era propietaria de una casita en Guanabacoa que estaba en muy mal estado, pero que con las ganancias que sacó pudo comprarse otras dos, arregló la que ya tenía, y dividió una de estas casas en dos. En una parte vivía ella y la otra parte la alquilaba. Con la renta de estas tres propiedades era con lo que se mantenía. Sin embargo, agrega Del Monte, Matamoros siguió teniendo dificultades económicas; a veces las casas no se rentaban, y el tiempo y los inquilinos, que eran peores que los años, las fueron destruyendo. Al parecer tuvo que hipotecar alguna de ellas o todas, y así «vivió muriendo nuestra emperatriz del verso», hasta que enfermó de cáncer (en Canel 1921: 1). Estos testimonios de la vida de Matamoros permiten hacerse una idea de las penurias económicas por las que tuvo que pasar, y del inmerecido olvido en el que había caído.

Mercedes Matamoros y del Valle merece ser considerada entre las principales figuras femeninas del modernismo en Latinoamérica. Su poesía es tan erótica como la de Rubén Darío. No tiene, es cierto, la exuberancia metafórica ni el registro rítmico de Darío, pero sí la misma intención provocadora. Habla del cuerpo femenino y de los sentimientos de la mujer, y al hacerlo crea un espacio de libertad individual como no creó ninguna otra autora de su época. Es altamente simbólico, además, que Matamoros publique sus poemas a Safo el mismo año en que Cuba se convierte en un país independiente. La conjunción, además, no es casual, especialmente si sabemos que Matamoros tomaba en consideración el momento histórico que vivía para publicar sus poemas. Por esa razón, por ejemplo, no publicó ninguno durante la guerra de independencia; muy probablemente la publicación de sus sonetos a Safo tras la proclamación de la República respondía a una decisión política. Los derechos y anhelos que vinieron con la independencia tienen su correlato en su rebelión contra la norma tradicional, la mojigatería criolla y las trabas que esclavizaban a la mujer en su tiempo. El hecho de que su poesía haya caído en el olvido, y que haya recibido una respuesta tan agresiva por parte del cronista anónimo del *Diario de la Marina*, indica que el cambio político no trajo consigo un cambio de mentalidad ni de moral. La apreciación de su poesía se redujo al pequeño grupo de hombres y mujeres que asistieron a su entierro.

La violencia sexual en el arte y la literatura de Vanguardia

> La mujer es como el pan
> Y hay que comerla caliente
> Si la dejas enfriar
> Ni el diablo le mete el diente.
>
> Carlos Castillo, «Tres lindas cubanas»

En las últimas décadas del siglo XIX, con el proceso de desmiraculización del mundo, la pérdida de la fe en un dios trascendental, el ascenso de la burguesía y la reivindicación de los derechos de la mujer, la relación entre los cuerpos cambió y comenzaron a aparecer en la literatura y el arte escenas de violencia erótica que iban en contra de la norma moral burguesa. Un ejemplo de esta violencia son las viñetas del pintor mexicano Julio Ruelas para la *Revista Azul*, y las novelas naturalistas del cubano Emilio Bobadilla, *A fuego lento* (1902) y *En la noche dormida: novela erótica* (1920). En las viñetas de Ruelas se reúne toda la imaginaría decadente y naturalista de fin de siglo para representar lo que Bram Dijkstra, en *Idols of perversity*, describió como la mujer bella, fría y distante, una encarnación del mal.

En los dibujos de Ruelas y otros escritores modernistas la mujer toma el lugar de la pecadora, capaz de tentar a Jesucristo con el poder momentáneo y mentiroso del Eros, y su representación se torna muchas veces violenta, al extremo de aparecer en una de las viñetas del mexicano atravesada por un ancla. En estas representaciones se mezclan la misoginia y la religión, el poder y la sexualidad, que, como ocurre en el poema de Rubén Darío «El Cisne», expresan un deseo pánico que transgredía el orden moral establecido. Darío recrea la violación sexual de Leda y le canta al «pájaro sacro» en que se había convertido Zeus para tener relaciones sexuales con ella. Bajo sus blancas alas de cisne, dice, la nueva Poesía: «concibe en una gloria de luz y de harmonía / la Helena eterna y pura que encarna el ideal» (1901: 110). El poema de Darío oculta el acto violento del dios bajo las referencias mitológicas, evitando así ser «obsceno», pero deja constancia de ese erotismo pagano que recorrió la literatura modernista. La literatura y el arte de vanguardia, que según Octavio Paz será una extensión de la poética moderna, nacerán atravesados por pulsiones similares. Pero a diferencia de los modernistas, según Paz, la fascinación de la vanguardia no será con el lujo sino con la máquina, la «esencia del mundo moderno» (1991: 13).

En Francia, durante el surrealismo, Max Ernst reflejó en sus cuadros una mezcla de misticismo alemán, magia negra y escenas eróticas que hubiera deleitado a los padres tutelares del movimiento. Y lo mismo hicieron en Cuba escritores y pintores en cuya obra surge una fuerza primitiva y agazapada: el deseo. Entre los numerosos ejemplos cabe mencionar las novelas de Alejo Carpentier, los poemas de Nicolás Guillén y las pinturas y narraciones de Carlos Enríquez, el primero y el último asociados, junto con Wifredo Lam, al surrealismo. Sus representaciones eróticas las recorre un *ethos* que ancla estas representaciones al mundo criollo, natural y violento de las selvas americanas. Y esa violencia vendrá de la mano de aquello que la sociedad burguesa rechazaba –la brujería, la prostitución, el lesbianismo y la infidelidad– y surgirá como fuerza antitética de la racionalidad jurídica y civil que caracterizaba la República.

Este es el caso de ¡*Écue-Yamba-Ó!*, la primera novela de Carpentier, publicada en Madrid en 1933. En la narración aparecen varios personajes femeninos que guían la trama. Una de ellas es Salomé, nombre común entre las mujeres fatales de fin de siglo, quien es madre de Menegildo, el personaje principal. Ambos son negros pobres, que viven en el campo. Salomé inicia a Menegildo en la religión afrocubana, y este, cuando crece y se enamora de Longina, y para conseguir su amor, va a la casa de un brujo, Beruá, para que le haga un encantamiento, un «amarre». Después de esperar

Publicidad en el diario *El mundo*.

por algún tiempo que surta efecto «el amarre», Menegildo, dice el narrador, siente una especie de «anestesia moral» (2012: 90), y un día ve a la joven en el campamento de los braceros haitianos donde vivía, y sin pensarlo dos veces se abalanza sobre ella. La escena que describe Carpentier a continuación no puede entenderse sino como otra violación sexual. Dice el narrador:

> La mujer estaba ahí. Sola. Sentada en una piedra blanca, bajo los almendros. // Menegildo saltó al arroyo para llegar más pronto. Ella intentó huir, con nervioso sobresalto de corza. El mozo la apretó entre los brazos, incrustando sus anchos dedos en caderas de ébano tibio. // –¡Quita..! ¡Quita…! // La mordía como un cachorro. Los dientes no lograban pellizcar siquiera la carne rolliza de sus hombros. Pero sus sentidos se enardecían hasta el paroxismo, conociendo el sabor de la piel oscura, con su relente de fruta chamuscada, de resina fresca, de hembra en celo. (2012: 126)

Nótese que el narrador describe la escena erótica como la lucha violenta de dos animales. Menegildo es la fiera, el «cachorro» de león que ha probado la carne negra, y ella la «corza» o la «hembra en celo» que rechaza el ataque del «macho» (2012: 126), pero que finalmente termina sucumbiendo a sus deseos. Antes de que Menegildo asaltara a Longina ni siquiera el lector conocía el nombre de la muchacha, sólo habían intercambiado unas breves palabras. Pero el narrador nunca muestra el asalto como un acto reprensible, sino como algo natural, que la misma joven al final acepta. La naturalización de la violencia erótica, entonces, viene a través de la comparación del acto sexual de la pareja con el de los animales, con el acto orgánico de comerse el protagonista una «fruta chamuscada», lo cual le permite al narrador justificar que Menegildo tome posesión del cuerpo de la joven, y que traslade al personaje femenino lo que es únicamente consecuencia de la acción del hombre. En otras palabras, no es el amor consensuado lo que lleva a esta escena erótica, sino el deseo, el amarre del brujo, la anestesia de los ideales y el vigor del hombre al despertar la primavera: «una peculiar vibración de la atmosfera denunciaba la llegada de la primavera, con su destilación de savias, su elaboración de simientes» (2012: 125). En las palabras del narrador, el acto violento no hace más que reproducir el «rito primero de fuga [de la mujer / corza] ante el macho» (2012: 126). Con este tipo de representaciones, sugiero, el narrador antropologiza la violencia, retrotrayendo las relaciones entre las parejas al plano primitivo, que era un rasgo común de la vanguardia y a la historia de la dominación del hombre sobre la mujer. Sobre todo del hombre blanco sobre la mujer negra, algo que forma parte del legado esclavista en Cuba. En el fondo es una explicación que sirve para legitimar el comportamiento del protagonista que se siente atraído por la mujer convertida en un animal «en celo», después de lo cual Menegildo le rompe el vestido y descubre que tenía «sus senos temblorosos, contraídos por el deseo, [que] surgieron entre hilachas y telas heridas» (2012: 127). ¿Cómo los «senos [estaban] contraídos por el deseo», si de lo que se trata es de un asalto violento? A pesar de esto, después de esta escena, los dos siguieron encontrándose a escondidas, «guiados», dice el narrador, «por la telepatía del instinto» (2012: 127).

En términos del discurso antropológico, por tanto, estamos en presencia del tránsito del *homo rationalis* al *homo silvestri*, del mundo de los valores morales al de los instintos animales, un recurso retórico a través del cual el narrador ve al otro como diferente a sí mismo, o al menos diferente a los valores que las sociedades de ley y de progreso se proponían inculcar a los individuos. Desde la perspectiva de un lector que tiene el consenso, el amor y la legalidad como los patrones de conducta normativos de una sociedad, una descripción semejante del acto erótico implicaría una transgresión de las normas sociales y serviría para validar la violencia y el traspaso de la ley, aun cuando el protagonista nunca reciba un escarmiento, sino una recompensa. Al convertir el encuentro en un «rito», el narrador banaliza su importancia, fijando la violación en el orden de un pasado inmemorial, repetitivo y aun religioso; no hay que olvidar que antes de abalanzarse sobre la joven, Menegildo va a al brujo para «amarrarla». En consecuencia, la violencia sexual y la religión quedan co-implicadas, como aparece en el surrealismo y, en especial, en los textos de Georges Bataille. En ese sentido resulta reveladora la carta de Carpentier a su amigo José Antonio Fernández de Castro, donde afirma:

> Sólo me queda respeto por una cosa [...] de potencialidad de vida, el coeficiente de animalidad auténtica que puede quedarle a un individuo. El peso específico de *hombre*. [...] La letra impresa, la música o la pintura sólo resultan vivientes y útiles cuando permiten ahondar en nuestro propio légamo humano, nos permiten ver claro en las porquerías de nuestro subconsciente. (en Sosa Rodríguez 1985: 44; énfasis en el original)

¿No explicaría esta búsqueda de «animalidad auténtica» la reacción de Menegildo cuando ve a Longina?

Carpentier, como sabemos, estuvo vinculado al movimiento surrealista en Francia, donde también la sexualidad adquirió una gran importancia por entenderse que era parte del comportamiento profundo del hombre, algo que escapaba al intelecto y a las restricciones sociales. Para Bataille, que dirigió la revista *Documents*, donde Carpentier publicó su ensayo «La musique cubaine» en 1929, «el terreno del erotismo es esencialmente el terreno de la violencia, de la violación» (2011: 21). El hombre moderno había construido un mundo racional a su alrededor, pero en su interior sigue subsistiendo un fondo de violencia (2011: 44). Para Bataille la sexualidad provocaba la ruptura de la discontinuidad que implicaba cada ser humano e impulsaba al hombre hacia la muerte. ¿Pudo haber influenciado esta forma de pensar a Carpentier? En una de sus cartas a Bataille, que data de 1956, Carpentier rememora la amistad que mantuvieron y afirma, entre otras cosas: «¿Ha podido imaginarse el puesto que usted ocupa en mis recuerdos? Yo me acuerdo todavía de nuestras conversaciones de 1929 o 30, sobre las cofradías mágicas de Cuba, de nuestros encuentros con Robert en el *Deux Magots*, de los libros que usted me ha aconsejado la lectura» (en Carlos Rincón 2009: 115). ¿No podría ser, por tanto, la violencia sexual y religiosa de los negros un elemento que asociaría la narrativa carpenteriana con las ideas del antropólogo francés? ¿No sería este un modo de exteriorizar el deseo primitivo en estos textos?

Por supuesto, las vanguardias artísticas de principios del siglo xx enfatizaron el primitivismo, la violencia y lo sensual[1]. En estas narraciones siempre es el hombre quien impone su fuerza sobre la mujer y quien casi siempre describe estas escenas. Por ende, este tipo de representaciones parecería un rasgo común de la literatura moderna en Cuba que nunca ve a la mujer como su víctima, sino como alguien que lo incita, lo tienta, o debe vencer para desquitarse del efecto que le causa. Tal vez por esto Octavio Paz, al hablar de la mujer en *El laberinto de la soledad*, la asociaba con el «Enigma», con la imagen de la fecundidad y de la muerte, ante cuya interrogante, decía, no cabía más respuesta que la violencia. Según Paz «el sadismo se ini-

---

[1] Para más detalles sobre la relación entre primitivismo y vanguardia véase Clifford 2001 y Varnedoe 1990.

cia como venganza ante el hermetismo femenino o como tentativa desesperada para obtener una respuesta de un cuerpo que tememos insensible» (1959: 72). Como sabemos, Paz también fue influenciado por los surrealistas y los modernistas hispanoamericanos, por lo cual se entiende que sus reflexiones sobre el tema estén teñidas de esta violencia primigenia de lo que él llamaba el «hombre de raza» (1959: 72).

Por la misma fecha que Paz publica *El laberinto de la soledad*, Carpentier da a la imprenta *Los pasos perdidos* (1953), su novela más ambiciosa, en la cual aparece otra escena similar a la de *¡Écue-Yamba-Ó!*. El protagonista tiene tres amantes: Ruth, con la que está casado, Mouche, una francesa, y Rosario, una indígena de la Amazonia. A medida que transcurre la novela rechaza a las dos primeras y se enamora de la última. El momento de la posesión es muy semejante al que tiene lugar en *¡Écue-Yamba-Ó!*, ya que sin antes haber establecido una relación amorosa con la joven, en un momento determinado el hablante la mira y ve «algo tan ansioso, tan entregado, tan impaciente en su sonrisa», que «el deseo me arroja sobre ella, con una voluntad ajena a todo lo que no sea el gesto de la posesión. Es un abrazo, rápido y brutal, sin ternura, que más parece una lucha por quebrarse, y vencerse, que una trabazón deleitosa» (1980: 153). Agrego que desde que el narrador había conocido a Rosario le había llamado la atención su comportamiento, tan diferente al de las otras mujeres, y su forma de servir al hombre y pertenecerle. Durante casi todo el trayecto por la selva el narrador se pregunta qué hacer o cómo tratarla. Su identidad mestiza y el hecho de haber crecido en un ambiente tan distinto al suyo le hacían imposible descifrar lo que él llama su «entidad profunda», ante la cual solamente cabía actuar con rudeza. En otro momento de la narración, antes de abalanzarse finalmente sobre ella, contempla incluso la posibilidad de utilizar la violencia para poseerla y agrega: «a veces pienso que un rato de aislamiento entre los estrechos corrales de las bestias, allí donde nadie puede vernos, exige una acometida brutal de mi parte; todo parece invitarme a ello, y sin embargo, no me atrevo» (1980: 116). El hermetismo de la mujer provoca las ansias del varón, lo que autoriza al narrador a actuar como si fuera sobre un objeto o un animal.

La mención de las bestias y del lugar donde ocurriría la posesión no es fortuita, porque el narrador entiende que en aquellos parajes y con aquella mujer no funcionaría otro método de enamoramiento: Rosario es descrita como una fuerza primigenia, natural y violenta, cuya «entidad profunda» está asociada a la raza, la cultura y el lugar. Lo que prima en estos encuentros, por consiguiente, no es el amor sino el ardor, lo que el narrador denomina «instinto» o «deseo». Al igual que ocurre en *¡Écue-Yamba-Ó!,* el narrador justifica esta violencia imaginando que es precisamente eso lo que quiere la mujer, por pertenecer a un lugar y una cultura diferente. Ve en su rostro su «impaciencia», la invitación al lance, y en consecuencia, el acto sexual termina siendo una lucha por «poseer», «quebrar», «vencer» de un modo «brutal» a la indígena. En ambas novelas, por consiguiente, Carpentier recrea la violencia erótica en ambientes alejados de la civilización europea. En *¡Écue-Yamba-Ó!* este acto se explica por ser parte de la cultura marginal de los negros cubanos, y que en *Los pasos perdidos* por el deseo del protagonista de fundirse con Rosario, convertirse en otro indígena y, traspasando las distintas edades históricas, llegar hasta el inicio de la creación. El narrador descubre comunidades cada vez más «primitivas» a medida que se abre paso por la selva, en el curso de la expedición etnográfica que había comenzado en Nueva York. Esta búsqueda de la autenticidad primigenia vendría a coincidir con el descubrimiento de un tipo de relación también profundamente americana, opuesta a la «hipocresía» y a la literatura que «encanallara el amor físico» (1980: 103); un tipo de relación que iría en contra de la ley y de los hábitos del matrimonio burgués a los que estaba acostumbrado el protagonista. En otra parte de la narración, Carpentier vuelve a hablar del «celo de las bestias» como el ideal al que aspira el narrador: «Me parecía que el hombre debía guardar, en sus acoplamientos, la sencilla impulsividad, el espíritu de retozo que eran propios del celo de las bestias [...] por la animalidad de ciertos machihembramientos» (1980: 103).

Carpentier no es el único escritor de su generación que representa la sexualidad de un modo tan violento o a través de imágenes que afincan su referente en la tierra (el animal o la fruta). Pablo Neruda –en poemas como «La infinita»– y Nicolás Guillén siguen también ese patrón, comparando a la mujer con la tierra en la vendimia uno y con las frutas tropicales el otro. Guillén lo hará apoyándose también en los sones populares. Por eso en su poema «Secuestro de la mujer de Antonio» el hablante poético se dirige a la mujer que tiene encerrada en un cuarto con la misma autoridad con que Menegildo se abalanza sobre Longina. En ninguno de los dos casos median palabras. Quien habla en el poema de Guillén es únicamente el hombre. El poema está dividido en dos partes y el hablante poético comienza cada una de las primeras tres estrofas con una declaración de intención o con una orden: «Te voy a beber de un trago», «Záfate tu chal de espuma», «Desamárrate, Gabriela» (1947: 40). En la primera de estas locuciones el hablante poético equipara la bebida con el acto amoroso, de modo similar a como en la poesía colonial de Muñoz del Monte, o en las marquillas de tabaco, se equiparaba a la mulata con alguna fruta. La equiparación muestra una lógica de la dominación y del consumo típica del erotismo de fin de siglo, de la objetivación de la mujer en la sociedad, como decía Irigaray, que es la misma de los anuncios publicitarios que aparecían en la Habana a inicios de siglo xx. Así, por ejemplo, en los anuncios del periódico *El Mundo* se promociona la venta de Chocolate Crema de Cuba (19 de agosto de 1917) y del champagne Mumm (3 de julio de 1913) recurriendo a esta metáfora. En el primero Jaime Valls (1883-1955) recurre a las líneas sensuales del Art Nouveau y en el segundo Castro López usa una técnica más tradicional y menos poética, pero más allá de las diferencias formales, ambos colocan a la mujer dentro de la copa de champagne o de la taza de chocolate, insinuando que podía ser consumida y resultaría tan «deliciosa» como la otra. En la misma línea, para promocionar el Agua mineral El Copey (3 de julio de 1919) se recurría a una modelo blanca, casi desnuda y vestida de india siboney, con el rótulo

«¡Es la más cara!»; otros anuncios promocionaban píldoras como las «vitalinas» para aumentar la potencia sexual masculina (29 de julio de 1917). Todos estos eran, por supuesto, productos dirigidos a los hombres, que eran los que los consumían, los compraban y disponían de ellos con la misma facilidad que lo hacían con las mujeres. A su vez, estos anuncios mostraban un tipo de mujer muy diferente al de la colonia. Ahora el modelo sexual no era el de la mulata, sino el de la joven blanca de pelo negro, trigueña, vestida o rodeada de objetos que apelaban al lector o al consumidor de clase media. Es ya otro tipo de mujer con atributos a veces autóctonos, como el de la india o la guajira de Víctor Manuel en «Gitana tropical» (1929). En el poema de Guillén podemos ver de nuevo el desplazamiento de este dispositivo de poder del modo más crudo; sus versos recrean una encerrona, y todo el poema abunda en imágenes que mezclan el acto erótico y la violencia. Dice la voz lírica:

> De aquí no te irás, mulata
> Ni al mercado ni a tu casa
> Aquí molerán tus ancas
> La zafra de tu sudor (1947: 43)

El poema está basado en una canción del Trío Matamoros, «La mujer de Antonio», que tiene un estribillo que dice: «la mujer de Antonio camina así, cuando va al mercado, camina así». No dice por qué la mujer camina de ese modo peculiar ni tiene tampoco una intención erótica. No obstante, Guillén al interpretarla convierte la escena en un «secuestro» y erotiza la figura femenina en un ambiente de violencia. Es cierto que Guillén da a entender en el poema que la mujer de Antonio es secuestrada para que «baile», pero sugiero que hay que entender el poema tomando como referente la fantasía de violación sexual que hemos analizado en Carpentier, donde la mujer es forzada a hacer algo que no quiere y en ese proceso se objetiviza y consume. En consecuencia, la mujer es comparada con un animal y con una máquina de moler caña, mientras el poeta enuncia las cosas que le hará. O sea, describe su sexo como una especie de animal mecánico, mitad yegua y mitad máquina de moler, por donde el narrador introducirá su «caña», en franca alegoría sexual donde las palabras «zafra» o caña tienen el mismo valor semántico que «pene», que la mujer exprimirá y convertirá en guarapo. En «Madrigal» el poeta repite el mismo motivo cuando compara a la mujer con esta planta, «sencilla y vertical», y dice: «tu andar fabrica para el espasmo gritador / espuma equina entre tus muslos de metal» (1947: 53). En la novela de Carpentier aparece también una metáfora similar, cuando el narrador habla de las prostitutas y dice que Menegildo «nunca se había aventurado en los bohíos de las forasteras que venían en época de la zafra, a *sincronizar sus caricias con los émbolos del ingenio*» (2010: 62; énfasis mío).

El «émbolo», recordemos, es el cilindro de metal de una máquina que se mueve para comprimir un fluido u otra materia. Era parte del mecanismo que se utilizaba para moler la caña de azúcar en los centrales, de modo que ambos autores vinculan el erotismo y las caricias de la mujer con la producción del azúcar, que era la pieza clave de la economía cubana en aquel momento y que estaba supeditada, cada vez con más fuerza, al comercio mundial y al mercado norteamericano. Como resultado, se repiten imágenes del siglo anterior, cuando la mulata se convierte en el centro de la narrativa antiesclavista y su figura se compara con los grados que alcanza el azúcar al pasar por el proceso de refinamiento industrial. En todo caso, el encuentro de los dos sexos se describe como un acto violento: la mujer es comparada con la fruta, el animal o la máquina, produciendo así imágenes «pornotópicas» que muestran el poder del hombre (Porteous 1990: 81), explorador y avasallador; la violencia sexual no se ve desde una óptica crítica, sino permisiva y deseada. Nunca se la condena, aun si va en contra de la ley. La mujer no habla, y lo único que se enfatiza es el deseo masculino, que glorifica esta violencia a través de las metáforas poéticas.

¿Qué motiva entonces este tipo de representaciones? Por un lado, el deseo de subrayar una sexualidad diferente, cercana al mundo animal y «salvaje». Por otro, el machismo, que tiene sus raíces históricas y se expresa comúnmente como un «culto a la virilidad», a la agresividad exagerada, a la intransigencia en el trato con otros hombres, a la arrogancia y la «agresividad sexual» con las mujeres (Stevens 1973: 90). Esta característica de la identidad latinoamericana se va constituyendo a partir de la Conquista, el culto mariano y la represión de cualquier signo de feminización en al hombre (Hardin 2002: 4). En el lenguaje popular de la isla se expresa en los signos lingüísticos que se utilizan para referirse al acto sexual, muchas veces descrito con metáforas violentas. Así, por ejemplo, mantener relaciones sexuales en Cuba tiene como equivalentes «dar un fuetazo», «pasar por la piedra», «pisar», «templar», «echarse al pico» y «matar»; en el caso de los dos últimos verbos, también sirven para referirse al asesinato de alguien. El órgano sexual masculino, además, tiene nombres como «pinga», «cabilla», «cohete», «estaca», «hierro», «leña», «machete», «sable», «tolete», «tranca», «tronco» y «tubo», lo que combinado con algún verbo acrecienta la connotación violenta, como en las frases «darle cabilla» o «darle tranca» (Paz Pérez 1988: 115-24). Es la cultura la que, como sostiene Stephen Greenblatt (1990: 225), explicaría esta violencia y funcionaría como una tecnología de control ubicua, que dicta modos de comportamiento machistas, reforzados a través de este tipo de narrativas.

Ahora bien, los cubanos no estaban solos en esto. Esas imágenes eran típicas de los vanguardistas europeos que, de la mano de Sigmund Freud y Carl Jung, enfatizaron la importancia de la sexualidad, los miedos y la violencia subconsciente o residual en los seres humanos. De hecho, toda la imaginería mecánico-sexual que aparece en las obras de Alejo Carpentier y Nicolás Guillén puede encontrase en la literatura y el arte de dadaístas como Francis Picabia (Méndez 2004: 566) o de surrealistas como Salvador Dalí. Basta recordar el cuadro de Picabia titulado «Paroxismo de Dolor» (1915), donde una especie de tornillo sinfín atraviesa un bloque, o el cuadro de Dalí «Burócrata y la máquina de coser» (1933), donde un viejo introduce una aguja por una abertura que sugiere un cuerpo humano. Lo mismo hallamos en el lienzo del pintor futurista cubano Marcelo Pogolotti (1902-1988) titulado «Marina interior (Marina o Nave marina)» (*circa* 1934), que muestra la intimidad de un camarote de barco donde duermen los marineros y una gran palanca toma el lugar de un pene. En estos cuadros la mujer también se convierte en un referente central, en un objeto físico, estático, erótico, que se manipula, se penetra o se toca. A veces es una comparación simbólica, como en la fotografía de Man Ray «Le Violon d'Ingres» (1924), o en lienzos como «La violación» (1934) de René Magritte o la «Lección de guitarra» (1934) de Balthus. En su foto, Man Ray superpone sobre la espalda desnuda de una joven dos aberturas como las de un violín, haciendo de su cuerpo un instrumento musical. En «La violación» Magritte sugiere el acto sexual en el juego de palabras entre «violar» y «violín», y el rostro de la mujer se transforma en un cuerpo desnudo con senos como ojos y el sexo como una boca. En la imagen de Balthus una mujer toca el sexo de otra, posiblemente su discípula, y su cuerpo permanece en una posición similar al de una guitarra.

Dos poemas de Guillén, que llevan precisamente por título «Guitarra», recuerdan este tipo de representaciones. Uno de ellos aparece en *El son entero, cantos para soldados y sones para turistas* (1937), y el otro en *El Gran Zoo* (1967). En el primero Guillén desarrolla una especie de alegoría regenerativa, donde la «guitarra» adquiere características humanas: «espera» que el hombre la toque, lleva una «bata de cola», refiriéndose al baño de laca, y tiene la boca llena de ron. El hablante poético deja implícito que el cuerpo de la mujer es ondulado o escultural, y la alegoría vendría a ilustrar la conversión de una prostituta borracha en la compañera del músico: «Cógela tú guitarrero / Límpiale de alcohol la boca / Y en esa guitarra toca / El son entero». En el otro poema se enfatiza la misma analogía: la mulata tiene «cintura de abierta madera» pero, como el resto de los protagonistas del libro, es otro animal (1974: 190). El tópico aparece también en el arte; puede encontrárselo, por ejemplo, en uno de los grabados de Domingo Ravenet en *Mapa de la poesía negra americana* (1946), y en el lienzo «Mujer guitarra» (1955), de Carmelo Gómez Iglesias. En el grabado de Ravenet la guitarra toma la forma de una mulata, cuyo cuerpo se superpone al de un negro por la zona del bajo vientre, de modo que la mano del guitarrista rasga las cuerdas en el mismo lugar donde están su sexo y el de ella. El grabado está calzado por un verso del poema «Sexteto» de Ramón Guirao que dice: «el dedo que no te afina clavándose en tu cadera» (1970: 111). En el lienzo de Gómez Iglesias las clavijas del instrumento musical toman el lugar de la cabeza de la mujer y el cuerpo se transforma en la caja. Las piernas abiertas alineándose con el vientre y el hueco de la guitarra equiparan el sonido con el orgasmo sexual; la mujer se toca o la tocan y produce la música que disfruta el hombre.

En los poemas de Guillén es frecuente que la mirada poética esté guiada por el deseo erótico, que expresa un conocimiento incluso superior al intelectual. En cualquier caso, con la poesía y la literatura negrista de la vanguardia asistimos a un festín carnal, sugerido por los movimientos del baile, las canciones y los elementos visuales, presentes también en muchas pinturas de la época. El poeta, el narrador o los pintores describen los cuerpos y los recrean en escenarios naturales donde destaca lo mismo una mata de plátano que una caña. No obstante, en ningún otro escritor o pintor de esta generación de la vanguardia cubana aparece más intensamente el acto erótico violento que en Carlos Enríquez, quien ilustró varios poemas de Nicolás Guillén.

Carlos Enríquez conocía a Guillén y a Carpentier, y en su obra aparece un erotismo muchas veces violento, donde se mezclan lo animal y las imágenes vegetales para dar una idea de la compenetración entre sexualidad y paisaje. Son temas que aparecen en muchos de sus cuadros, como «El rapto de las mulatas» y «La Caridad del Cobre», así como en sus novelas *Tilín García* (1939) y *La feria de Guaica-*

nama (1960). No es de extrañar que Nicolás Guillén le haya pedido a Carlos Enríquez que hiciera las ilustraciones de los poemas de *El Son entero*, entre los que está el «Secuestro de la mujer de Antonio». Tal como habían hecho Carpentier y Guillén con el mundo de los negros, Carlos Enríquez exalta el erotismo de los campesinos y en especial de las guajiras mestizas y negras que vivían en el monte en las primeras décadas del siglo XX, en representaciones tan gráficas y violentas que chocaron con el gusto burgués y el academicismo de la época y que llevaron a cerrarle una exposición. En ese sentido, tenía razón Carlos Enríquez cuando en su polémica con el crítico cubano-francés Guy Pérez Cisneros sostenía que su generación había abierto el camino a la siguiente, la de 1937, a la que pertenecían los pintores Mariano Rodríguez y René Portocarrero. Según Guy Pérez Cisneros en su artículo «Sexo, símbolo y paisaje (A propósito de Mariano)», publicado en *Espuela de Plata*, las obras de estos pintores estaban llenas de elementos sexuales, tantos que los objetos y hasta las plantas de las pinturas de Mariano Rodríguez vivían mecidas, dice, «por un gigantesco oleaje de semen». En contraposición, Pérez Cisneros afirmaba que en los pintores de la generación de 1924 el sexo «se sentía impuro, y no tenía la voluntad de concebir» (2000: 102). En los cuadros de Mariano Rodríguez, decía Guy Pérez Cisneros, «el sexo desempeña […], con inconsciente voluptuosidad, su papel "natural": el de preñar» (2000: 103).

¿A qué cuadros se estaría refiriendo Guy Pérez Cisneros con esta oposición entre sexo puro e impuro, (in)capaz de concebir o de preñar? No lo aclara en su artículo, pero a juzgar por una carta que le escribió al pintor se refería a los cuadros donde Carlos Enríquez tematiza el lesbianismo y la prostitución. Entre los primeros cabe destacar «Lesbianas» (1935), «Mujeres abrazadas» (1932-1933), «Mujeres desnudas» (1932-1933), y «Las bañistas de la laguna» (1936), este último inspirado, según Loyola (2011: 80), por el romance que mantuvieron Eva Fréjaville y la lesbiana inglesa Cynthia Carleton, por la cual Eva abandonó al pintor cubano (2011: 80). En respuesta al artículo de Pérez Cisneros en la revista *Espuela de Plata*, que dirigía Lezama Lima, Carlos Enríquez publicó otro en *El Nuevo Mundo*, en septiembre de 1941, titulado «Carta a Guy Pérez Cisneros», donde entre otras cosas afirmaba que la pintura de su generación no podía ser «impotente», en tanto fue la que se enfrentó sola al academicismo rampante que dominaba la vida artística en Cuba. Se universalizó, dice, «saliendo de las exiguas fronteras isleñas y enfrentándose ventajosamente al resto de la pintura americana». Y en lo tocante al sexo, añade:

> fue y será una necesidad de expresión ambiente, pues entonces como ahora la isla temblaba lúbricamente [...] nuestra vida nacional gira alrededor del sexo. Desde el puesto de Estado, que a veces se adquiere a pura forma, hasta el agujerito inflamado en la más humilde caseta de baño, todo indica, querido Guy Pérez, todo, que pisamos sobre una manigua ardiente donde tras cada matorral nuestra imaginación sospecha la carne, la lujuria, el pecado batallador y el estremecimiento erótico, el cual tú pretendes ignorar a duchas de cultura fría. (2010: 293-294)

Ni Pérez Cisneros ni *Espuela de Plata* publicaron una réplica, pero al parecer el crítico escribió una carta a Carlos Enríquez donde reacciona muy molesto a sus argumentos, y entre otras cosas, dice: «sí, el sexo tomó la palabra en tu generación, pero fue la palabrota, la actitud de azotea, (perdóname la palabra, pero me obligas a ello) de rescabucheo! La encerrona de lupanar, el vicio para llamarlo por su nombre. Choteas también el fecundar» (2010: 298). Ambos, por tanto, tenían puntos de vistas muy diferentes sobre la sexualidad: Carlos Enríquez se interesaba por las sexualidades marginales, mientras que Guy Pérez Cisneros las rechazaba porque consideraba que no debían ser motivo de la pintura. Eran una exaltación del vicio, asustaba con su representación a las damas, y convertían al pintor en un mirón sexual, en un rescabuchador, un choteador de «la fecundidad». Si la pintura de Carlos Enríquez iba en contra del buen gusto burgués, de la familia, de la censura y de las normas morales, la crítica de Guy Pérez Cisneros iba encaminada a salvaguardar esos espacios; su actitud en buena medida era la de un defensor de la pintura y la literatura de élite, que era en el fondo la postura del círculo de *Orígenes*. Su posición era la más cómoda de las dos y la que podía encontrar más aliados –y de hecho, no fue único que enfrentó al pintor por su rebeldía. En 1927, las pinturas de Carlos Enríquez fueron catalogadas de «un realismo exagerado» y retiradas de la «Exposición de Arte Nuevo». Se trataba de dos desnudos de mujer, de corte expresionista, que focalizaban la mirada del espectador en su sexo. Al reseñar la muestra la *Revista de Avance*, que promovía el arte moderno en Cuba, señalaba que los lienzos habían causado tanto escándalo en «algunas personas miembros de la Asociación de Pintores y Escultores» y otros visitantes que fueron descolgadas por orden del presidente de la Asociación que albergaba la exposición, si bien fueron luego restituidas cuando se hubo aclarado el incidente. «Hoy», dice la *Revista de Avance*, «siguen todavía allá, implacablemente retadoras, pese a su realismo exagerado» (1927: 111-112). Carlos Enríquez no fue el único pintor que exhibió desnudos en la exposición; entre las pinturas que reproduce la *Revista de Avance* hay otra de Luis López Méndez, «Tierra Cálida», con una joven negra en cercanía promiscua con frutas y plantas, pero definitivamente las de Carlos Enríquez resultaron las más violentas y transgresoras porque chocaban con la perspectiva moral del espectador, con la norma impuesta, con la gramática que disciplinaba los cuerpos en la República. Su erotismo es el de una especie de hombre deshumanizado, y como en la narración de Carpentier o los poemas modernistas de Rubén Darío y Mercedes Matamoros, el impulso sexual transforma al sujeto en animal, en fruta o en una imagen chocante; en sus representaciones eróticas los seres humanos actúan como las fieras en el bosque y el paisaje aparece sexualizado y lleno de lujuria, como aparecerá más tarde en «La Jungla» (1943) de Wifredo Lam o en los poemas de Elías Nandino o Andrés Núñez Olano que publicó la *Revista de Avance* en el mismo número de mayo de 1927. En poemas como «La carne vibra» y «Momento» se revela también un erotismo animal que domina el paisaje; Nandino afirma en «La carne vibra»: «Un gallo juega / al equilibrismo / sobre su hembra / sumisa!» (1927: 112); en «Instinto», Andrés Núñez Olano exclamaba:

¡Ah, la verdad del hombre
es su animalidad!
¿Quién ha dicho la loa al Instinto?
El Instinto es verdad.
En el salto
y el gesto de Conquista
nos hallamos. (1927: 170)

Era de esperarse, por consiguiente, que Carlos Enríquez estuviera en desacuerdo con Pérez Cisneros, y que en «El rapto de las mulatas» (1938) y en otras de sus obras de carácter erótico la sexualidad no fuera algo ni temido ni «impotente», sino algo que se expresa y de lo cual se goza abiertamente, en franco desafío a la norma jurídica y social de la República. En «El rapto de las mulatas» dos soldados aparecen llevándose a dos mujeres en la grupa de sus caballos, pero por la pose que adoptan queda implícito que el rapto es bienvenido y disfrutado por ellas. En cierto sentido, la pintura se convierte en una representación visual de la cópula. Una de las mulatas aparece dándole la espalda al espectador y con las piernas sobre la cintura del hombre, con el rostro volcado hacia atrás en expresión de éxtasis y placer. La otra esboza una sonrisa mientras mira al soldado.

En el lienzo se yuxtaponen varios planos visuales, a modo de velos, de modo un modo similar a la superposición de planos que tiene lugar en la pintura de Francis Picabia o en la fotografía surrealista de Maurice Tabard (1897-1984). En una foto de Tabard que acompaña el artículo de Carpentier en *Bifur*, «Lettre des Antilles», una joven toma el sol en la playa; la foto se titula «Fruit de mer» (1929: 104). Se trata de imágenes donde se superponen distintos planos y conceptos. Se mezcla la mujer con la naturaleza, como sucede con la narración y los cuadros de Carlos Enríquez, cuyo personaje principal, Tilín García, representa la fuerza primigenia y desembridada de los guajiros cubanos. En «El rapto de las mulatas» la cabeza de uno de los caballos es una extensión del falo de uno de los soldados, que atravesaría a la mujer y la rendiría con el impulso de la bestia. Recordemos que en *Los pasos perdidos* Carpentier también hace una comparación similar entre la potencia sexual del equino y la del hombre. Uno de los periodos históricos por los que atraviesa el protagonista en su paso por la jungla está representado por el signo del caballo, y en él se establecería una «misteriosa solidaridad» entre «el animal de testículos bien colgados, que penetraba sus hembras más hondamente que ningún otro, y el hombre» (1980: 117). En la novela el caballo es también símbolo del valor, la heroicidad y la fuerza en una etapa de la historia en que los hombres aspiraban a ser héroes. En el cuadro de Carlos Enríquez el caballo también está asociado a la fuerza guerrera: sus personajes son soldados o bandidos, con cananas llenas de balas y machetes al cinto. Los colores, en especial el rojo –símbolo tradicional de fuerza y pasión– y el azul, confieren intensidad erótica a la escena y ayudan a crear esta atmósfera de planos yuxtapuestos, provocada por la tormenta que parece envolverlo todo en una nube de aire. Así, el vigor de los soldados, supuestamente antiguos mambises de la guerra de independencia, se mezcla con el de los caballos, que terminan convertidos en una especie de centauros impulsados por el vendaval y el deseo. Los dos son uno mismo, como el gaucho de *Don Segundo Sombra* y los poemas de Rubén Darío, en especial «El coloquio de los centauros». Porque ¿no es acaso el guajiro mambí una especie de «centauro», como decía Manuel de la Cruz en *Episodios de la revolución cubana* al relatar las hazañas de los revolucionarios en la guerra de 1868? (1890: 119). De hecho, en la novela *Tilín García* (1939), que Carlos Enríquez dedica a Eva Fréjaville, también se subraya la unión entre el hombre y la tierra, al igual que ocurre en las novelas criollistas preocupadas con la problemática rural, las desigualdades sociales y el carácter de los hombres del campo. Son guajiros fuertes y rebeldes, bandidos como Manuel García o «salvajes» como Tilín, que tiene dos mujeres que terminan peleándose a machetazos por él. Según el narrador, las mujeres «admiraban» en Tilín su «decisión violenta en el amor, su falta de feminidad, y la impetuosidad salvaje con que sus deseos se traducían en acciones» (1939: 13).

Tanto el rapto como la violación sexual y el secuestro de jóvenes, a los que hacen referencia los textos de Carpentier, Guillén y Carlos Enríquez, eran acciones punibles por la ley, especialmente si se perpetraban en contra de una menor o de la voluntad de la amante. Ahora bien, cuando se trataba del «rapto» los abogados mismos de la época sostenían que en muchas ocasiones era un acto consensuado, que respondía al deseo de ambos novios de escapar a las restricciones impuestas por los padres. Las estadísticas de principio de siglo muestran lo extendido de esta práctica. Ángel Clarens, un abogado que presentó en la Quinta Conferencia Nacional de Beneficencia y Corrección, celebrada en 1906, una ponencia titulada «Plagas sociales, medios eficaces para su extirpación», decía que «cerca del treinta por ciento de las condenas impuestas por los tribunales, según las estadísticas, obedec[ían] a delitos de rapto» (1906: 202). Las mujeres víctimas de estos delitos procedían en su mayoría de las clases bajas de la sociedad. Menos del uno por ciento eran «señoritas que se educan en colegios bien dirigidos y organizados», y de ahí que Clarens afirmara que la educación sería la mejor manera de acabar con ese mal en Cuba. En su ponencia deja implícito que las mujeres, bien por no haber recibido una buena educación o bien porque guiaran a los hombres por «la impaciencia matrimonial» (1906: 202), eran las culpables de cifra tan alta. Y termina diciendo: «Y en cuanto los raptores, unas veces más débiles que las débiles mujeres, no saben sustraerse a la red que pérfidamente se les tiende» (1906: 203).

¿Puede entenderse mejor ahora por qué en el cuadro de Carlos Enríquez y en el poema de Guillén el hombre siempre actúa con la conciencia de estar en lo correcto? Si bien el rapto o el «secuestro» para fines sexuales podía ser sancionado por la ley o significar una afrenta de honor para los padres, la literatura y la pintura, y especialmente la de Carlos Enríquez, se encargarán de «exaltar» esta «plaga social», porque supuestamente representaría el sentir del pueblo y de las clases bajas, el de las mujeres que no pertenecían a ese menos del 1% que asistía a buenos colegios. En otras palabras, donde el Estado veía una transgresión de la norma y un mal social, Carlos Enríquez celebra el delito porque va en contra de la moral burguesa, y al hacerlo refuerza lo que podemos llamar la «mitología del macho». También lo hace en su novela, donde hace decir a otra mujer que es pretendida por Nando, un hombre bueno, sacrificado y alegre, que este carecía de las cualidades de Tilín. Según la mujer, ella «había sentido la necesidad de que Esteban la besara, pero con la arrogancia de los animales machos y no con la tristeza de Nando. Era apasionada, y un día se entregaría con todas las fuerzas de sus entrañas, como una yegua, como una vaca en celo, fructífera y salvaje» (1939: 60).

Una y otra vez, por consiguiente, estas descripciones acentúan lo primitivo, subrayan el amor como una fuerza animal que propicia el culto del hombre fuerte, llámese Tilín o Papá Montero, entre las mujeres. Y de ahí que las comparaciones con los animales o las alusiones a la criminalidad sean expresiones directas de esa fuerza, que pertenecía a la realidad inmediata del guajiro y del ñáñigo. De lo que hablan entonces estos textos, podría decirse, es de una suerte de etno-erotismo que privilegia la psicología del macho agresivo, fuerte, decidido y sexualmente potente, que en estas narraciones aparece como el prototipo de los negros y los guajiros. El contrapunto estaría en el hombre o la mujer blancos de clase media o alta, que no frecuentaban esos ambientes o tenían mejor educación, o en el hombre femenino o la mujer masculina, que ya en la época eran motivo de burla en revistas como *La Semana* por su ropa y la forma de llevar el cabello, los llamados «pepillitos y garzonas» (2006: 82-102).

A través de sus personajes telúricos Carpentier y Carlos Enríquez intentan mostrar un comportamiento sexual diferente. Es por eso que en la novela abundan las comparaciones entre las mujeres y las «yeguas» o las mujeres y las frutas, y el acto erótico entre los protagonistas está desprovisto de ternura, de romance o de sentimientos para privilegiar en su lugar la acción de los cuerpos, que chocan con desespero para alcanzar el orgasmo. La escena que mejor traduce este erotismo en la novela de Carlos Enríquez es comparable a la de Carpentier en *¡Écue-Yamba-Ó!* Según el narrador de la novela de Carlos Enríquez, el protagonista ve a la mulata Sorabella bañándose en el río y se dirige hacia ella resuelto a poseerla:

> los pezones oscuros de virgen selvática; las ancas se ensanchaban propicias al goce bárbaro y salvaje que latía feroz en la sangre de Tilín García. Rápido, se quitó la ropa y con la risa atrevida del valido de la naturaleza se lanzó al agua de un salto, para ergirse [sic] macizo y desgreñado frente a ella, que lo miró expectante y complacida. –Soy tuya –murmuró sintiéndose atraída por el magnetismo del macho audaz y vigoroso. (1939: 112)

Los amantes se confunden así con el paisaje que los rodea. Son parte de ese mundo natural, incontaminado por la civilización y las normas de la ciudad. Son como animales del monte, por cuya sangre corre magnetismo y vigor; responden a los deseos del cuerpo, al instinto que los posee y los vence. Las mujeres valoran esta violencia, donde no intervienen las palabras ni el consentimiento previo, y se sienten atraídas por la «audacia» del macho. A diferencia de la novela de Carpentier, en este pasaje de la novela de Carlos Enríquez la mulata tiene al menos la posibilidad de hablar, de confirmar la posesión: «Soy tuya». Pero en ambos textos las mujeres aceptan con gusto el lugar de la hembra, lista a ser devorada o arrasada por los instintos sexuales del macho. No hay ningún tipo de reproche, sino una racionalización de la violencia sexual a través del discurso de lo primigenio-animal-salvaje, donde el macho ejecuta y la mujer acepta, y de ahí que el narrador en dichos encuentros no haga más que celebrar su «audacia». El propio Tilín, cuando cuenta más tarde este lance amoroso, no puede escoger una palabra mejor para describirlo que «bestial»: «¡Bestial, compadre! Bestial —comentó Tilín al reunirse con Esteban. —Bestial, eh? —Sí, bestial, con la fuerza de un ciclón —repitió Tilín» (1939: 113). Si la civilización implicaba el control de los instintos y la impulsividad, estos personajes están en sus antípodas. Son el producto de un ambiente y una cultura rural, analfabeta, que acepta estos encuentros con gozo.

Carlos Enríquez, cabe agregar, fue influenciado por el surrealismo, que conoció en pleno apogeo de primera mano cuando visitó Francia en 1930. A través de su padre, que fue un reconocido doctor y sirvió de médico de cabecera de Gerardo Machado (1871-1939), tuvo acceso a mucha bibliografía médica, que tal vez pudo haberlo influido también, como ya sugería Jorge Mañach, y en sus cartas y lienzos abundan las referencias al psicoanálisis y a las pasiones, los deseos reprimidos, los sueños y pesadillas que poblaban el inconsciente, como pensaban los surrealistas. Sus piezas «Tótem» (1930) y «El consciente es un desierto» (1936) son un buen ejemplo de lo anterior. En la primera Carlos Enríquez divide el lienzo en dos mitades: una que representa la calle de cualquier ciudad y otra, debajo, que muestra una especie de caverna donde un hombre agachado introduce la cabeza por una abertura más pequeña que forma con ella la figura de un animal. El doble plano recuerda la división de Freud entre el mundo consciente y el subconsciente. Freud había publicado pocos años antes *Tótem y Tabú*, donde explicaba en qué consistía el totemismo y cómo este se relacionaba con el tabú. Un tótem, explicaba Freud, era un animal, una planta, un objeto o una fuerza de la naturaleza, que era usado como símbolo en las culturas primitivas (1918: 3); a pesar de su naturaleza arcaica, el tótem tenía similitudes con el modo de pensar de los neuróticos. Para probarlo Freud se apoya en los reportes de los etnógrafos y antropólogos, en la «psicología de las tribus primitivas», en el miedo al incesto y al castigo y en el psicoanálisis. Si «El consciente es un desierto», el subconsciente estaba poblado de bestias, que son las que aparecen en los cuadros de Enríquez.

A juzgar por el testimonio de su segunda esposa, Eva Fréjaville, Carlos Enríquez podía ser abusivo cuando se emborrachaba, y esa fue una de las razones que la llevaron a romper la relación (Martínez 1994: 81). Su machismo y la influencia que recibió del surrealismo se reflejaba en cuadros donde la mujer aparece muchas veces sin cabeza o sin piernas en medio de situaciones amorosas, como en «La noche de celos» (1936), «Boceto para Lujuria» (1936), «Lujuria», y el más famoso de todos, «La Arlequina» (1944-45), que aparece en la cubierta de este libro. Tal violencia física y emocional debió ser inquietante para el público de los años treinta y cuarenta, que más de una vez rechazó sus pinturas. Ese mundo donde se mezclan la lujuria y la violencia, la mujer y la yegua, el hombre y las fuerzas salvajes de la naturaleza, es el que aparece también en sus novelas. Es además el mundo del que hablan sus amigos; uno de ellos, Nicolás Guillén, decía en un poema que le dedica que en los lienzos del pintor vagaban «potrancas y mulatas. / Él mismo, como un dios, las gobierna. / Las posee, hombre y caballo».

Guillén no se equivocaba. En la ilustración a plumilla que hizo Enríquez para su poema «El secuestro de la mujer de Antonio» aparece esta misma comparación: el cuerpo de la mujer desnuda tiene senos de plátanos y rostro de potranca. Su columna vertebral está hecha de trozos de caña y de en medio de su sexo sale violentamente una rama, que se convierte en la cabeza de un caballo que llega hasta el cuello de la mujer. En esta superposición de planos visuales la figura de la mujer se transforma en naturaleza erotizada, violada por la mirada del sujeto lírico y la imaginación del pintor. El dibujo ilustra muy bien el poema de Guillén, donde se describe a la mujer con «ancas» de yegua y se la compara con un trago de ron (hecho de caña de azúcar), y donde más en general se identifica al sujeto poético con la tierra y lo «primitivo», algo típico de la literatura criollista latinoamericana y de las vanguardias artísticas de principios del siglo XX en Cuba[2].

---

[2] Al respecto, véase Pérez Firmat 1990: 88, Martínez 1994: 75-76 y Méndez 2004: 566.

Carlos Enríquez, ilustración a plumilla para «El secuestro de la mujer de Antonio», de Nicolás Guillén.

Resulta interesante, en contraste con los creadores europeos, que en las narraciones y las imágenes visuales de estos autores los protagonistas sean negros, mulatos o campesinos marginalizados, cuya sexualidad se contrapone al mundo industrial de la modernidad y a los gustos de la burguesía cubana, que –como decía el mismo Carlos Enríquez en su carta a Guy Pérez Cisneros– no compraba sus cuadros. Los surrealistas también criticaron a los burgueses, trataron de espantarlos con sus pinturas y se interesaron por las culturas no occidentales y «primitivas». Pero si para artistas como Paul Gauguin, Henri Mattisse y Ludwig Kirchner el oscuro objeto del deseo estaba en otro sitio –en Tahití, África o las colonias francesas– y su visión artística reproducía la mirada colonial, en las pinturas de Carlos Enríquez y los textos de Nicolás Guillén y Alejo Carpentier, en cambio, los otros son los propios cubanos, marginados por los grandes latifundios norteamericanos que controlaban la vida económica cubana. Para un personaje como Tilín García, Cuba era una síntesis de la antigua colonia, dominada por la capital, mientras que ellos, los guajiros, eran las nuevas víctimas de aquel imperio (1939: 249). En ese escenario sólo el bandido, que según la tradición romántica estaba del lado de la justicia y con los pobres, podía defenderlos.

Por otra parte, tampoco hay que olvidar que esta es la época del grupo Minorista, de la reivindicación de los derechos de los trabajadores, de los reclamos para acabar con la enmienda Platt y de la dictadura de Gerardo Machado. Es la época, además, de las campañas feministas a favor de los derechos de las mujeres cubanas, que en las primeras décadas del siglo XX lograron establecer importantes leyes educacionales y laborales, entre ellas la ley del divorcio (1918) y la del sufragio femenino (1934). Las mujeres participaron activamente en la política contra Machado, se organizaron a través de congresos femeninos y recurrieron al activismo intelectual y a la literatura para defender sus puntos de vista (Stoner 2003: 124-76).

La literatura de tema erótico recorre, entonces, un camino que va *in crescendo* desde el modernismo a la vanguardia, en especial bajo la influencia del surrealismo, cuando las imágenes se hacen cada vez más violentas. En el caso de Darío es Zeus/poeta quien re-actúa la violación de Leda; en el de Carpentier es el Menegildo de *¡Écue-Yamba-Ó!*, o el personaje principal de *Los pasos perdidos*, que se abalanza sobre Rosario. Son textos donde el encuentro amoroso aparece como un acto agresivo, un asalto o un secuestro que expresa un impulso irrestricto, fuera de la ley. Si en las novelas de Carpentier la violencia sexual queda unida al mundo de los negros o al del Amazonas, en las novelas y los cuadros de Carlos Enríquez ese mundo prerracional se identifica con el de los guajiros. La imagen de los soldados a caballo teniendo relaciones sexuales con las mulatas es una imagen de conquista, similar a las que tuvieron lugar durante la colonización entre el soldado español y la mujer indígena o, más tarde, entre el amo blanco y la esclava mulata (Martínez 1994: 122), pero en su obra, en vez de un encuentro traumático, la mujer lo acepta deseosa, lo busca y recompensa con una sonrisa. El rapto o la acometida del protagonista de la novela de Carpentier, en lugar de interpretarse como una violación o como la pérdida del honor para la joven o la familia, resultan ser la expresión más acabada de la sexualidad nativa y del erotismo cubano. En uno y otro caso la visión que reflejan estos textos es profundamente machista; privilegia el deseo erótico masculino, encarnado en una fiera que devora a la mujer –un ser mudo, que no participa de la decisión, y a la que se ve como una fruta, una corza o una máquina de moler caña.

Entre Lezama Lima y Edmundo Desnoes

> Había que trabajarlo bajito, engañándolo; fingiéndole primero protección, después amistad; más tarde comprometerlo poco a poco, hasta que se encontrase enredado por todas partes, como una mosca en una telaraña, en tal forma que cuando se quisiera rehacer ya fuera tarde; que ya nadie creyera en él.
>
> Carlos Montenegro, Hombres sin mujer
>
> Este, que ves, engaño colorido…
>
> Sor Juana Inés de la Cruz

En 1952 Edmundo Desnoes publicó en La Habana un libro que ha pasado inadvertido por la crítica: *Todo está en el fuego*. Apareció en edición numerada, con un dibujo de Wifredo Lam en la cubierta, y en él figuran ya algunos de los temas que caracterizarían más tarde su prosa: el intimismo, la soledad del protagonista, la abyección, la mirada crítica de la sociedad y esa mezcla de realidad y ficción de la que están hechas muchas de sus narraciones, entre ellas *Memorias del subdesarrollo* (1965) y su continuación, *Memorias del desarrollo* (2007). En *Todo está en el fuego*, además, Desnoes incluye textos poéticos, un género que, como sabemos, no volverá a frecuentar, pero que significó el inicio de su carrera literaria. Fue José Lezama Lima quien en 1951 publicó en *Orígenes* sus primeros poemas y le aconsejó cambiarse el nombre para aparecer en la revista. Según Desnoes:

> Abandoné sin pensarlo el apellido de mi padre gracias a una sugerencia de Lezama Lima: «Yo no puedo publicar en *Orígenes* a un autor con ese apellido, Pérez. ¿No tienes otro?». Le respondí con el apellido de mi madre. «Ese sí es un nombre literario, Desnoes. Como el tierno

poeta Robert Desnos, mezclado con el novelesco Edmundo Dantès, conde de Montecristo». Y así nació el escritor en las páginas de *Orígenes*. (2003b: en línea)

En el momento que ocurre su iniciación literaria y la adopción de ese «otro» apellido, Desnoes –nacido en 1930– tenía veinte años y acababa de terminar el bachillerato. Lezama tenía cuarenta y uno, y ya gozaba de un enorme prestigio en Cuba. *Todo está en el fuego* pertenece a ese primer momento iniciático, donde se mezclan, de manera similar a lo que se conocería luego como «realismo sucio», la enfermedad o la «sarna» en el primer cuento (1952: 1), «el ángel defecando» (1952: 17), la eyaculación con sangre (1952: 15), el hambre, el dolor y la sexualidad. Temas duros, típicos del existencialismo, que se diferencian de la literatura sensual de los años cincuenta en La Habana y de la mayoría de los textos de *Orígenes*. En lo que sigue me ocupo de uno de los textos de este libro, «El hombre Gordo», en la medida que esta narración nos da algunas pistas para entender la relación entre Lezama y Desnoes por aquellos años: una relación entre lo que pudiéramos llamar el maestro y el discípulo, o el avezado hombre de letras y el principiante. Se trata, por supuesto, de un tipo de relación –de admiración, aprendizaje, y muchas veces de posterior rechazo– que muchos escritores, cubanos o no, han mantenido con sus maestros. Relaciones similares mantuvieron, por ejemplo, José María Heredia con Gertrudis Gómez de Avellaneda, Rafael María de Mendive con José Martí o Virgilio Piñera con Reinaldo Arenas: «maestros» que guiaron sus pasos literarios y sirvieron de modelo a sus discípulos. En relación con Lezama, son de sobra conocidos los testimonios de aquellos que lo reconocían como «maestro» y que comentaban con él los libros de su «Curso Délfico» (Manuel Pereira, José Prats Sariol, Ciro Bianchi, entre otros). En palabras de Manuel Pereira, su relación con Lezama era «el privilegio de esta amistad que fue un magisterio» (1988: 600). Fina García Marruz recuerda además, en un memorable artículo sobre Lezama, cómo un día se

Cubierta de *Todo está en el fuego* (1952), con ilustración de Wifredo Lam.

acercó al autor de *Paradiso* un profesor universitario que con sorna le dijo «me han dicho que le dicen maestro sus discípulos», a lo que Lezama respondió: «es mejor que me digan maestro en broma que profesor en serio» (1970: 286).

El caso que nos ocupa tiene además la particularidad, como apunta Michel Foucault en «Friendship as a way of Life», que a diferencia de la amistad entre mujeres, cuya camaradería y afecto físico va más lejos que en los hombres, entre los últimos suele estar presente el fantasma de la homosexualidad, o cabe al menos que la amistad sea entendida de esta forma. ¿Cómo fue la relación entre Desnoes y Lezama? El cuento de Desnoes tiene lugar en una finca en las afueras de La Habana, adonde el «hombre gordo» invita a un joven, llamado Juan, a pasar un buen rato con otros amigos. Para sorpresa de Juan, sin embargo, aquella invitación era el anzuelo que había preparado el anfitrión para declararle sus deseos eróticos.

La figura de Lezama aparece retratada en el título del cuento y en varias comparaciones que hace el narrador a lo largo de la historia. Casi al inicio, se afirma que Juan había pensado en el gordo cuando vio en un museo una «escultura china de Maitreya» (Desnoes

1952: 9). En la filosofía budista Maitreya representa el Mesías que vendrá, el maestro que trae el conocimiento y la luz a sus discípulos. El «hombre gordo», además, se llama «Chris», lo que puede leerse también como otra alusión a ese mismo rol, por el parecido del nombre con el de Cristo. Lezama, sabemos, era católico, y Juan (*alter ego* de Desnoes) admiraba a Chris justamente porque «como la institución Católica, Chris acusaba seguridad exterior y ritual. Esto impresionó al joven que siempre había vivido bajo la zozobra del mundo interior y de la forma exterior» (1952: 9).

Desde un inicio, por tanto, el narrador deja claro que de lo que se trata es de la influencia de Chris sobre el adolescente Juan, el «joven» fácilmente impresionable y a quien lo único que lo atraía de Chris era su conocimiento y su personalidad. En ningún momento su cuerpo era el *locus* del deseo; cuando el narrador compara a Chris con Maitreya repara en su figura tan corpulenta, y se fija incluso en su pie descalzo, que de modo similar al distanciamiento brechtiano produce en él una especie de repugnancia y desapego. Dice: «cuando cierta tarde J. lo fue a visitar observó que C. tenía descalzo el pie izquierdo –se le cruzaron las imágenes, le fue reminiscente de la escultura y de la repulsión que de niño había sentido por el pie; deforme, encarcelada parte del cuerpo humano» (Desnoes 1952: 9).

El momento fundamental que dramatiza el texto es el que sigue a la «admiración», el instante de anagnórisis en el que, después que el discípulo acepta el carácter semidivino del maestro, se detiene en el pie «deforme» y lo rechaza. La parte «fea» del cuerpo –como ocurre en un poema de Martí donde habla de un «pez hediondo» en el «bote remador», y en muchos textos surrealistas– descubre el lado grotesco de la persona; la verdad, como el pie, se desnuda ante la vista del observador y este tiene acceso a una visión, otra, por debajo de la bata de monje. En el poema de Martí la escena idílica descrita al inicio del poema se vuelve grotesca y repugnante al final. El lugar ameno por donde pasa el bote revela su opuesto, la putrefacción y la muerte (1963-1975, XVI: 85). De modo equivalente, en el cuento de

Desnoes la visión original del hablante es subvertida por otra llena de desencanto, repugnancia y rechazo. Esto se anticipa ya al inicio del cuento, cuando el narrador afirma que «Juan había admirado mucho a Chris, cuando le conoció, éste entonces le había alentado y aparentemente comprendido» (1952: 9). ¿Por qué «aparentemente»? ¿Qué lo decepcionó de Chris / Maitreya / el Gordo?

Primeramente, la historia del desencanto de Juan con el Gordo comienza cuando Chris lo invita a una reunión con amigos en una finca a las afueras de La Habana. En el carro que los conduce a la finca van también otras personas, y mientras viajan a toda velocidad por la carretera el Gordo le ofrece a Juan unos caramelos en un lenguaje donde se mezclan el deseo erótico, la gula (tan típica del universo narrativo de Lezama), lo pedagógico y lo poético, datos que ayudan al lector a identificar los gustos del primero y el tipo de atención que brinda a Juan: «traigo unos caramelos deliciosos, espera que te busque uno... mira, prueba este verde, tiene chocolate en el corazón» (1952: 9). Juan acepta el ofrecimiento, pero a medida que el auto se aleja de la ciudad se siente cada vez más inseguro: «Juan no sabía que pensar. Era la primera vez que iba allí. Se sentía ciervo-adolescente y Chris le parecía un buey» (1952: 9).

La contraposición que establece aquí el narrador entre uno y otro personaje, basada en el uso de metáforas animales, remite al orden jerárquico y de poder descrito al inicio: el buey manda, tiene toda la fuerza y el control, y Juan resulta un «ciervo-adolescente» camino a lo desconocido. «Ciervo» no sólo por ser mucho menor que Chris, sino también por estar a su total disposición y sentir que, una vez embarcado en aquella travesía, no tenía ninguna oportunidad de escapar. Pero Juan no era, al parecer, el único que se sentía incómodo en aquel viaje. El «buey» / Maitreya / el Gordo, dice Juan, también «tenía miedo». ¿Miedo a qué? Miedo a la madre. Y aquí, por primera vez en el cuento, Desnoes hace una alusión directa a Lezama, esta vez citando uno de sus poemas más conocidos: «es de la madre, de los postigos asegurados, de quien se huye» (1952: 9).

El verso, que aparece en bastardillas en el cuento, no tiene identificación alguna, pero sabemos que pertenece a «Llamado del deseoso», publicado por Lezama en *Aventuras sigilosas* (1945). La versión original del fragmento que cita Desnoes dice: «Pero el huidizo no ve el cuchillo que le pregunta, / es la madre, de los postigos asegurados, de quien se huye» (1985: 102). La cita de Desnoes deja entrever que es el Gordo, el buey, quien sale apurado de la ciudad, huyendo de la madre. La elección del poemario y de este poema en particular no puede ser casual, y encuadra el cuento dentro de la órbita del deseo erótico, la aventura y el secreto. Emilio Bejel ha visto *Aventuras sigilosas* como el poemario donde Lezama vincula más estrechamente el acto poético con el deseo del «hombre adulto». Casi todos los poemas del libro, afirma Bejel, «sugieren anécdotas de situaciones sexuales excepcionales» (1994: 104). Su inclusión en el cuento de Desnoes remite a ese ambiente y sirve para justificar el imperativo de la voz poética / buey de la historia, el de huir de la casa materna para mantener relaciones sexuales con otros hombres. Huir de la ciudad, huir de la madre, implica también una especie de miedo a ser sorprendido y a que se hicieran sus preferencias homosexuales, algo que el texto de Desnoes explota e integra como parte de su argumento. En el cuento el narrador lo dice por lo claro: «en el hogar Chris respetaba la presencia de su madre» (1952: 10).

Todos estos indicios, por tanto, van preparando al lector para la sorpresa que vendrá poco después, cuando los cinco invitados llegan a la casa de campo y Chris le declara su amor a Juan. En cuanto llegan a la finca Juan se percata, dice el narrador, de que en la mesa central «había una escultura griega de un adolescente de testículos muy pequeños», y de que Chris se mostraba visiblemente nervioso y atento con él. Finalmente Chris invita a Juan a salir al patio, y una vez allí tiene lugar el «lance», cuando el Gordo le declara su amor y Juan se da cuenta que todo había sido un engaño: «Chris pasó el brazo por la espalda de su amigo. Este sentía un poco de frío de rana y rocío cayendo; luego le acarició, rozándola apenas, la cabellera rubia. Súbitamente, Juan comprendió todo. "No"» (1952: 10).

El clímax del cuento coincide pues con la anagnórisis del protagonista, y el distanciamiento a través de otra imagen repulsiva que desinfla la escena erótica: «sentía un poco de frío de rana». En esa iluminación la historia de Chris tiene finalmente sentido, y pueden leerse todos los indicios que llevaron a la encerrona retrospectivamente: la invitación, el caramelo, la escultura griega, las frases de aliento para que Juan siguiera su carrera literaria. Es sólo en aquel instante que Juan, contrariado y sin saber qué decir, intenta explicarle a su amigo: «no comprendo cómo un hombre puede desear sexualmente a otro hombre. Sería una ironía de la naturaleza, no lo puedo creer. Además, no es el caso de una enfermedad física, ¿algún terror»? (Desnoes 1952: 10). Chris, por su parte, le responde lacónico: «no me vas a sermonear ante el paisaje», a lo que Juan repone:

–Chris, yo le quiero como un hermano, pero...
–Es que no puedo dejar de desear tu tez, tu cabellera. (Desnoes 1952: 10)

Si le creemos a Desnoes (y no tengo ninguna razón para pensar lo contrario) que Lezama, en efecto, le declaró su amor en la finca del poeta Gastón Baquero, el cuento «El hombre Gordo» sería el testimonio literario de lo que allí ocurrió, lo cual suscita varias lecturas que no dejan de ser problemáticas y que seguramente dicen más de la relación entre ambos escritores que de su literatura. Pero en cualquier caso, leer este texto y el de Lezama cotejándolo con la anécdota arrojaría luz sobre el proceso de textualización del Otro, la intimidad de los protagonistas y el modo en que esa intimidad se convierte en un dato literario. Lauren Berlant ha resaltado justamente el traspaso o la fluidez de la intimidad de la esfera pública a la privada, en escenarios como el trabajo y la casa. Discursos como el del psicoanálisis y la ley han servido, dice Berlant, como mediadores, o han tenido una función «terapéutica» que nos permiten entender esos cruces dentro de conceptos como el acoso sexual o la custodia de los hijos (1998:

281-82). Este es el caso también, por ejemplo, de las pinturas que Carlos Enríquez dedicó a Eva Fréjaville, ya sea para celebrar su amor con la francesa o para lamentar su partida. La relación entre Desnoes y Lezama tendría que entenderse, también, dentro de estas definiciones o traspasos de la intimidad a lo público, lo que por un lado explicaría la decepción que sufre el joven Desnoes con el maestro, y el desengaño que lo impulsa a desquitarse con él humillándolo, si es posible, ante quienes lo conocen. La existencia misma del texto y su posterior publicación, con todos los detalles de la escena, incluso con el testimonio de Desnoes en la revista *Casa de las Américas*, confirmarían esta interpretación[1]. Se trata de una intimidad que se hace pública y que nos fuerza, como lectores, a tomarla en cuenta cuando analizamos el texto. De ahí también que, además de leerse como la historia de una encerrona (según la percepción de Juan / Desnoes), haya que interpretarlo también como escarnio o parricidio (del maestro), sobre todo si se piensa que una sociedad machista como la cubana tenía la homosexualidad como el mayor de los pecados. La «encerrona» recuerda no sólo la cárcel de la novela de Montenegro, donde se explica la mecánica de seducción del personaje heterosexual de forma semejante –«había que trabajarlo bajito, engañándolo; fingiéndole primero protección, después amistad» (1938: 32)–, sino también la del conde de Montecristo; al igual que Edmond Dantès en la isla de If, «Juan» no puede salir de la casa de campo de Baquero, pero una vez que lo hace se venga de sus enemigos arruinando públicamente

---

[1] En su entrevista con Fernández Retamar, dice Desnoes: «entonces rechacé a Lezama por haber utilizado su poder literario, su revista, para ganarme; por haberme humillado y ofendido» (2003a: 118). Por cuestiones de espacio no me detengo aquí en las tensiones que suponen el cruce de lo literario y lo biográfico. Solo diré que la crítica académica, a partir sobre todo del deconstruccionismo, ha excluido casi totalmente la anécdota, la oralidad y los datos de la vida del autor del análisis de los textos; en este ensayo propongo combinar ambas cosas. Para una discusión sobre estos temas en el ámbito de los estudios de género en Latinoamérica, véase Brioso & Montero 2000.

su reputación. Lo que el Conde de Montecristo hace con la espada y el dinero, lo hará Juan con la pluma.

Ese mismo año, en el número 31 de la revista *Orígenes*, Lezama publica el capítulo segundo de *Paradiso*, que ya por entonces estaba escribiendo y que no publicará hasta 1966. Al parecer, Lezama no tomó a la ligera la decepción que tuvo con el joven Desnoes. Según Desnoes, Lezama se desquita en *Paradiso* haciendo referencia a él y a Wifredo Lam, a través de la figura de dos de sus personajes: Martincillo «el flautista» y su amigo, un pintor de origen polinesio. Ambos personajes aparecen cuando el narrador pasa revista a quienes ocupaban los cuartos de una especie de solar o cuartería adonde llega José Cemí en un paseo. En uno de esos cuartos, que más bien parecen las celdas descritas por Dante en la *Divina Comedia*, Lezama hace el retrato del primero, a quien le decían, entre otros apodos, «el flautista o La monja». Vale citar *in extenso* el fragmento:

> pues la imaginación de aquella vecinería ponía motes a ras de parecido y visibles preferencias. Sus rubios amiguillos, más suspiradamente sutiles, le llamaban La margarita tibetana, pues en alarde de bondad enredaba su afán filisteo de codearse con escritores y artistas. Era de un pálido de gusanera larguirucho y de doblado contoneo al sentir la brisa en el torcido junco de sus tripillas. Chupaba un hollejo con fingida sencillez teosófica y después guardaba innumerables fotografías de ese renunciamiento. Pero los que lo habían visto comer, sin los arreos teosóficos, se asombraban de la gruesa cantidad de alimentos que podía incorporar [...] Cuando con pausa y ojos en blanco parloteaba con uno de esos escritores a los que se quería ganar, estremeciéndose falsamente, le cogía la mano para hacerle la prueba o timbre de sus simpatías por las costumbres griegas. Si le aceptaban el lance decía: –Yo le quiero a usted como a un hermano–. (1988: 24)

De nuevo, si nos guiamos por Desnoes, en este y los otros fragmentos que siguen a esta descripción satirizada y burlesca de «Juan», Lezama se desquita con él feminizándolo, convirtiéndolo en una «margarita tibetana». Las imágenes que utiliza para describir sus costumbres y sus preferencias alimenticias remiten, como en el cuento de Desnoes, a un lenguaje homoerótico, de doble sentido, donde la flauta funge como falo, una referencia muy común en el lenguaje sexual del cubano; la «gruesa cantidad de alimentos que podía incorporar» sería la imagen de un deseo sexual desmedido[2]. El narrador de *Paradiso* le reprocha a Martincillo su doblez, su deseo de ganar amigos importantes mostrándose como alguien que no era –es decir, como homosexual–. Es revelador que la frase que usa Juan en el texto de Desnoes para rechazar al Gordo sea literalmente la misma que utiliza Lezama en su novela para desenmascarar y burlarse de Martincillo: «Yo le quiero a usted como un hermano» (1988: 24).

En ambos casos, además, la razón para vituperar al otro es la misma: el engaño y/o el desengaño. En el texto de Desnoes el desengaño tiene lugar cuando Juan piensa que el hombre Gordo había alentado falsamente sus aspiraciones literarias sólo para llevárselo a la cama: que los poemas que Lezama recién le había publicado en *Orígenes* habían sido un subterfugio para conquistarlo. Y en el caso del autor de *Paradiso*, su argumento contra Martincillo «el flautista» es que este finge ser algo que no es, y que por eso (des)engañaba (en el sentido de quitarles las esperanzas) a quienes creían posible mantener relaciones sexuales con él. Para Lezama, por consiguiente, quedaba claro que Martincillo era «falso», tanto en sus gestos como en su cultura. Dice:

> Pero si temía que su habitual cogedera manual engendrase comentos y rechazos, posaba de hombre de infinitud comprensiva y de raíz sin

---

[2] En el *Diccionario ilustrado de voces eróticas cubanas* se lee: «flauta: f. pene. Es apropiación erótica del instrumento musical de viento en forma de "tubo" ahuecado, y que se "toca" soplando. Ya lo dice el doble sentido del verso popular: "Bartolo tiene una flauta / con un agujero solo / y su novia le decía: / ¡Toca la flauta Bartolo!"». En el mismo diccionario aparece una caricatura de Reinerio Tamayo donde un hombre canta mientras una mujer le toca la flauta (García 2001: 85).

encarnadura. Pero era maligno y perezoso, y sus padres, que lo conocían hasta agotarlo, lo botaban de la casa. Entonces se refugiaba en la casa de un escultor polinésico, que cada cinco meses regresaba para venderle —eran esculturas de un simbólico surrealismo oficioso, que escondían las variantes de las argollas y espinas fálicas de los tejedores de Nueva Guinea– a un matrimonio norteamericano [...] (1988: 24)

Para quienes conocían a Martincillo no caben dudas de que esa era su verdadera personalidad, y la voz narrativa apoya sus argumentos con detalles supuestamente reales de su vida privada: el joven no sólo engañaba a todos sino que también era maligno y perezoso, y tenía una relación al menos dudosa con otro amigo, un artista polinesio de tendencia surrealista, quien vendría a ser en realidad Wifredo Lam.

Lam, recordemos, fue quien dibujó la cubierta de *Todo está en el fuego*, donde hace gala del estilo surrealista que caracterizaba su pintura. La imagen recrea el motivo de la tentación erótica, y en particular el de la manzana que Eva ofrece a Adán en el Paraíso: el grabado muestra a una mujer con una manzana en la mano derecha mientras se oculta detrás de una barrera. Su verdadero rostro no podemos verlo, y de su bajo vientre sale otra cabeza que funge además de cola. La barrera que se interpone entre ella y el espectador parece cortar la cola / cabeza con violencia. Aquí aparecen muchos de los símbolos que se repiten en la obra de Lam, como las espinas –a las que hace alusión Lezama–, la mujer y la fuerza. Los poetas de *Orígenes*, como recordaba Fina García Marruz, rechazaron el surrealismo y el existencialismo, y sus poemas se nutren del simbolismo católico que muchos de ellos profesaban. La poética de Lam y Desnoes no podía quedar más lejos.

En la edición crítica de *Paradiso*, Cintio Vitier aclara que en la versión original de este capítulo, la aparecida en *Orígenes*, el polinesio era un pintor –y no un «escultor», como se lee en la versión final del texto (1988: 24). Otro de los cambios, agrega Vitier, fue que donde Martincillo aparecía descrito como «rubio de gusanera» se pasa a «pálido de gusanera» (1988: 24). Vitier, que puso mucho celo en restituir la mayoría de estos cambios a su versión original, en la creencia de que eran «erratas», no hizo lo mismo en estos casos. No explica su decisión de mantenerlos, pero cabe suponer que los cambios que se refieren a Martincillo y la profesión del polinesio no fueron un simple descuido. No se trata solamente del reemplazo de una palabra por otra, sino de frases enteras, como cuando se afirma, en la versión final del texto, que Martincillo iba a la «casa del escultor» en lugar de a la «casa del pintor» (1988: 25). Lezama debió estar consciente de estas sustituciones, y es poco probable que hayan sido simples deslices o erratas del tipógrafo o de la secretaria. De cualquier modo, hay ideas en este pasaje que se entienden mejor en el contexto de la pintura y no de la escultura. Los prerrafaelistas, por ejemplo, eran famosos por su pintura, y hay además una alusión de Martincillo a Alcibiades, de quien se dice que «el día antes de su muerte había soñado que le pintaban la cara de mujer» (1988: 25).

¿Por qué Lezama cambió entonces la profesión del polinesio? Tal vez porque ya no pensaba igual que antes, y si bien se había referido a su arte como un «simbólico surrealismo oficioso», es de creer que admiraba su trabajo (Lam también ilustró varias portadas de *Orígenes*) y que, al publicar el libro, quiso borrar definitivamente la pista que había dado. No obstante, Lezama sigue describiéndolo en *Paradiso* y lo identifica por sus rasgos asiáticos y su pelo de «estopa fosforescente»:

> Martincillo era tan prerrafaelista y femenil, que hasta sus citas parecía que tenían las uñas pintadas. Estaba por la noche en casa del escultor, que le mostraba unos carreteles churingas, cuando empezó a llover con relámpagos de trópico. De pronto, el polinésico, turbado por sus deseos, comenzó a danzar con convulsiones y espasmos, y su pelo se le tornaba en estopa fosforescente. Picado tal vez por el azufre lejano de uno de aquellos relámpagos, se le escapó de su cuerpo una lombriz, que como una astilla se encajó en lo blando del prerrafaelista abstracto. Por la mañana, Martincillo, incurable, con una pinza procuraba extraerse la posesiva lombriz. (1988: 25)

La representación que hace Lezama de las presuntas figuras de Desnoes y Lam se basa en el aspecto físico y en su comportamiento supuestamente homosexual. Como Oscar Wilde, que fue llevado a juicio acusado de «posar como un sodomita» y cumplió cárcel por ello, Martincillo es «prerrafaelista y femenil», y su amigo pintor/escultor le «encajaba» su «lombriz» en lo blando. Según Vitier en las notas a la edición crítica, el acto de «fingir» una condición que no se posee por derecho o don propio es uno de los «temas psicosociales» de la novela, algo que Vitier asocia al «pujo» cubano (1988: 22). Es un tema que aparece también en la literatura barroca, como en el verso «colorido engaño» de Sor Juana, pero cuando se trata del personaje de Martincillo pienso que el vínculo debe establecerse con lo que se denominaba en el siglo XIX «posar como un homosexual»: algo que desde finales de siglo se había criticado en Hispanoamérica y Europa por ser una especie de enfermedad, según José Ingenieros, o un mal que había que evitar y condenar a toda costa para no maleducar a los jóvenes, según Enrique Rodó (Molloy 1999: 183-97). La pinta de homosexual se revelaba en gestos como los de la mano («cogedera de mano», con iguales connotaciones homoeróticas en el argot cubano) y los «ojos en blanco», que indicaban amaneramiento o una fineza que no era propia de los hombres. Es por eso que la «pose» de Martincillo siempre deja entrever que es «poseído», o que juega con la posibilidad de serlo. Llama la atención que esta posibilidad ya está implícita en la otra asociación literaria que Lezama encuentra para el nombre de pluma de Edmundo Pérez Desnoes: «el tierno poeta Robert Desnos», a quien según los editores de *Who's who in gay and lesbian history* se le consideraba un escritor «abiertamente homosexual» (2001: 376) en la Francia de la primera mitad del siglo, y que físicamente tenía un cierto parecido con el cubano. Robert Desnos era conocido, además, por mostrar en *La liberté ou l' Amour* (1924) una escena de sadismo lésbico en un dormitorio estudiantil de Inglaterra. A su vez, al compararlo con un «prerrafaelista» Lezama le da a Martincillo/Desnoes una nacionalidad y una cultura extranjeras, un elemento muy propio de la prosa desnoesiana, que se manifiesta no sólo por los gestos críticos hacia la sociedad criolla y el distanciamiento del protagonista, sino también por las referencias literarias y lingüísticas en su obra. Desnoes, recordemos, es hijo de madre jamaicana blanca, desde niño ha hablado inglés y ha vivido toda su vida entre la cultura anglosajona y la cubana.

Cuando describe a estos personajes como seres abyectos Lezama cae en la trampa de descalificarlos tomando como guía el paradigma heterosexual masculino, que trata de rebajar al otro comparándolo con una mujer o con un homosexual. Dicho con otras palabras, se trataría de un intento de vilipendiar a Desnoes –o de exponerlo frente a sus amigos– acusándolo de homosexual encubierto, porque así todos se burlarían de él o lo criticarían. Desnoes no hace lo mismo, porque no acusa a Lezama de ser algo que no era. Es decir, no lo acusa de ser «heterosexual», pero Lezama sí acusa al autor de *Memorias del subdesarrollo* de ser aquello que rechazaba y no podía «comprender» en su historia. ¿Por qué lo hace? ¿Por qué un homosexual como Lezama trataría de ridiculizar a su «víctima», acusándolo de ser lo que él mismo era? Caben varias respuestas, todas hipotéticas. En primer lugar, porque Lezama mantiene sus preferencias sexuales encubiertas, y se muestra siempre como heterosexual ante la sociedad. En segundo lugar, porque posiblemente su concepción machista de la sexualidad le impedía ver que, aun cuando él fuera el dominador en la relación, su condición no era desemejante de la del dominado. Según Monika Krauss-Fuchs, en Cuba se cree que no se puede considerar homosexual a aquel cuya conducta es «dominantemente masculina», y por eso «se estigmatiza al otro, cuya conducta es "afeminada y pasiva", que es el que recibe todos los golpes de la sociedad homófoba» (2007: 25). En Cuba el «dominador» recibe el nombre de «bugarrón»: es el que toma el papel activo en la práctica sexual y no se le considera homosexual. Según el *Diccionario ilustrado de voces eróticas cubanas*, la palabra viene del germánico «bukon», que significa suciedad (García 2001: 39). Ian Lumsden recuerda que esta concepción es un rasgo machista que han adoptado la mayoría de los homosexuales en Cuba (1996: 150).

La caracterización que hace Lezama de Desnoes respondería, por consiguiente, a la primera de estas categorías, la del hombre afeminado y suave que no había sido honesto con él y en el último momento lo rechaza. Se trata de una violencia epistémica, que utiliza la letra y el vilipendio público para desquitarse del «engaño». El escarnio no queda entre ellos, sino que se trasmite como un «enemigo rumor»; si bien Lezama nunca identifica al personaje con Desnoes, ni en la novela ni en otro documento que conozcamos, seguramente compartió la anécdota con otros amigos, como el propio Baquero. El episodio llegó incluso a oídos de Guillermo Cabrera Infante, quien sin mencionar el nombre de Desnoes lo refiere en *Vidas para leerlas*[3].

¿Pudo creer en realidad Lezama que Desnoes era un homosexual encubierto? Al morir el autor de *Paradiso* en 1976 aparecieron en su archivo un sinnúmero de cartas de sus amigos y admiradores. Lezama las había guardado todas; entre ellas había dos escritas por Desnoes. Dice Desnoes en la primera de ellas, fechada en Batabanó, el 22 de agosto de 1951.

> Querido Lezama:
> Esta carta se la escribo como único podría hacerlo, con gusto y amor. Aunque sea poca cosa en palabras, será mucho en lo que no puedo

---

[3] En su versión, Cabrera Infante dice que el joven publicó el cuento en una revista y ofrece datos que sólo podían venir de alguien que estuvo en la reunión, como cuando afirma que en un momento de la velada en la finca del «entonces poderoso periodista», los dos se quedaron juntos y el «efebo escritor», «recostado contra las robustas rodillas de Lezama, le dijo: "¡Qué manos más bellas tiene usted, Maestro!"», lo que este interpretó como un avance (1998: 19). Cuando Cabrera Infante narra estas «vidas» ya estaba exiliado en Londres y había interpuesto, además, una demanda legal contra Desnoes y Ediciones del Norte, la editorial que publicó *Los dispositivos en la flor: Cuba: literatura desde la Revolución*, por publicar sin su consentimiento textos suyos en la antología, junto a otros de Celia Sánchez, Ernesto Che Guevara y Fidel Castro.

expresar. Es uno de esos momentos, en que no se me ocurre nada y gustaría poder verle los ojos y sentir que estoy sentado en la otra silla (El otro sillón, el que no tiene lazo gris).

Me alegró mucho tu llamada el sábado pasado. Sobre la mesa tengo varios caracoles que recogí en la costa ayer, si fuera posible le enviaría uno en la carta; de todos modos le pondré un poco de arena para compartir algo. (2001a: 224)

Lo primero que seguramente viene a la mente a cualquier lector consciente de los límites y de los tabúes en una sociedad como la cubana es el «afecto casi físico»[4] que Desnoes le profesa a Lezama, a quien trata de usted, excepto cuando le agradece haberlo llamado. Es a él a quien extraña y desea ver de nuevo, «verle los ojos y sentir que estoy sentado en la otra silla». Ese lenguaje, que por momentos parece el de un adolescente tímido, ingenuo y profundamente emocionado –que dice que le mandará arena dentro del sobre para «compartir algo», que incluso habla de «amor»– pudo haber llevado a Lezama a pensar que Desnoes era homosexual. No digo que Desnoes lo hiciera de modo consciente para ganarse su atención y la de sus amigos, como sugiere Lezama en *Paradiso*, pero escribía cuando menos despreocupado por las implicaciones o las lecturas homoeróticas que podían derivarse de esa comunicación. ¿Desnoes «posaba» como algo que no era para ganarse la amistad de Lezama, o sus gestos fueron mal interpretados por Lezama, deseoso del joven, y esto fue lo que provocó el «desengaño» en la casa del poeta? En la entrevista con Fernández Retamar, Desnoes dice que «algunos afirman que yo lo provoqué para vanagloriarme de haber seducido y rechazado al poeta. Es lo peor que han pensado y dicho» (2003a: 118). Lo que haya pasado en la finca de Baquero pasa por las intenciones de ambos autores y las implicaciones morales del «engaño». ¿Es lícito «posar» o mentir para conseguir algo? ¿No es posible, por la

---

[4] La frase es de Desnoes cuando le mostré la carta.

misma capacidad connotativa del lenguaje, que un gesto normativo sea mal interpretado?

David Nyberg sostiene que si bien una larga tradición en la cultura occidental ha condenado la mentira por ir en contra de la moral y, desde la concepción kantiana, en contra de la misma sociedad, la verdad ha sido sobreestimada en nuestras relaciones sociales: muchas veces mentimos, sugerimos o damos falsas pistas sobre nuestro comportamiento por innumerables razones, muchas de ellas válidas (Nyberg 1993: 7-23). Nyberg ofrece numerosos ejemplos de diferentes esferas de la vida que demuestran su tesis: la medicina (los llamados placebo), la amistad y el amor[5]. La cuestión estriba en que la mentira es también un acto deshonesto si la usamos para explotar o sacar ventaja de alguien. Hay, sin embargo, una línea oscura entre lo que se verbaliza y lo que no se dice, que queda sujeta a la interpretación de cada cual y que puede, en efecto, llevar al desengaño si se percibe en lo dicho voluntad de tergiversación o de manipulación, de simulación o doblez. Entender que fueron esas las intenciones de Desnoes al establecer una amistad con Lezama sería admitir la tesis del «Gordo», que al mismo tiempo tendría que aceptar que ayudó al joven poeta con dobles intenciones, lo que entraría en conflicto con la ética profesional del editor. Desde este punto de vista, la publicación de sus poemas en *Orígenes* vendría acompañada de una recompensa o un pago. Esto es lo que Jacques Derrida y Jean Starobinski definen como un regalo envenenado (la manzana de Adán o el caballo de Troya), que invariablemente

---

[5] Resumo la tesis del libro. Para el argumento principal véase el primer capítulo, donde Nyberg afirma que decir la verdad está moralmente sobrevalorado, y cita a Albert Camus cuando dice que «El encanto es una forma de obtener la respuesta afirmativa sin hacer una pregunta clara» (1993: 7-28; mi traducción). Desde el comienzo de su carrera literaria Desnoes estuvo influenciado por el existencialismo de Camus y de Sartre. El primer cuento de *Todo está en el fuego*, «Sarna», comienza con una cita de *The Sheltering Sky* (1949), del escritor existencialista norteamericano Paul Bowles.

lleva a la desgracia a quienes lo reciben (la expulsión del Paraíso o la destrucción de la ciudad).

Según Derrida, el regalo puede ser venenoso: «desde el momento en que el regalo pone al otro en deuda, de modo que el acto de dar se convierte en herir, en hacer mal» (1992: 171; mi traducción). El regalo no puede ser recordado ni como símbolo, porque este «inmediatamente involucra a uno en la restitución» (1992: 180). En ambas narraciones, la de Desnoes y la de Lezama, este «regalo» toma dos formas: el caramelo que le ofrece Chris a Juan durante el viaje y que tenía «chocolate en el corazón», y el gesto compresivo de Chris hacia el joven, a quien había «alentado y aparentemente comprendido» (Desnoes 1952: 9). Estas muestras de afecto o de «largueza» se convierten en una especie de maldición, de manzana envenenada o de caballo de Troya para Juan, porque poco después nos percatamos de que habían sido un anzuelo para que el joven aceptara los favores eróticos de Chris.

En *Paradiso* Lezama pone como objeto de la simulación de Martincillo su deseo de ganarse la amistad de escritores y artistas famosos, con lo cual, además de ubicar la escena en un ámbito intelectual/literario, deja claro que la única vía de llegar a ellos era feminizándose. En ambos textos la cuestión de la sexualidad se plantea como una especie de trueque, en que todos ganan algo: el discípulo la posibilidad de codearse con escritores y artistas reconocidos, y estos la de ganar los favores eróticos de Martincillo. Lo uno no podía existir sin lo otro, o mejor, uno era la condición para obtener lo otro. Es la ruptura de este acuerdo supuestamente tácito, sobreentendido o implícito lo que provoca el «desengaño» en el pasaje de Lezama y la airada respuesta de Desnoes en su cuento.

Nótese además que si Martincillo tiene que afeminarse es porque los escritores y artistas que frecuentaba eran homosexuales, y es esto lo que deseaban o esperaban de él. Según afirma Desnoes en su entrevista con Fernández Retamar, en la finca se encontraban Gastón Baquero y el pintor René Portocarrero, quien fue quien le recomendó a Lezama que «se lanzara» (2003a: 117). La finca en el cuento de Desnoes se presenta, por tanto, como el lugar contrario al *locus amoenus* de la tradición medieval y renacentista. Representa un lugar alejado de la ciudad, pero lleno de peligro y perdición –como ocurre en algunos poemas de Martí, como el titulado «isla famosa»–, y representa además una especie de aviso para otros escritores noveles que fueran en el futuro a visitar al poeta. No es menos significativo, por ejemplo, que otro escritor cubano, Abilio Estévez, sintiera en su juventud un temor similar ante la presencia de Lezama. Dice Estévez en *Inventario secreto de La Habana*: «visité por primera vez aquella casa cuando ya el poeta había muerto. Antes no me atreví. Al poeta le temía. No sé por qué, pues según cuentan, estaba tocado por una gran generosidad (sobre todo hacia los jóvenes)» (2004: 213). Pero la explicación más plausible de la «encerrona» es que todo el *affaire* haya sido un malentendido, y que Lezama se equivocó al interpretar los gestos de amistad y admiración de Desnoes.

El día que Desnoes le escribe la carta a Lezama, me cuenta el propio Desnoes, él se encontraba en Batabanó junto con Silvia Goldsmith, sobrina del antropólogo norteamericano Oscar Lewis, entonces de visita en Cuba tomando clases de ballet con Alicia Alonso. Goldsmith es la autora de la otra pintura que aparece en *Todo está en el fuego*[6]. Y es después de recibir la carta de Desnoes, y de una visita a la calle Trocadero, que Lezama lo invita a la finca de Gastón Baquero.

¿Cómo termina la historia del «Gordo» en el cuento de Desnoes? Según afirma el narrador, Juan rechazó sus avances con un rotundo «No», pero aceptó, «por no ridiculizar a Chris», dormir en la misma cama con él. Afuera había unos perros sueltos que hacía muy peli-

---

[6] Como un dato agrego que Silvianna Goldsmith aún vivía en New York cuando publiqué este ensayo en 2010. Siguió bailando y pintando y en esta reseña que hace de sí misma se declara «discípula temprana» de Wifredo Lam. Al escribir este ensayo intenté comunicarme con ella, pero ninguna de las llamadas y correos electrónicos que mandé que daba la página electrónica que hablaba de ella fueron respondidos.

groso salir de la casa a aquellas horas de la noche, de modo que le quedó más remedio a Juan que envolverse «repentinamente en las sábanas, temiendo una invasión inadvertida. Pasó la noche en vela. Sentía profunda simpatía por Chris, pero a la vez le molestaba aquel cuerpo tormentoso y lleno de estruendo a su lado –le producía náusea su aliento de tabaco» (Desnoes 1952: 11). Antes del amanecer, y sin despertar a nadie, Juan se levantó y salió corriendo de la casa. En su entrevista con Fernández Retamar, sin embargo, Desnoes aclara que salió de la casa tan pronto como pudo, a pesar de los reclamos de Lezama de que se quedara esa noche para no quedar mal ante sus amigos. La historia, de todos modos, tiene un final feliz. Según Desnoes, cuando regresó a Cuba al triunfo de la Revolución se encontró en la UNEAC a Lezama, que no se sentía bien porque los escritores más jóvenes lo habían estado criticando en *Lunes de Revolución*. Lezama le agradeció entonces a Desnoes que no lo hubiera atacado, a pesar de que él sí tuviera sus motivos. La conversación terminó cuando Lezama le ofreció a Desnoes un tabaco y ambos se dieron la mano. La otra carta que aparece en el archivo de Lezama, del 29 de marzo de 1967, muestra los buenos términos en que ambos quedaron. Desnoes se la envía desde el Instituto del Libro y dice:

> El otro día nos enviaron aquí este contrato para la publicación en ERA de Paradiso. Espero que la edición mexicana sea la primera de una serie de difusiones extranjeras que culminará –después de un recorrido glorioso por todas las naciones occidentales– con ediciones al chino, al tagalo y el tailandés,
> afectuosamente,
> Edmundo. (2001b: 225)

Eros y Revolución

La imagen de los rebeldes entrando en La Habana en enero de 1959 que aparece en el billete de un peso de la Revolución está encerrada entre dos corazones. Ambos, a cada lado del grupo de barbudos, enlazan a los sujetos nacionales con sus líderes carismáticos. La moneda cumple así una doble función: redime al sujeto de sus deudas y celebra de forma erótica a sus líderes. En este capítulo me interesa leer en varios textos de la primera década revolucionaria un discurso que identifica el objeto de la pasión erótica con el poder y el Estado, en un intento de fijar los límites de lo permisible en la construcción del nuevo sujeto nacional. Mi tesis es que estos textos organizan un imaginario simbólico alrededor de la mujer, el hijo y la lealtad al poder revolucionario, que sirve a su vez de alegoría para hablar de la patria. Tal relación hay que leerla dentro del marco más general que significó la guerra ideológica de «todo el pueblo» contra el imperialismo estadounidense, y la necesidad del Estado de autorreproducirse, es decir, reproducir mecanismos de sujeción y lógicas disciplinarias para mantenerse en el poder. A través del simbolismo

Billete de un peso, Banco Nacional de Cuba.

que ponen en marcha estas (des)uniones, sugiero, se intentan fijar los ejes reglamentarios de la sociedad socialista y de promover el deseo de pertenencia a la patria. Haré referencia a varias narraciones que alimentan este discurso y a otros textos fuera del marco literario, como imágenes visuales, que también lo configuran. En todos los casos, estos documentos reafirman la misma ansiedad ideológica, el mismo temor: la supervivencia del Estado y la forma de lidiar en el frágil tejido social, al menos desde el punto de vista simbólico, con los elementos subversivos que la amenazan. ¿Cómo se pasa de las armas al erotismo de la letra?

La novela de José Soler Puig *En el año de Enero* (1963) es uno de los primeros marcos discursivos donde se hace visible esta ansiedad. Sus protagonistas, Felipe Montemayor y Guillermo Gómez Fonseca, representan las fuerzas que se oponen al Estado revolucionario. El primero es un terrateniente que tiene como amante a Niní, y el segundo un antiguo capitán que va a disputársela. Ambos personajes desean echar a andar una fábrica de copra en Oriente, pero sus planes se frustran cuando entran en conflicto con los trabajadores y la fábrica es nacionalizada. Niní –cuyo nombre recuerda el de Naná, la prostituta de la novela homónima de Émile Zola– será quien medie entre ambos, y el narrador pondrá en ella una mezcla de erotismo y lealtad revolucionaria que resume la posición del sujeto frente al deber y la patria. Es decir, a Niní le corresponderá seleccionar su amante con un sentido político en mente, y su elección mostrará el deseo de pertenencia del sujeto nacional ante la Revolución. Si antes de 1959 Niní había aceptado ser la querida de Felipe Montemayor, prototipo del hacendado rico, ahora su ideal de belleza masculina tendrá que ser el barbudo, el héroe de la Sierra que había conquistado con su fusil la patria para los cubanos. La primera escena, donde ella y Felipe Montemayor discuten en la cama, resulta elocuente respecto de este cambio de paradigma erótico, porque deja traslucir las nuevas preferencias de la muchacha y la nueva lealtad que asume el sujeto revolucionario. Felipe está borracho y ambos miran un discurso de

Fidel Castro en la televisión. Afirma Felipe, dirigiéndose directamente al líder:

> Sabes una cosa, me estás cayendo un poquito pesado esta noche. Nos has quitado a Batista de encima, estás llevando de nuevo el país por el camino de la tranquilidad, pero te estás metiendo demasiado en la vida de los ciudadanos, en su vida íntima. ¿Por qué hablas tanto? ¿No sabes que por el televisor entras en casa ajena? Hoy ella no quería... porque estaba esperando que hablaras, tenía miedo de que se le pasara el tiempo, no quería perder tu programa. Y si eso me ha pasado a mí con Niní, tiene que pasarle también a otros hombres con sus mujeres. Ya teníamos bastante con tanto galán que anda por ahí sonsacando a las mujeres desde la pantalla, con su belleza de macho pretencioso. Y tú aunque estás un poco disfrazado con tu barba, tu pelo largo, y tu uniforme descuidado, no eres un galán ni mucho menos, eres un gobernante. (Soler Puig 1963: 38)

El pasaje ilustra bien la forma de pensar Felipe, que a pesar de haber estado contento con haberse quitado «de encima» a Fulgencio Batista, comienza ahora a albergar recelos contra el nuevo líder; sus arengas televisivas «penetraban» en las casas ajenas, provocando conflictos entre él y su mujer. De esa intimidad resulta que Felipe «hable» con él como si fuera un conocido, como si pudiera tratarlo de «tú» en su propia casa. En otras palabras, la novela de Soler Puig registra ahora, de modo diferente, una problemática que viene apareciendo en la literatura cubana desde la época colonial: el traspaso de los límites, en este caso políticos, que puede traer problemas para el hablante. Lo público se convierte en privado; gracias a la televisión, Fidel Castro entraba en su casa, y lo que es todavía peor: podía hacer que su mujer se enamorara de él. Puig, recordemos, fue un escritor de la era pretelevisiva; seguramente no exageraba el temor que produjo en hombres de la clase de Felipe Montemayor esta invasión de la privacidad, ni el cambio político y económico que trajo consigo la Revolución. Estos cambios comprendían también un nuevo ideal de belleza masculina, ahora asociado a la figura del barbudo, del soldado desaliñado, de «uniforme descuidado», que había conquistado la libertad para el pueblo. La figura del líder interfiere a tal extremo en las relaciones sexuales entre él y Niní que momentos antes ella no había querido hacer el amor con él por temor a perderse el discurso. Ese pensamiento le provoca a Felipe los celos que se traducen en relajados insultos, porque –entiende– el desamor que Niní muestra hacia él contrasta con el amor que siente por el líder. El antiguo latifundista pasa a ocupar así una posición subalterna en la escala sexual de la sociedad, mientras que los barbudos alcanzan la máxima cuota de prestigio social.

Esas cuotas de prestigio, que suponían poder político y administrativo, también se traducían en poder sexual. La «Edición de la Libertad» de la revista *Bohemia* en 1959 está llena de referencias a la admiración que sentían las muchachas habaneras por los rebeldes. Uno de los artículos de ese número, «La revolución en Matanzas», es acompañado por la fotografía de una joven que, como indica el cronista, «no vacila en depositar un beso en las mejillas barbudas de uno de los soldados del Movimiento. El ósculo es saludo y bienvenida; es muestra de reconocimiento porque ella sabe que a los hombres como ese debe la libertad» (1959: 141). Otro, titulado «Después de la Victoria: primeras horas en la capital», refuerza este mismo mensaje al mostrar otra joven de la mano de un rebelde. La foto lleva por título «Bellas y barbudos», y dice, «los héroes de la liberación de Cuba han sido acogidos apoteósicamente en La Habana. Son frecuentes escenas como esta: un barbudo armado hasta los dientes que sonríe beatíficamente por la admiración que despierta en esta linda muchacha cogida de su brazo» (1959: 148). En el siguiente número de la misma edición de la revista, que cubre la semana del 18 al 25 de enero de 1959, aparece una caricatura de «Silvio» en la cual se ve a un padre que espera fuera de la sala de parto a que la enfermera le traiga su hijo recién nacido. Cuando sale, para su asombro, su hijo tiene barba y bigote, lo que deja al padre «Sin palabras» (1959: 167).

«Sin palabras».

El mensaje en todos los casos era el mismo. Las jóvenes se sentían atraídas por los revolucionarios y hacían bien en sentirse así, porque a ellos debían su libertad. El niño de la tira cómica podía pertenecer a uno de estos barbudos porque, aun si no lo fuera desde el punto de vista biológico, sería como Fidel, Camilo o el Che. Seguiría los pasos de los revolucionarios, no los del «padre» que espera fuera de la sala del hospital. En todas estas referencias subyace una erótica política del reconocimiento, a través del placer y de la sexualidad, que celebra las uniones entre iguales, o al menos las uniones entre los nuevos héroes revolucionarios y las muchachas, que se ven como las prendas de intercambio en este nuevo escenario. Son ellas las que deben «pagar» el esfuerzo que los hombres hicieron por ellas.

No hay dudas de que para un vasto sector de la población cubana la autoridad de los barbudos era popular y carismática en 1959. El carisma, con el que usualmente se ha descrito la personalidad de Fidel Castro, se manifiesta según el sociólogo alemán Max Weber en la capacidad del sujeto para preservar el orden en momentos de crisis y es un rasgo psicológico asociado a lo sagrado. Weber lo define como «una cierta calidad de una personalidad individual en virtud de la cual se aparta de los hombres ordinarios y es tratado como dotado de cualidades sobrenaturales, sobrehumanas o, al menos, específicamente excepcionales» (1947: 392; mi traducción). Según la definición de Weber, el carisma remite al aura ancestral que tenían los jefes de las tribus y los profetas. Es una característica difícil de comprender, que en muchos casos, al decir de Clifford Geertz, se ha reducido a la psicología y a los trastornos sociales (1993: 122). No obstante, según Edward Shils y el propio Geertz, las dotes psicológicas del líder no son suficientes para entender este fenómeno; habría que analizar también la relación entre el valor simbólico del individuo y el lugar que ocupaba en la comunidad (Geertz 1993: 122). El «carisma», sostienen, es proporcional al lugar que ocupa el líder dentro de un «centro», desde donde dicta la política y su destino. Le corresponde a quien crea «orden» en la sociedad, a alguien que a su vez simboliza el orden del cosmos (Shils 1965: 203). En otras palabras, y como sugería Geertz, el carisma es algo inherente al poder. Es una construcción histórica, y en esa medida dependiente de la burocracia del Estado, que justifica su existencia, ordena la Historia y ritualiza su ideología a través de un sinfín de ceremonias, símbolos, desfiles y prácticas organizadas alrededor y en función de ese líder (Geertz 1993: 124).

Ese proceso tan serio, que impone o refleja un mundo parecido al de los antiguos monarcas, reyes y emperadores –regidos por la voluntad de Dios, y por eso su representación en la tierra–, es lo que le concede al «centro» y al líder su categoría de inexpugnables y su parecido con lo sagrado[1]. En el caso de los barbudos y de Fidel Castro en particular, su lugar al frente del gobierno y del ejército, las pinturas sacralizadoras como la de la portada de *Bohemia*, los murales, los libros, las marchas, el sustrato religioso del pueblo cubano (especialmente el catolicismo y las religiones africanas), a lo que vienen a sumarse las largas horas de cobertura mediática, crean el entramado

---

[1] Edward Shils argumenta que los cuerpos corporativos –«secular, económico, gubernamental, militar y político–, poseían cualidades carismáticas simplemente en virtud de tener un *tremendo* poder concentrado en ellos» (1965: 207; énfasis en el original, mi traducción).

simbólico que sustenta esta percepción. No extraña entonces que en la novela de Soler Puig la mujer de Felipe Montemayor se enamore de Fidel Castro con sólo verlo y seguir sus discursos por la televisión, o que las jóvenes habaneras le rindan tributo a los héroes a quienes debían su libertad: las referencias a las «barbas» como «diploma» de la Sierra Maestra validaban ese poder, justificaban esa admiración y creaban un nuevo centro de prestigio alrededor de su figura. Tanto es así que la barba quedará unida al imaginario del nuevo poder como un símbolo, y deviene un atributo de la ideología y del gobierno. Desnoes fue uno de los primeros en reparar en el simbolismo de la barba en Fidel Castro, al señalar que «la barba de Castro se ha convertido en Castro» (1985: 12; mi traducción). Es por eso que en la novela de Soler Puig el vello facial masculino se convierte en el objeto erótico fetichista hacia donde la amante de Felipe Montemayor dirigirá su atención y sus deseos. Niní mirará a Guillermo Gómez Fonseca y la semejanza de su barba con la de Fidel Castro le sirve para sublimarlo en su relación sexual con él. Dice Niní:

> Tiene la barba un poco áspera, pero mi mano se desliza suavemente por su pelo. La barba me da escalofríos, me hace cosquilla en la cara, en la garganta. Ahora en el brazo. Me da ganas de llorar. No quiero verle los ojos, no me gustan. No son los ojos que debían tener esa cara. Ni su voz. Tampoco debía tener esa voz. (Soler Puig 1963: 86)

En otras palabras, Niní mantiene relaciones sexuales con Guillermo Gómez pero sólo puede conectar con él a través de esta parte de su cuerpo, lo que le produce ansiedad y una sensación de insatisfacción, porque, a pesar de que la barba de Guillermo lo identifica con el nuevo ideal de belleza del Estado revolucionario, siente que otro debería estar en su lugar. Por eso sus fantasías sexuales regresan una y otra vez sobre esta parte de su cuerpo, y siempre con la misma sensación:

> Lo siento en la cara, como si todo él estuviera solamente sobre mi boca, mi frente, mis mejillas... siento su cuerpo sobre el mío, pero es

distinto, no me parece el suyo, hasta me molesta. Lo mismo que cuando habla, y cuando le veo los ojos… ¿Y si le digo que se calle? A lo mejor… No. Eso no se puede. Se incomodaría, sería capaz de irse de dejarme sola y extrañaría su barba y su pelo como seda. (Soler Puig 1963: 86)

Por supuesto, la clave de este doble deseo de atracción y repulsión es la política. La barba de Guillermo Fonseca ha devenido Fidel Castro, pero no es el mismo; de ahí que Felipe, una vez que descubre que Niní se ha marchado con el barbudo, no duda en afirmar que se había ido «con ese hermano de Alfredo Gómez. Y como se parecen sus barbas a las del otro cochino sigue sin venir» (Soler Puig 1963: 167). La fijación de Niní con la barba de Guillermo/Fidel Castro resume el carácter fetichista de esta relación, en la que el Estado se materializa en una parte del cuerpo del amante, se identifica con un personaje, activando así un mecanismo semejante a lo sacramental, al sustituir una idea activa de lo sagrado por un objeto concreto y pasivo. Aun cuando Niní trata de amar a Guillermo fracasa en hacerlo, porque no puede amarlo como el hombre que en realidad es, sino como al hombre que ella aspira amar. La barba funciona en el texto como un símbolo que une metonímicamente dos identidades diferentes: a Guillermo con Fidel Castro y a la joven con la nueva nación. Es el objeto que permite satisfacer al mismo tiempo el deseo erótico de la protagonista y la voluntad política de los súbditos de la patria. Más adelante en la trama, cuando Niní se da cuenta que Guillermo Fonseca se opone a la Revolución, decide separarse de él. Aun así, confiesa que la barba de Guillermo, como símbolo mediatizado del poder, sigue hechizándola: «Lo odio. Nunca he odiado a nadie tanto, me da asco. Su voz me cae como una patada… Es extraño: lo odio pero me sigue gustando su barba y su pelo largo. Adoro su barba. Tú estás loca. No, no odio su persona, lo odio porque está contra Fidel» (Soler Puig 1963: 182).

De modo que la fijación erótica que había establecido con esa parte de su cuerpo hace posible que lo ame, pero al mismo tiempo le revela su «odio»: es justamente la barba lo que tiene en común con «Fidel», pero ya su actitud ante la Revolución es distinta. Lo que ahora ama en él es lo que ya no le pertenece, el símbolo de un poder que ya no puede ni quiere ejercer. Por consiguiente, al no poder hacer coincidir ambas mitades, ella se da cuenta de que su pasión no sólo ya no existe, sino que no existe porque se ha declarado contrarrevolucionario. Todo en realidad había sido un espejismo, un amor imposible. La ruptura de la pareja llega cuando Guillermo Gómez Fonseca descubre que Niní lo ha denunciado a la policía política y se lanza encima de ella para golpearla. El pasaje en que Guillermo le pega a su ex-amante es uno de los más dramáticos de la novela, donde una vez más la política parece devorar cualquier pasión y se rompe el contrato entre ambos, fijado sobre la base de la ideología, como en la revista habanera. El episodio muestra también los extremos patéticos a que podía llegar la retórica revolucionaria con tal de envilecer a sus enemigos políticos. Mientras Guillermo la golpea en el estómago Niní cae exhausta en el piso, pronunciando únicamente el nombre de Fidel. Dice el narrador que los puños de Gómez golpean la cara, el costado y el vientre de la mujer:

> Ella comenzó a gemir tratando de evadir los puñetazos, protegiéndose con sus débiles brazos: se le aflojó la expresión, colgante la mandíbula. Ella, que se deslizaba en caída pegada a la pared buscó apoyo en la madera de la cama, miró al hombre con ojos extraviados, temblándole la boca ensangrentada.
> –¡Fidel! Murmuró ¡Fidel! ¡Fidel! (Puig 1963: 225)

Cada golpe del amante contrarrevolucionario que recibe en el estómago o en la cara fortalece aun más sus ideales políticos, su compromiso de amar al líder y a la patria por sobre todas las cosas. Al mismo tiempo, confirman al lector el carácter despreciable de Guillermo, el villano contrarrevolucionario, que no tiene a mal golpear a la joven. Las relaciones amorosas que establece Niní en la novela son paradigmáticas de los presupuestos ideológicos fundacionales sobre los que se sustenta el nuevo Estado: el rechazo al burgués, dueño de tierras, y al barbudo desafecto. Niní solamente podía estar con aquellos que seguían al líder y la Revolución. Su amor era únicamente para los revolucionarios. Su deseo iba encaminado a la reproducción no sólo física, sino también ideológica.

Desde el punto de vista de la alegoría que establecen estos personajes, Niní vendría a tomar el lugar de la joven patria, abusada o agredida por los poderes imperiales y capitalistas, que representan Felipe Montemayor y Guillermo Gómez Fonseca en la novela. Lo anterior justifica su decisión de abandonarlos a ambos en favor de una imagen idealizada de la Revolución y del líder. Su decisión prueba ser la mejor para ella y para la patria, ya que sus destinos se unen y se reflejan mutuamente. Su resolución además constituiría un ejemplo para los lectores, ya que ellos, al igual que Niní, debían estar preparados para tomar la decisión correcta si se les presentara una situación como esta. Al fijar su deseo erótico en la barba de su amante, el narrador logra fundir lo político con lo sagrado, la decisión amorosa con el carisma del héroe: consigue unir el cuerpo de la amante con su destino valeroso, que no es otro que el de Fidel Castro, a quien sólo conoce a través de la televisión. Al final de la novela es el Estado el único que gana, el que ha logrado retenerla y hechizarla al movilizar sus sentimientos patrióticos para que sirva a los intereses del nuevo gobierno. Niní, como otras heroínas de romances ideológicos, puede encerrar la imagen del Máximo líder entre dos corazones y seguir confiando en su palabra, porque ha recibido del Estado la posibilidad de cambiar y de apostar por un futuro mejor. No por gusto, cuando más tarde la policía la interroga, dice que no quiere nada: «Déjeme seguir como iba… –dijo con voz de ruego–. Déjeme ir mejorando… según vayan mejorando los pobres… Déjeme seguir confiando en Fidel…» (Puig 1963: 229). Al soportar los golpes del amante contrarrevolucionario y pedir que la dejen confiar en Fidel, Niní estaría mostrando su capacidad de aguante, lo que Víctor Fowler, al hablar de los revolucionarios, llama «el cuerpo resistente», cuyo correlato son los sacrificios que había que hacer en aras de la Revolución. Según Fowler este tipo de actitud debía ser vista como un «homenaje al sufrimiento» por el que tuvieron que pasar los barbudos y como un entrenamiento para defender la Revolución, que «tendría como modelo (inalcanzable) el de aquellos héroes que enfrentaron el martirologio como destino» (1998: 27).

La vida de Niní se convierte en la de muchos otros comprometidos con el ideal revolucionario, que siguen al líder y aspiran a mejorar sus vidas con el nuevo cambio social. En pago, se espera que le sea fiel. En narraciones como esta los sujetos desafectos, como Guillermo o Felipe, arrastrarán consigo el estigma del borracho, del burgués, del golpeador de mujeres, del machista o del homosexual, mientras que los personajes revolucionarios encarnarán todas las virtudes del héroe: la humildad, la justicia, la caridad y la lealtad sin reservas. De ahí que el héroe revolucionario pueda ser concebido como un patrón de regeneración o como una vuelta a los valores que se habían perdido durante el capitalismo por el dinero, las relaciones injustas, la corrupción y la opresión. Esta instrumentalización de la sexualidad con fines políticos surge al mismo tiempo que se critica la sociedad de consumo, y a los escritores y los directores de cine por recurrir a la sexualidad para vender sus películas.

En uno de los números de *Lunes de Revolución* dedicado al cine internacional, Lo Duca afirma que hasta el momento el cine había estado en manos de mercaderes que no se habían preocupado más que por atraer al público a través del «apetito erótico». Estos mercaderes, argumenta, no respetaban ni los filmes que debían ser «asexuados» –como los dedicados a la heroína francesa Juana de Arco–, sino que para ellos todo resultaba un pretexto para mostrar bocas como «ventosas que atrapan al macho o a la hembra» (1961: 29). En la misma cuerda, el número reproduce unas palabras de Arthur Miller sobre Marylin Monroe y otras de Simone de Beauvoir sobre Brigitte Bardot, criticando la forma en que la sexualidad se representa en el cine; en caso de Beauvoir, concretamente cómo los cineastas recurrían a chicas menores de edad para atraer al público (1961: 37).

En contraposición a este tipo de representaciones, en las historias revolucionarias triunfará la ideología. Su finalidad será didáctica, demostrativa, ejemplar; la mujer será el centro alrededor del cual se construirá este discurso de la posesión y la lealtad a la patria. La figura femenina servirá como una ficha para negociar la idea de nación-revolución que se trata de establecer, y dado su carácter instrumental, este tipo de historias serán similares a las de los romances folletinescos que consumía la clase media latinoamericana después de las guerras de independencia. Como ha estudiado Doris Sommer en *Foundational Fictions* (1991), su libro sobre la novela hispanoamericana de mediados del siglo XIX, en las novelas claves del periodo la construcción de la nación se da a través de una erótica heterosexual normativa, donde la mujer sirve como alegoría para negociar identidades y alianzas políticas y raciales. Estos compromisos sexuales iban sedimentando en el imaginario latinoamericano los sentimientos nacionalistas, y ayudaron a crear la imagen de un Estado único y fuerte. En el contexto cubano, obras de teatro como «El Grito de Yara», de Luis García Pérez, o novelas como *Episodios de la Guerra. Mi vida en la Manigua (relato del coronel Ricardo Buenamar)*, de Raimundo Cabrera, ayudaron a fomentar ese ideario. En la pieza de García Pérez, en particular, la joven Lola, hija de un español, decide al final casarse con un joven independentista y el padre, que antes se oponía al casamiento, acepta con buen grado al final porque «Lola es la efigie de Cuba; / Enrique el galán que ama / representante absoluto / de la libertad sagrada» (García Pérez 1978: 157).

En estas narraciones independentistas, al igual que sucederá cien años después, la ideología se transforma en personajes de ficción que actúan según sus motivaciones políticas. En este caso serán Lola y Enrique, pero en los dramas de Francisco Javier Balmaseda y de Félix R. Zahonet serán «Elvira» y «Sofía» a quienes motive el mismo amor por los cubanos. Por eso hay que leer el embeleso de Niní por Fidel en la novela de Soler Puig como un embeleso por la ideología, por aquello que no puede explicar pero que aun así mueve sus acciones.

Su amor por el líder es equivalente a su amor por la patria, la nueva nación, el nuevo orden jurídico y el Estado. Representa una alianza por el futuro socialista de Cuba, y por eso deja afuera un «resto» que es, por su misma naturaleza, excluible. Ese resto lo conforman los elementos que amenazan el poder: los actores que ya no son «galanes», que han perdido su aura erótica porque no comparten la misma ideología del Estado. En esa medida, la ruptura de Niní con Guillermo, y antes con Felipe Montemayor, no tiene otra función que la demonizar la ideología enemiga, el antiguo sistema, y resaltar los valores morales del sujeto leal, que ha ganado su libertad y su consciencia de clase gracias a la Revolución.

La novela de Puig transita, además, por ese carril que abrieron los escritores soviéticos después de la Revolución bolchevique con el realismo socialista, promovido luego por las instituciones culturales en Cuba en las décadas del sesenta y el setenta. Las semejanzas, por ejemplo, con una novela como *El 41* (1924), del escritor soviético Boris Levrenev (1891-1959), no son fortuitas. En la novela de Levrenev tiene lugar un conflicto semejante entre una pareja heterosexual, sólo que con un final trágico: narra el idilio amoroso entre un prisionero ruso del Ejército Blanco y una joven bolchevique que tiene la tarea de custodiarlo en un islote del mar de Aral. A pesar de ser enemigos, la soledad y las dificultades que tienen que pasar juntos hacen que se enamoren, pero la relación llega a su fin cuando ven llegar un barco Blanco y ella decide matarlo antes de que sea rescatado por los suyos. El prisionero se convierte entonces en la víctima número 41 de Marioutka, quien además de tener una excelente puntería escribía poemas al proletariado y a Lenin y era miembro de la Guardia Roja.

Levrenev ubica el conflicto en 1920, precisamente en los años fundacionales del Estado soviético, y hace énfasis en la necesidad de sacrificar la vida personal y los afectos en función de la ideología: era esa la mejor manera en que el sujeto podía mostrar su lealtad al Estado. Marioutka, de procedencia humilde, podía representar el cambio social, encarnar a la nueva nación y sus defensores. La traducción de la novela de Levrenev fue publicada en Cuba en 1966 y se llevó varias veces tanto al teatro como a la televisión, promoviendo una visión partidista de las relaciones sexuales y cierto modelo oficial para la nueva literatura revolucionaria. Tanto es así, que la traducción misma al español lleva las marcas de la ideología revolucionaria: los bolcheviques llaman «gusanos» a los enemigos y la cubierta del libro resulta ser nada menos que un dibujo del *Ismaelillo* (1882) de José Martí. El dibujo aparece originalmente ilustrando el poema «Amor errante», y muestra un rostro adolescente rodeado de dos hoces y de lo que pudo parecerle al diseñador de la portada, Raúl Martínez, un puñado de trigo (1985, I: 36). Nada, sin embargo, más alejado de la referencialidad del texto; el dibujo de Martí por supuesto no refería a la hoz y al martillo de la bandera soviética sino a un ángel de la Biblia, en particular del Apocalipsis de San Juan de Patmos, donde aparecen enviados por el «Hijo del Hombre», quien adquiere cuerpo material en ellos[2]. La cubierta de Martínez simplemente duplicó la ilustración que aparece en el libro de Martí, con la idea de que estos símbolos conectaran al espectador con la hoz y el trigo de la simbología soviética y la referencia martiana. Es decir, Martínez no sólo intenta cubanizar el drama soviético, sino también sovietizar el ícono cubano. En este ambiente de politización de las relaciones sexuales, autores como Noel Navarro (1931-2003) y Manuel Cofiño López (1936-1987) reconstruyen también escenarios amorosos haciendo énfasis en la regeneración de los sujetos en la nueva sociedad socialista, y se centran en la elección «correcta» que debían tomar.

Las narraciones de estos autores se situarán, al igual que la de José Soler Puig, en la etapa formativa de la Revolución, dramatizando el mismo conflicto: la imposibilidad de alianza entre ideologías enfren-

---

[2] Según la Biblia: «Y salió del altar otro ángel, que tenía poder sobre el fuego y llamó a gran voz al que tenía la hoz aguda, diciendo "mete tu hoz aguda y vendimia los racimos de la tierra porque sus uvas están maduras"» (14-20). En la tradición hermenéutica cristiana estos ángeles representan a Cristo y son los llamados a acabar con los enemigos de la Iglesia (Liébana 1995: 526-531).

tadas. Tal separación no podía reflejarse mejor que mostrando la línea fronteriza que uno de ellos debía cruzar para no volver. En este caso, el hombre decide marcharse a los Estados Unidos mientras que la mujer decide quedarse en Cuba. En el cuento de Manuel Cofiño López, Claudia, la protagonista, le cuenta a su actual novio su vida anterior. Sus recuerdos se focalizan en Rogelio, quien, según ella, trató de forzarla a marcharse con él del país. La violencia de Guillermo Fonseca contra Niní se repite en las memorias de Claudia, al igual que su determinación de ser leal al nuevo Estado. Coincidentemente, el origen humilde de ambas (Claudia había sido una criada, igual que Noemí en la novela de Edmundo Desnoes), les da la posibilidad de reinventarse y borrar, junto con el nombre de su amante, su pasado. Romper con ellos equivalía a tomar posesión de sí misma, de su destino; comenzar una vida nueva. La necesidad de ese cambio se revela en la llovizna pertinaz que cae y logra borrarlo todo en el cuento y produce el milagro de la anagnórisis, del reconocimiento de sí misma en el momento más intenso de la narración, en el momento en que decide no marcharse: «Claudia ya yo». Esta metamorfosis de sí misma en otra nueva, real y con plena consciencia de su «yo», se reafirma al final de la historia cuando le confiesa a su novio que algunas cosas que él le ha contado no la convencen, pero que «en realidad el pasado no debe importarnos porque aquí todos fuimos otros» (1969: 31). Una vez más, por consiguiente, el cambio del «yo», la metamorfosis espiritual que experimenta la protagonista en el turbión revolucionario, es indicativo de la nueva ideología, debido a que, como en las formulaciones de Ernest Renan sobre la nación, esta implica el «olvido» y la voluntad de volver a empezar: es necesario tener mucho en común y ser capaz de olvidar, después de un evento doloroso, para construir a partir de entonces una nueva memoria (1990: 11). Por eso la confesión de Claudia es paradigmática, porque tiene el objetivo de crear un mimetismo entre su historia individual y la historia de «todo» el pueblo, a fin de que el lector revolucionario pueda reconocerse en esta confesión y aceptar junto con ella la necesidad de ruptura con el pasado, el imperativo de cambio y la construcción de un nuevo país. Esta urgencia se hace evidente en el mismo título del libro, *Tiempo de cambio*, que tiene lugar tanto en la cronología como en la vida de los personajes. Quien no estuviera dispuesto a aceptarlo simplemente quedaba atrás. Esa literatura explica el nuevo paradigma de reconocimiento del sujeto: hace visible la ideología que justifica que sujetos como Rogelio queden al margen o tengan que marcharse de su patria. En realidad no le queda otra salida, ya que desde el momento en que la literatura sirve como «arma» de la Revolución no puede hacer mucho más que repetir sus consignas y dar explicaciones que sólo sirven para moldear la subjetividad de los lectores dentro de la norma política que dicta el Estado. El otro, ya sea «blanco» o «gusano», es demonizado, encerrado en una categoría de excluible: los escritores pueden ejercer y ejercen una lógica cruel sobre ellos, que los deshumaniza y excluye con el fin de defender el Estado. La narrativa de Manuel Cofiño es reiterativa cuando se trata de estas exclusiones y antagonismos. En otro cuento, «Hacia las sombras», reaparece la misma situación liminar. El marido ha decidido marcharse a los Estados Unidos mientras que la mujer ha decidido quedarse. Aquí la mujer repasa una larga lista de actitudes apáticas que el marido había manifestado con respecto a la Revolución y como colofón de su argumento le anuncia que dará a luz a un niño que él nunca conocerá. Ese niño, afirma la protagonista,

> Crecerá y ayudará a construir con sus manos lo nuevo. Esa será mi venganza, porque tú nunca lo conocerás, no lo verás jamás, nunca. Representará eso que tu cobardía y tu miedo temen y rehúyen. El será un hombre de verdad del que nunca sabrás su nombre. Un nombre... un nombre de verdad: le pondremos Fidel. (1969: 92)

En este caso el abandono del hogar o la separación familiar se concibe como un abandono de la patria, de la mujer y sobre todo del hijo, a través de quien la madre se «venga» del padre poniéndole un nombre que reafirma la autoridad de su ideología. En términos del discurso político esto habría que entenderlo como una necesidad o imperativo del discurso nacionalista-revolucionario, que trata de evitar formaciones discursivas o sujetos desviados de la norma que introduzcan impurezas ideológicas dentro de la familia. Su ideología no puede reproducirse en sus hijos porque estos le pertenecen a la Revolución. A través de estas situaciones de ruptura familiar el escritor reafirma el discurso del poder, pone en marcha una máquina de guerra cuya función es limpiar o eliminar al adversario político. El escritor asume así una función que en la práctica le tocaría al ejército; no tiene otro sentido la consigna de la literatura y el arte como armas del Estado. En estas narraciones, a diferencia de los revolucionarios que abandonan el hogar en busca de victorias y son exaltados como héroes, el padre de familia desafecto, que deja a su hijo para emigrar a los Estados Unidos, queda estigmatizado, y en términos del discurso mito-poético representado como un descenso al infierno, a la oscuridad y a la nada. Por consiguiente, el texto se organiza alrededor de imágenes maniqueas, de un alto contenido simbólico, donde la madre y el hijo son asociados con los semas de la vida, la luz y el futuro, mientras que el padre, asociado con la muerte o la maldad, va «hacia las sombras». Así, la escritura revolucionaria se convierte en un dispositivo de poder que no sólo ejerce su fuerza sobre los imaginarios domésticos y las situaciones diarias, sino que también se despliega en la concepción misma de la historia y en la ideología de los «cien años de lucha», que une las guerras por la independencia con la Revolución de 1959.

Otras de las narraciones que retoman el simbolismo político de la mujer, trasladándolo a otra época y a otro contexto histórico, aparece en el largometraje *Lucía* (1968), de Humberto Solás. A diferencia de las otras que hemos comentado, la narración –una entre las varias que, transcurriendo en distintos momentos históricos, forman parte de la película– traslada el conflicto a la guerra cubano-española de 1895. Lucía es seducida por un agente encubierto del régimen español, quien se vale de la criolla para que lo guíe al refugio de su hermano, que lucha junto con las tropas independentistas. Al final, alertados por el amante, los españoles asaltan el escondite, asesinan al hermano de Lucía y ella, en un rapto de patriotismo y de locura, sale en busca de su amante-traidor y lo mata a cuchilladas en la calle. Al igual que en las narraciones que hemos analizado, aquí se pone en movimiento la máquina de guerra que supedita el amor a la patria al amor entre la pareja. El malvado es el hombre, que traiciona a Lucía y al hermano, quienes a su vez representan la ideología revolucionaria. No puede haber amor cuando ideologías diferentes se interponen en la pareja. Lo único que habita en ese espacio entre dos es la muerte, ya sea la del joven patriota o la del amante-traidor. Esta máquina de guerra tiene, en la obra de Solás, la característica de estar montada sobre una estructura lineal, teleológica, que no es otra que la de los «cien años de lucha» revolucionaria. Es decir, Solás, como otros autores de su tiempo comprometidos ideológicamente con la Revolución, impone una lógica, un significado con un valor específico dentro de lo que es, por otro lado, una sucesión caótica de sucesos, ideologías, formas de pensar y de sentir en el transcurso de más de un siglo. Esa lógica la conforman los puntos que definen la Revolución de 1959 (el antiimperialismo, la independencia, la soberanía) y que estos autores proyectan sobre el pasado. Así, la historia de Cuba se convierte en una marcha en perpetua ascensión, que culminaría con la Revolución de 1959, en una proyección arbitraria que excluye otros proyectos e ideologías y que utiliza la figura de la mujer revolucionaria como paradigma o gestora de ese momento. No extraña entonces que en otra de sus películas, *El Acaso* (1965), Solás se acerque aún más al patrón ético-ideológico propuesto por la narrativa soviética del momento y a la política cultural de la Revolución. Como afirma Juan Antonio García (2001: 37), *El Acaso* tiene marcadas semejanzas con el cine soviético, particularmente con *La balada del soldado* de Grigori Chujrai y *El 41* de Lavrenev en su versión fílmica, *Sorok Pervyi* (1956). No obstante, fue tal vez en la literatura donde este patrón se hizo más visible, reproduciendo de múltiples maneras el modo de percibir el Estado a los nuevos sujetos nacionales.

Ahora bien, el hecho de que el personaje sea una mujer no garantiza que ésta encarne los valores positivos del nuevo Estado revolucionario, que sea leal a la ideología en el poder o que adopte sus códigos éticos. La mujer puede ser también un personaje desafecto en la nueva narrativa y cuando esto sucede se resaltan su ideología burguesa, su miseria moral o incluso los abusos recibidos a manos de aquellos a quienes ella precisamente representa. Su elección de mal vivir, antes de la Revolución o después de ella, se explica por las mismas situaciones económico-políticas impuestas por el régimen donde creció. Es el caso de Nati, uno de los personajes femeninos de *La última mujer y el próximo combate* (1971), de Manuel Cofiño. Nati, violada de niña por un rico terrateniente, tiene varios amantes «malvados»; el último de ellos es Siaco, uno de los contrarrevolucionarios que asesina a Bruno, el líder rebelde de la zona. Paradójicamente, y a pesar de que es descrita como la mujer más hermosa y sensual de la novela, en el momento en que se revela como parte del complot para asesinar a Bruno pierde todo su encanto al punto que su desnudez se vuelve indiferente para los hombres que tienden el cerco para atraparlos. Uno de estos hombres afirma: «Ella estaba allí desnuda y arrodillada y no la veíamos desnuda. Tenía algo que nos daba lástima» (1982: 266). Si antes los hombres desvestían a Nati con los ojos –el narrador se regodea incluso en las imágenes sexuales cuando la describe– en aquel momento era «como si la vistiéramos con la mirada» (1982: 266). Al revelarse como enemiga del Estado, Nati pierde todo su poder de atracción y se evapora el deseo sexual de los revolucionarios. Díscola y desafecta, tendrá entonces dos caminos: marcharse del país o reformarse, si quiere seguir viviendo en él. Su actitud en el presente socialista se presenta como producto del pasado. Ella es otra víctima de las relaciones injustas de explotación y miseria a las que puso fin la Revolución de 1959, sólo que en lugar de unirse al cambio acepta continuar con hombres como Siaco.

Tenemos, entonces, que la mujer en estas narraciones es algo más que un personaje como cualquier otro, porque aparece por lo general en el centro de las formaciones discursivas que justifican el nuevo proyecto revolucionario. A través de su cuerpo y de las relaciones sexuales que establece se articulan cuestiones cruciales para el nuevo sistema como su lealtad al gobierno, el rechazo de la prostitución –abolida por el Estado en 1961– y la participación en las nuevas organizaciones de masas (Hamilton 2012: 29). A esto se agrega el hecho de que, junto con la campaña de alfabetización, la mujer se incorpora en gran escala a la educación y a la lectura, lo que resulta otra oportunidad que tiene el Estado para llegar hasta ella y apelar directamente a su conciencia para demostrar la validez del sistema; de ahí que se hace imprescindible mostrarla como un sujeto que en una situación de peligro tome una decisión «correcta». Así ocurre en los casos de Niní, Claudia y Lucía, quienes aparecen en momentos decisivos y unen sus vidas al turbión del cambio por una «mejor» patria. Los escritores revolucionarios utilizan la figura de la mujer como antes se utilizó al esclavo, al indígena o a la mulata, ya sea para criticar el sistema esclavista o para demostrar sus aspiraciones de cambio. En uno y otro caso vemos el desplazamiento de un dispositivo de poder, de una máquina de guerra que articula los sentimientos y aspiraciones de otros en beneficio de una causa o de una idea rectora. A través de la mujer se conecta el presente con el futuro y la tierra, dos tópicos del discurso decimonónico, porque como ocurre en el cuento de Cofiño López, la mujer da a luz a un niño que encarna el futuro de la Revolución y de la patria. Ella es la genitora de los nuevos valores morales. Su hijo tendrá el nombre de Fidel, «un nombre de verdad», y se deduce que crecerá a su imagen y semejanza. La verdadera paternidad quedará borrada para ser suplantada por la imagen del líder carismático creada por el Estado. El hijo vendría a ser ese «Hombre Nuevo» que se propuso crear el poder y la madre será la heroína capaz de sacrificarlo todo en su beneficio. Su elección será política y su venganza ideológica; el padre no tendrá derecho de paternidad alguno en un sistema que entroniza la política como la medida de todas las cosas.

Esa esperanza redentora puesta en el hijo y en la niñez es también típica del discurso nacionalista cubano del siglo XIX. La figura del hijo se representa como una continuación del adulto, una prolongación de su ser, que reemplaza en el campo de batalla las energías del padre. El niño deviene de este modo una construcción de la voz paterna, a quien el padre traslada sus deseos y obsesiones. José Martí y Miguel Teurbe Tolón (1820-1857), por mencionar dos poetas decimonónicos inmersos en la política, dejaron momentos elocuentes en esta fe en el hijo en textos de un patriotismo exaltado (Carbonel 1930: 42). Asimismo, durante las guerras de independencia la mujer sirvió como alegoría de la patria en obras de teatro como las de Luis García Pérez y Javier Balmaseda, ya sea para mostrar su envilecimiento en manos de los españoles o para mostrar las alianzas de los revolucionarios. Guillermo de Zéndegui, en *Ámbito de Martí*, recoge incluso una imagen muy popular durante las guerras de independencia, que muestra a la joven patria con una toga romana y un gorro frigio. La patria-mujer lleva en la mano, como en la «La libertad guiando al pueblo» de Eugène Delacroix, una bandera, y se halla de pie sobre la cabeza de un león que representa el imperio español (1954: 33). Esta imagen deificada de la patria se contraponía a la imagen de una Cuba envilecida bajo el gobierno colonial, como aparece en un poema de José Joaquín Palma (1844-1911) escrito para recordar la muerte de los estudiantes de Medicina en 1871, y en otro de José Martí. En ambos hay una instrumentalización de lo femenino con fines patrióticos.

En las narraciones revolucionarias la mujer y el barbudo reproducirán la relación entre el «mambí» y la «bayamesa», o entre el sindicalista y la esposa comprensiva en la lucha contra Gerardo Machado en el filme de Humberto Solás. El hijo, a su vez, será el futuro de la patria: será «Fidel» o llevará por nombre Ernesto Guevara. Sus acciones estarán encaminadas a repetir la ideología y los actos de los héroes originales de la Revolución. «Ser como el Che», «ser como

Fidel» o ser «pioneros por el Comunismo» eran las únicas opciones a las que podía aspirar el sujeto en la nueva sociedad. Sus modelos eran personajes como Nemesia, del poema del Indio Naborí, «Elpidio Valdés» de Juan Padrón o «El Mambisito» de la serie de aventuras para la televisión. A estos se unirán otros niños y adolescentes héroes, que representarán el futuro del que habla Manuel Cofiño en sus cuentos, y que encarnarán los valores del nuevo hombre frente al enemigo, sea España o los Estados Unidos. Su figura implicará una promesa de salvación y de continuidad del sistema, que sólo podía sobrevivir si era capaz de asegurar la continuidad de la ideología política en el poder.

Es de esperar, entonces, que la utopía revolucionaria de los sesenta conciba el mundo preñado de futuro por la irrupción de los nuevos movimientos insurreccionales. El presente se postergará y en su lugar se visualizará un momento distante que traerá felicidad a la nación. Una «nueva Era», que «está pariendo un corazón», borraría el presente de miserias e instauraría un mundo mejor. Es la época de la guerra de Vietnam, de la guerrilla de Ernesto Guevara en África y Bolivia, de manifestaciones sociales y pacifistas en Europa y Norteamérica y de la canción protesta, que llamaba a unir fuerzas contra el imperialismo norteamericano. En la Exposición de Arte Contemporáneo celebrada en la Habana en 1970, Carmelo González expone un cuadro con el mismo título de la canción de Silvio Rodríguez, «La era está pariendo un corazón», donde aparece un cuerpo yaciente del que va saliendo un mundo heroico: el argentino Ernesto Guevara, el vietnamita Nguyen Van Troi y el cubano Fidel Castro. El simbolismo estructural del cuadro de González hace confluir estructuras alegóricas e ideas diferentes enraizadas todas en la imagen materna y el futuro. Mezcla fragmentos de tierra y órganos del cuerpo humano para evocar la idea de renacimiento y de explosión social a un nivel mundial, como hace también Nancy Morejón en su poema «Renacimiento». Al igual que en la canción de Silvio Rodríguez, en el cuadro de Carmelo González el resurgir de una nueva época se materializa en la figura de una mujer, a través de la cual se celebra, como en la Biblia, la creación de un nuevo tiempo y la destrucción del antiguo. Según Rodríguez ese tiempo-mujer a punto de dar a luz exigía el esfuerzo de todos porque de lo contrario peligraba el proyecto revolucionario: «hay que acudir corriendo / pues se cae el porvenir».

Es posible encontrar también estas imágenes regenerativo-sexuales en la poesía que celebra el trabajo o a la compañera revolucionaria, inmersa en las tareas diarias que le asignaba el Partido o de la Revolución; tal como ocurre en los textos independentistas, el amor o la confraternidad que celebran estas narraciones es entre iguales, entre personajes que comparten una misma ideología, y no hay fisuras políticas que puedan destruirlos. Así, por ejemplo, Roberto Fernández Retamar celebra en sus textos poéticos el paisaje como si fuera la amada. Lo hace «con las mismas manos» con que construye el comunismo, y esto en ninguna parte de su obra aparece mejor retratado que en los poemas recogidos bajo el elocuente título de «Un miliciano habla a su miliciana». En uno de ellos el poeta simplemente equipara a la mujer con la Revolución, para terminar diciéndole: «eres para mí el símbolo sencillo y misterioso de la Revolución / En cuyo fragor he encontrado el arma de tu vida» (Fernández Retamar 1962: 165). Un año antes, la *Revista Mella*, el órgano de la Asociación de Jóvenes Rebeldes, había publicado en la carátula un dibujo de Virgilio Martínez, su director artístico, en que se ensalzaba el amor entre los milicianos.

Llama la atención, no obstante, que esta misma alegoría aparezca en uno de los poemas de *Fuera del juego* (1968) de Heberto Padilla, aquí ya no para celebrar la Revolución sino para burlarse de ella y de los poetas que utilizaban estas imágenes; en el poema en cuestión se «aconseja a una dama» que se ha quedado sola en su casa, temerosa de la Revolución, que busque un becario y lo meta en su cama, de modo que «sus muslos ilustren la lucha de contrarios, / que su lengua sea más hábil que toda la dialéctica» y «salga usted vencedora de esta lucha de clases» (1970: 18). El texto habría que leerlo tomando de fondo las numerosas alegorías político-sexuales que figuran en la literatura y el cine revolucionarios para abordar el compromiso de la mujer y del hombre con el nuevo Estado socialista. Mientras que en los poemas de Fernández Retamar o en las narraciones de Cofiño López la unión sexual vencedora tiene lugar entre personas con una misma ideología, en el poema de Padilla el encuentro erótico se da entre adversarios, un joven becado por la Revolución y una «dama» burguesa, y en ese encuentro erótico la dama podría demostrarle al becario que puede vencerlo. La alegoría, que solamente puede funcionar en un nivel serio, se rebaja al ser utilizada como chiste para ejemplificar el combate «dialéctico» entre sujetos opuestos. Es un combate que no está coartado de antemano por las reglas del Estado, como sucede en los otros casos, con lo cual el texto logra su efectividad sólo si lo leemos como una parodia de la poesía y de la narrativa partidista, ya que desestabiliza la unión maniquea entre la «miliciana y el miliciano» de la nueva literatura revolucionaria. Padilla se burla y desbanca la reserva imaginativa de la que se nutren los escritores más dogmáticos del momento, y su risa destruye así la idealización de los postulados guerreros y la cursilería de estas representaciones.

Para resumir y concluir, el erotismo revolucionario de los sesenta está marcado por la ideología. En las narraciones y las imágenes visuales que hemos analizado sobresale la alegoría mujer-patria-revolución, a través de la cual los escritores cubanos comprometidos con el proyecto revolucionario tratan de establecer o reforzar sus alianzas o priorizan un sujeto leal al Estado, comprometido ideológicamente con su agenda política. En estas narraciones la ideología penetra en la familia obligando a estos sujetos a escoger «correctamente»; aquellos que escogen estar con el gobierno tienen la posibilidad de auto-regenerarse, como Niní o Claudia. Quienes escogen el otro lado, sin embargo, están condenados a ir «hacia las sombras»: están con el enemigo y son demonizados. Son hombres violentos y abusivos como Guillermo González Fonseca o Siaco, a quienes no se puede admirar y con los cuales el lector no puede solidarizarse. Es por eso que el atractivo erótico de estos sujetos estará en proporción a su ideología revolucionaria. Aun desnuda, la mujer más hermosa perderá su atractivo si no está con el gobierno. Estas alegorías político-sexuales, no hay que olvidarlo, no surgen de la nada: durante las guerras de independencia los escritores que se oponían al gobierno colonial también echaron mano de ella en cuadros, obras de teatro, poemas y canciones que hablaban de la mujer y de la patria como un todo unificado. Asimismo, estos escritores hablan del futuro del país o celebran su ideología a través de imágenes biológicas, impregnadas de optimismo, como la del nacimiento, la fertilidad o la del hijo, al que se vislumbra como seguidor de la ideología de sus padres. Tres décadas después, esta imagen de un futuro promisorio y de un hijo revolucionario colapsará de forma estrepitosa en medio de la desaparición del campo socialista y de la crisis económica del país.

Erotismo y crueldad en *Memorias del subdesarrollo* de Edmundo Desnoes

> La mayoría de mi generación padecía de machismo idealista, apasionado y cruel[1].
>
> Edmundo Desnoes

Después de publicar *Todo está en el Fuego* en 1952, Edmundo Desnoes viajó a Venezuela y más tarde a los Estados Unidos, donde lo sorprendió el triunfo revolucionario en 1959. Decidió entonces regresar a Cuba, donde trabajó en el Instituto del Libro y en la revista *Casa de las Américas*. En pocos años, Desnoes dio a la imprenta tres novelas: *No hay problemas* (1961), *El Cataclismo* (1965) y *Memorias del subdesarrollo* (1965), la más celebrada, que tres años después Tomas Gutiérrez Alea llevará al cine. En el momento en que ambos colaboran y escriben el guión de la película, Cuba estaba inmersa en un periodo de radicalización económica y política con el objetivo de aplastar la disidencia interna y cimentar la nueva política cultural (Gallardo 2009: 88). En 1965, el mismo año en que se publica la novela, el gobierno cubano comenzó a confinar a escritores desafectos, homosexuales y religiosos en los campamentos de la UMAP (Unidades Militares de Apoyo a la Producción), donde estaban sujetos a todo tipo de tratamientos degradantes; algunos de ellos terminaron suicidándose (Krauss-Fuchs 2007: 131). Mientras tanto, la Revolución había tomado el mando de todas las instituciones cívicas, políticas, económicas y militares, y nacionalizado los periódicos y los centros educacionales, dando origen a lo que Alexander Dukalskis llama en

---

[1] La cita corresponde a la charla de Edmundo Desnoes titulada «Cuba: yo y mi circunstancia» (Jerusalén 2013). Copia manuscrita del archivo de Jorge Camacho.

relación con Corea del Norte, Birmania y China «la esfera pública autoritaria», esto es, cuando el Estado toma el control de todas las vías tradicionales a través de las cuales ejerce el poder para crear y legitimar su posición, establecer los límites permitidos y protegerse de cualquier punto de vista amenazador (2017: 4). ¿Cómo, entonces, *Memorias del subdesarrollo* sigue o subvierte las reglas impuestas por el régimen en la esfera pública autoritaria? ¿Cómo los códigos de comportamiento sexual se reflejan en la película de un modo que contradiga o apoye el ideal revolucionario?

La trama de la novela y de la película son básicamente la misma. Sergio (el nombre del protagonista en el filme) es un hombre de mediana edad, cuya familia abandona Cuba en 1961. Antes de 1959, Sergio había estado al frente de la tienda de muebles de su padre, pero su verdadera pasión era ser escritor. Después que el gobierno nacionaliza su negocio y su esposa lo abandona, Sergio aprovecha para comenzar una vida nueva como intelectual, en la cual dedica la mayor parte del tiempo a enamorar mujeres y escribir sus «memorias». Además de la historia de su esposa, la novela narra las relaciones de Malabre (Sergio en la película) con Naomí, Elena, Emma y Hanna, esta última, una joven judía que había dejado la Alemania nazi con sus padres para encontrar refugio en Cuba, antes de marcharse también a los Estados Unidos. En la película, la historia de Hanna se convierte en un recordatorio para Sergio de la mujer ideal, la amante superior a cualquier otra en la novela. De acuerdo con el narrador, ella había creído en Sergio cuando otros no lo hicieron –ni la novela ni el guion cinematográfico escatiman críticas hacia las otras mujeres, las que no eran como ella–. Sergio retrata a esas otras mujeres como si no tuvieran valor para tener una relación seria con él. Mantiene relaciones sexuales con Elena (interpretado en la película por Daisy Granados) y tiene también una fantasía sexual con Noemí (interpretado por Eslinda Núñez), pero poco tiempo después de «hacer el amor violentamente» con Elena, pierde interés en la joven, lo que provoca que sus padres lo acusen de haberla engañado para más tarde negarse a casarse con ella (1968: 37). En cierto sentido se representa a Sergio como un sujeto desviado desde el punto de vista sexual, un mujeriego, que no está interesado en integrarse al proceso revolucionario y que usa su encanto personal, su apartamento y el dinero que le queda de su vida de burgués para aprovecharse de las mujeres. El engaño sexual, la «vagancia» y la apatía revolucionaria son códigos de comportamiento que figuran en su caracterización, todos ellos asociados con actitudes antisociales y contrarrevolucionarias en el nuevo sistema.

Estudiantes y críticos en los Estados Unidos han enfatizado este lado problemático de la actitud del protagonista, catalogando incluso su erotismo de «imperialista»; al decir de John Mraz, para Sergio «las mujeres son objetos de conquista y colonización –colonias subdesarrolladas para ser conquistadas y transformadas» (1995: 104; mi traducción). Y es cierto que, desde un punto de vista feminista, Sergio objetiviza a las mujeres negando su subjetividad o sus sentimientos y enfocando su atención en características que asimilan su cuerpo a objetos desechables, ya sean las frutas o la ropa. Por consiguiente, en la lógica sexual de la novela y de la película Sergio representaría a un capitalista sexista o a un burgués que paga por tener sexo, y esto nada menos que en medio de una Revolución que supuestamente había acabado con este tipo de relaciones de género: en el tiempo de las revoluciones Sergio representa el pasado, donde la sexualidad podía comprarse y la mujer no era más que un objeto que podía consumirse. El problema con esta caracterización, por supuesto, es que no se trata de un rasgo que compartieran únicamente los burgueses, los capitalistas o los «imperialistas», sino que ha sido parte del comportamiento de muchos hombres en sociedades patriarcales, como bien explica Luce Irigaray, entre las cuales tendríamos que incluir también a la Cuba posterior a 1959. De hecho, como afirma Monika Krause-Fuchs, la sexóloga alemana que llegó a Cuba al triunfo de la Revolución y dirigió el Centro de Educación Sexual, en la isla existe aún hoy una fuerte cultura machista, que era extrema y generalizada hasta 1974, en que se discutió e implantó el Código de la Familia. Por primera vez en la historia de Cuba, afirma Krauss-Fuchs, se trató «la determinación legal de la igualdad de los derechos y deberes del hombre y de la mujer dentro del matrimonio y la familia» (2007: 107), pero ni siquiera después de ello hubo un gran cambio en la actitud de los cubanos.

Al subrayar esta actitud en Sergio se buscaba singularizar un sujeto «siquitrillado», con el propósito de connotarlo negativamente y producir rechazo en los espectadores. Su actitud sería un rezago o residuo del pasado, que serviría como un instrumento de partidismo político y de propaganda; al criticar a la mujer, Sergio también estaría criticando a Cuba, un tropo usado desde las guerras de independencia y la formación de las naciones latinoamericanas para crear la identidad nacional. De este modo, el discurso crítico del burgués sobre la Revolución implicaría su rechazo a la historia de la isla, a sus mujeres y su geografía, en la misma medida en que rechaza la nueva política estatal. De esto hay numerosos ejemplos en la novela y en la película, donde el discurso sobre el cuerpo se vincula al discurso sobre el clima y la tierra. Los comentarios de Malabre / Sergio sobre cómo las personas sudan en el trópico o sobre cómo allí los cuerpos de las mujeres se deterioran más rápido que en Europa ejemplificarían este vínculo entre geografía y deseo, entre paisaje y crueldad. Al hablar de las cubanas, dice Malabre:

> Hay un punto exquisito, entre los treinta y los treinta y cinco años, en que la mujer cubana pasa bruscamente de la madurez a la podredumbre. Son como frutas que se descomponen con una velocidad asombrosa. Con la misma velocidad vertiginosa del sol de la tarde cayendo en el mar. (1968: 85)

En otras palabras, Sergio habla de una fatalidad geográfica que directamente influye sobre los cuerpos y el erotismo de los cubanos, un anclaje que lo emparentaría con el Virgilio Piñera de «La isla en peso» y «la maldita circunstancia del agua por todas partes» (1998: 33). Al igual que Desnoes, Piñera descubre un mundo sórdido en Cuba: personas muertas dentro de un cuarto por compresión y una pordiosera que lava uno de sus pezones mientras masturba a un soldado (1998: 33). Cintio Vitier, el crítico por excelencia de Orígenes, fustigó a Piñera en *Lo cubano en la poesía* (1957) por retratar tan negativamente la realidad insular. Desnoes seguramente seguía sus pasos al hacer lo mismo en *Memorias*. Para Vitier, el poeta de «La isla en peso» nos daba una imagen «falsa» de la isla en su poesía, al convertir a Cuba «tan intensa y profundamente individualizada en sus misterios esenciales por generaciones de poetas, en una caótica, telúrica y atroz Antilla cualquiera, para festín de los existencialistas» (1998: 338). A diferencia del protagonista de la novela de Desnoes y por extensión de la voz poética de «La isla en peso», los intelectuales comprometidos con los cambios revolucionarios exaltaban el paisaje y las parejas heterosexuales, como hacía Roberto Fernández Retamar. No es la patria ni la belleza de las cubanas lo que el narrador de *Memorias* pone en primer plano, sino cuerpos de mujeres que sufren prematuramente las fuerzas de la naturaleza y la violencia del trópico, con sus calores, su humedad y sus insectos. Como las frutas, sus carnes se pudren en el instante en que, parafraseando a Lezama Lima, habían alcanzado «su definición mejor»[2].

---

[2] Cuando le pregunté a Desnoes por las imágenes femeninas en su novela y por la forma tan determinista en que hablaba del trópico, me respondió: «La podredumbre es un factor central y vital de la vida en el Caribe. El trópico es un proceso de descomposición. Todo es fugaz y violento como el crepúsculo. Somos fugaces, efímeros, evanescentes. Todos los humanos somos mortales, pero nosotros en el Caribe somos especialmente transitorios. Tú guardas un libro y se llena de musgo y se corrompe con la humedad. El sol quema y borra las imágenes. A eso se refiere Sergio cuando habla de la mujer cubana como de una fruta que se pudre antes de alcanzar su madurez. Como el verso de Lezama: "Ah, que tú escapes en el instante / en el que ya habías alcanzado tu definición mejor..."» (Desnoes 2003b).

De usar una comparación económica, como la que se usa en la novela para hablar de «subdesarrollo», habría que decir que el valor como mercancía de estos cuerpos desaparece prematuramente, lo que podría causar rechazo o asco en el «comprador». Es decir, son cuerpos desnaturalizados que sirven de objetos básicos de consumo, pero que en las condiciones en que se producen y desarrollan pierden rápidamente su valor. Todavía más problemático resulta que Malabre / Sergio haga estas comparaciones usando un tono sarcástico —«hay un punto exquisito»—, que acentúa cuánto disfruta descubrir el momento en que la madurez se convierte en podredumbre. Viniendo de un hombre dedicado a conquistar mujeres, el dictamen viene a ser el de un *connaisseur*, lo que refuerza la apatía del protagonista hacia el mundo que lo rodea a la par que introduce en la literatura revolucionaria un gusto por la crueldad y la frase chocante que ya anunciaba *Todo está en el fuego*, donde se mezclan el existencialismo sartreano y lo abyecto. Esa crudeza reaparecerá en la segunda parte de *Memorias*, publicada cuarenta años después en los Estados Unidos —*Memorias del desarrollo* (2007)—, y en los collages y fotografías del propio Desnoes, donde aparecen muñecas barbies, calaveras, pies desnudos y fragmentos de cuerpos de mujer que, recortados sobre el papel, recuerdan la violencia epistémica sobre el cuerpo femenino, la objetivación y la desnaturalización o singularización de sus órganos sexuales. Una violencia similar recorre de múltiples formas la novela de Desnoes, sobre todo a través de la representación de la mujer —en especial de Elena, en cierto sentido «víctima» de Sergio, que le hace el amor violentamente y más tarde la abandona—. Aparece inscrita incluso en su rostro; sus ojos son tan achinados que «es como si le hubieran abierto los ojos con un tajo limpio» (1968: 28). Además de la representación propiamente dicha, la violencia toma cuerpo a través del lenguaje procaz y de las comparaciones de su cuerpo con la podredumbre, en una estética de la crueldad que emparenta la novela con otras obras de la Vanguardia.

En el surrealismo las imágenes escatológicas también juegan un papel fundamental –recordemos, a título ilustrativo, la obsesión anal del propio Bataille o la inclusión de salpicaduras de excremento en piezas de Salvador Dalí como *Le Jeu lugubre* (Belton 2000: 179). Por supuesto, lo escatológico o excremental no es nada nuevo en la literatura occidental: aparece ya en textos de la Antigüedad clásica, del Renacimiento y del Barroco español, muchas veces relacionado con lo burlesco. En España Francisco de Quevedo es tal vez quien encarna con mayor propiedad este interés por la escatología y lo erótico como modo de mostrar que tras la belleza y la juventud anida la podredumbre (Rossich 2012: 76). En las narraciones de Desnoes, por consiguiente, hay que ver ese uso de los deshechos, contrapuesto al uso de la belleza ilusoria de la vida, como un dispositivo que distancia al lector de lo bello y lo placentero. No obstante, en su obra ese despliegue de lo abyecto (abyecto en el sentido en que Mary Douglas y Julia Kristeva definen el término) pudo causar conmoción al lector por su «monstruosidad» o por su capacidad de transgredir los límites aceptados por la norma (Douglas 2002: 48), algo que le reprochaba ya Mercedes Antón en una de una de las primeras reseñas de *Memorias*, publicada en la revista *Unión*. Señalaba Antón, después de citar varias frases del narrador, que «Llevar el monstruo a la feria para provocar hilaridad, en literatura, desde luego, no basta, ni tampoco el gesto casi heroico de exhibir, con ánimo confesional, las propias deformaciones» (1966: 167). Antón habla allí de «placer morboso y narcisismo», de «mimetismo criollo», de «pintoresquismo caricaturesco, el tipicismo del lenguaje soez y el desenfreno sexualista» (1966: 166). *Memorias* no era, evidentemente, una celebración de los cuerpos o del paisaje insular, tal como podía encontrarse en las narraciones de Lezama Lima o de escritores «comprometidos» como Fernández Retamar. En la narración de Desnoes encontramos lo contrario: cuerpos que se deterioran rápidamente o que muestran su lado más grotesco y «deforme» –como el pie atrapado que recuerda el protagonista en «Un hombre gordo», que de niño le había causado «repulsión» (1952: 9). Si cuando se trata de Lezama la palabra se regodea en la sensualidad y crea, como hace notar Carlos M. Luis (1998: 46), un mundo erótico aun cuando no esté hablando directamente de erotismo, en Desnoes en cambio los cuerpos cubanos muestran los rastros de una violencia natural, de una realidad cruel que destruye la carne y está siempre detrás de cualquier sentimiento de atracción sexual. Es una mirada que va en profundidad, a un fondo donde lo único que puede encontrar son restos, huesos y podredumbre. Al explicarse la sensualidad que emanaba del cuerpo de otra de estas mujeres, Sergio lo compara con el de los pájaros: «es menuda, me da la impresión que tiene los huesos llenos de aire como los pájaros» (1968: 28). Erotiza el cuerpo y al mismo tiempo lo rechaza, apelando a un sentimiento racional que lo convierte en algo frágil y perecedero.

Esa forma de representar los cuerpos, típica de la Vanguardia, la encontramos en Wifredo Lam. En la novela el protagonista señala la violencia erótica de los cuadros del pintor cubano, donde las mujeres a menudo se convierten en animales –una yegua, un pájaro cuya cabeza muchas veces termina en hacha–. Estas metamorfosis seguramente fueron inspiradas en la pintura de Lam por las esculturas africanas que coleccionaba; como es sabido, como otros pintores vanguardistas, Lam atesoraba objetos de África y Oceanía cuyos rasgos recraba en sus cuadros en una especie de «surrealismo etnográfico», al decir de Clifford (2001: 149-188). Cuando Lezama Lima se burla de Lam en *Paradiso* habla del «surrealismo oficioso» de sus pinturas, que le recordaban, dice, las «espinas fálicas de los tejedores de Nueva Guinea» (1988: 24), y no estaba muy alejado de la realidad: las esculturas que tenía Lam en su casa provenían justamente de Nueva Guinea y Costa de Marfil, como ha mostrado Max-Pol Fouchet, su biógrafo, en un libro que recoge su iconografía (1976: 78-82). En *Memorias*, Malabre / Sergio habla de unos burócratas revolucionarios que, de visita en un museo donde se exhibían los cuadros del pintor cubano, ante ciertas pinturas «no podían contener las risas. Una risita estúpida. Me dieron ganas de callar a la mujer con la violencia sexual de los símbolos de Lam y burlarme de la ignorancia de los hombres» (1968: 40).

No es coincidencia que en su ensayo *Lam: azul y negro* Desnoes llame la atención sobre esta violencia, inscrita en la mayor parte de la obra de Lam. Lam, apunta Desnoes, recurre a una mezcla de horror y sensualidad, de miedo y placidez, típica de la cultura, el folklore y la religión afrocubanos. En un momento afirma: «los senos y las nalgas de los personajes parecen frutas llenas de pulpa y sangre y leche [...] En una síntesis violenta, Lam le cuelga el sexo de la boca a los hombres» (1963: 8). La violencia manifiesta en los símbolos del pintor se reproduce en el impulso del narrador de querer agredir con ellos a los burócratas que se burlan de su pintura. Se trata de una violencia simbólica, que en la obra de Lam se manifiesta en la representación de mujeres de senos puntiagudos y rostros de pico alargado, con los cuales imaginamos a Sergio / Malabre agrediendo a la visitante del museo. En el mismo ensayo, que escribió al mismo tiempo que la novela, decía Desnoes del cuadro titulado «Arpas cardinales» (1948):

> casi todas las cabezas de las figuras están resueltas en forma de hacha. La cabeza es una forma agresiva que casi siempre termina en dientes o púas en la frente. La única figura con cabeza circular es el símbolo fálico de la derecha. La figura de la mujer a su lado es casi el arquetipo de la mujer cubana sensual. Es una «ese» en que el vientre forma la primera protuberancia semicircular y el trasero la otra forma sensual. (1963: 12)

En *Memorias* Desnoes describe a las mujeres de un modo muy similar. Las suyas son como los animales o las mujeres-fruta del pintor surrealista, y su representación mezcla el juego erótico, el humor, la sensualidad y la frase despectiva:

> Es un juego enloquecedor fijarse solamente en una parte del cuerpo de las personas; las orejas, por ejemplo, o los vientres. Y no hablar de las formas, posiciones y tamaños de los fondillos femeninos. La ese que forma el vientre y el culo de la mujer cubana llega en algunos casos

a independizarse del resto del cuerpo, a tener su propia personalidad. (1968: 85)

Tras esa fragmentación hay, en el fondo, una mirada que busca lo extraño, lo natural-decadente que oculta lo sensual del trópico; como dice su amigo Pablo de una mujer, «con todo lo buena que está, tiene la barriga llena de frijoles». Malabre incluso llega a identificar a su esposa con un «animalito de lujo» (1968: 10); la ropa y los objetos que usaba, dice, eran «tanto parte de ella como su propio cuerpo» (1968: 19). Nótese que, al igual que en Martí, la representación de la mujer pasa por los signos del consumo y la desnaturalización. Se la identifica con las cosas que compra, convirtiéndose ella misma en otro objeto u otro animal en la casa del hombre adinerado. Él, como repite en la novela, la «mantenía», de modo que ella no tenía que trabajar (1968: 9), lo que justificaría su poder sobre ella, su derecho a disponer de su cuerpo y dejarlo cuando ya no lo necesita. Todo ello pone de manifiesto una lógica de la posesión o del consumo de la mujer que no excluye lo abyecto y que, en el caso de la novela de Desnoes, se ubica sobre todo en la mirada cruel o violenta de un protagonista misógino, que rechaza a las personas que no comparten su ideología o son incapaces de pensar como él. Es una crueldad sistémica, además, porque viene de un hombre que es producto de una clase social que perdió el poder, y que se ve a sí mismo como derrotado y culpable de ese fracaso (1968: 50). Ni en la novela ni en la película faltan ejemplos de la violencia ejercida por la burguesía sobre los cubanos o sobre los «subdesarrollados». A esto se unen las referencias al filme *Hiroshima mon amour* (1959), del director francés Alain Resnais, y los materiales de archivo sobre los prisioneros de Bahía de Cochinos. Sergio, quien pertenece a esa clase, pero al mismo tiempo la rechaza, aparece ocupando una posición ambigua entre la Revolución y el sistema social que le permitió adquirir poder adquisitivo.

Cuando habla del cuerpo de las cubanas, el protagonista recurre a una explicación naturalista. Achaca la decrepitud de sus cuerpos al paisaje, como ya se ha dicho, y por eso la mirada del narrador, tanto en la novela como en la película, busca maneras de conectar su cuerpo con su medio ambiente, con su espacio vital, con su origen, lo cual explica en parte su actitud ante la vida y su cultura. Es un rasgo que puede conectarse tanto con las ideas de Sartre sobre el cuerpo –donde siempre vence la mirada repulsiva o el rechazo de sí mismo o del otro (Serra 2007: 76)–, como con una larga tradición de origen racista o etnocéntrica, que se remonta a la época colonial. En ese sentido, es de entender que Malabre / Sergio prefiera a Hanna, la joven judía alemana – cuyo cuerpo y mentalidad no fueron producidos por ese tipo de clima y ambiente– sobre las cubanas. Su relación con ella sería un reflejo de la relación desigual que ha existido entre Europa y América desde la época de la conquista, tipificada en la novela en la idea del «subdesarrollo» o del «buen salvaje». La narración, por tanto, es una reflexión sobre el origen, sobre lo nacional contrapuesto a lo extranjero, algo que Sergio intenta testimoniar en sus paseos meditabundos por la Habana, acompañado por planos de la cámara donde se ven los rostros y los cuerpos de las personas que se cruza. Al hacer esto, tanto Sergio como la cámara toman el lugar de un órgano reflexivo, tal y como harían un sociólogo o un antropólogo sobre una realidad que suponen conocer. Tal vez la imagen más famosa de la película es la de Sergio mirando a través de un telescopio que apunta a la ciudad, a la gente y los edificios que rodean su apartamento, como si fueran de cartón. Es un placer voyeurístico y, al mismo tiempo, una toma de posición ideológica: el telescopio lo distancia de su objeto de estudio (las personas y la Revolución) y afirma –desde las alturas, como si fuera la pupila de Dios– su posición de superioridad. Es ese distanciamiento el que le permite salir del tumulto y juzgar a las personas desde una posición elitista y «contrarrevolucionaria». El resultado es una percepción estereotipada de los otros, con respecto a la cual el telescopio funge como una metáfora para identificar al protagonista con el científico, el intelectual burgués o el antropólogo social.

Como intelectual burgués heredero del discurso racionalista, Sergio es capaz de identificar algunas características de la sociedad cubana que él considera típicas del subdesarrollo: la incapacidad de los cubanos de acumular conocimiento o experiencias, o de relacionar unos acontecimientos con otros. También, como ocurre con Elena, la incapacidad de sostener un sentimiento o un pensamiento por mucho tiempo (1968: 38). Estas son carencias que Sergio critica desde un posicionamiento etnocéntrico o al menos exógeno porque, a pesar de ser cubano, piensa y aspira a actuar como un europeo –lo que en medio de una revolución nacionalista como la cubana lo pone, por supuesto, en una ruta de colisión directa con los nuevos valores y aspiraciones del Estado proletario–. El etnocentrismo, recordemos, suele ver una cultura o una raza como superior a la otra y aspira a que la que está más «atrasada» adopte las ideas y gustos de la más «adelantada», adulterándose o dejando a un lado sus modos arcaicos. En *Memorias del subdesarrollo* el personaje de Sergio está construido asumiendo esa posición de etnocentrismo cultural, focalizado en la fatalidad del clima y del ambiente, y distanciándose de los cubanos que no están ni se comportan a la altura de los europeos. Es una mirada pesimista, que condena a sus coterráneos a repetir los mismos ciclos de pobreza y anarquía de otros países «subdesarrollados» que, más que avanzar, retrocedían en la Historia.

En un país que había apostado por el futuro y se dedicaba a darle esperanza a sus ciudadanos de un mañana mejor que el heredado de la burguesía y el capitalismo, el pesimismo rampante de Sergio, su objetivación de las mujeres y sus burlas del Otro no podían resultar más contrarrevolucionarios. En tal sentido, la idea de desarrollo/subdesarrollo que Sergio utiliza para hablar de la Revolución sirve de dispositivo epistemológico violento para definir su posición política, la de los otros, sus ideas existenciales y su visión de la historia. Dicha dicotomía define dos tiempos, espacios y subjetividades diferentes: por un lado la Europa moderna, del otro la América latina. En este esquema Cuba aparecería como una singularidad no muy diferente del resto, y por eso, al decir de Johannes Fabian, el sujeto antropológico que mira y estudia los otros, en este caso el narrador de la novela, recurre a una estrategia de autoridad, con la cual niega a los sujetos el tiempo que comparte con ellos (1983: 32). Esa es precisamente la razón por la cual los etnógrafos han puesto tradicionalmente en una categoría inferior a los sujetos que han estudiado al llamarlos «bárbaros», «primitivos», «salvajes» y «subdesarrollados», un gesto repetido desde el siglo XIX por intelectuales críticos de la realidad americana como Domingo Faustino Sarmiento (Méndez Rodenas 1986: 333). Con este tipo de comparaciones, los etnógrafos podían distanciarse de su objeto de estudio y reclamar autoridad sobre ellos.

De modo muy similar, Sergio describe a los cubanos en su diario como si fueran «primitivos» (1968: 22), no «trabajados por la cultura» (1968: 22), «subdesarrollados» que no estaban al día en comparación con los europeos, y que posiblemente nunca iban a estarlo. En su mirada, se trata de hombres y mujeres preocupados únicamente con la cotidianidad; viven en el pasado (de Europa), que es el presente insular, y su correlato vienen a ser los seres primordiales, los instintos básicos y la naturaleza. En «La isla en peso» Piñera recurría igualmente a este tipo de comparaciones, donde lo europeo servía de contraposición a «lo cubano»: «Todos se ponen serios cuando el timbal abre la danza. / Solamente el europeo leía las meditaciones cartesianas» (1998: 34). Para Piñera regresar a la isla era regresar al pasado, a los siboneyes, a la sensualidad de los frutos y de los sones. Asimismo, cuando Sergio habla de los cubanos desde su posición de europeo, descubre un mundo de instintos primarios, de gozadores incapaces de aprender de su experiencia o de ser consecuentes con su modo de pensar. Nuevamente, el clima es la causa: «El ambiente es muy blando, exige poco del individuo. Todo el talento del cubano se gasta en adaptarse al momento» (1968: 39).

Es dentro de esta visión primaria y determinista de las gentes donde debemos incluir los sudores, los olores y hasta el lenguaje de los otros, que, a medida que transcurre la narración, se hace más inteligible al narrador. Si Alejo Carpentier había sido el «el cronista de la barbarie Americana» (1968: 44), él es el cronista de la barbarie revolucionaria, de aquellos que como Elena no pueden sentir ni pensar como él y se limitan a vivir al ritmo de los cambios revolucionarios. Es en ese sentido que el énfasis en lo cotidiano y en el simple vivir del cuerpo atrasaba más que adelantaba al *homo cubensis*: en Europa todo hubiera sido diferente. El ambiente hubiera creado un sujeto más preparado a las contingencias, más creativo. Elena, por el mero hecho de haber nacido en el Trópico, no puede escapar a su destino: sólo puede «adaptarse al momento», pero no puede crear su realidad. La escena en la película donde Sergio visita la casa de Hemingway sería otro ejemplo de la distancia temporal y cultural que diferenciaba al americano del cubano, a los hombres del centro de aquellos subdesarrollados que viven en la periferia. Hemingway era el «amo» blanco y con dinero, que llega a Cuba y adopta a un niño negro que se acostumbra a llamarlo «papá». De acuerdo con Sergio, Hemingway establece una relación paternalista con Villareal porque para eso estaban los países subdesarrollados, para servir de terreno de caza o de entretenimiento a los blancos con dinero. Sergio dice esto con tristeza, con la resignación de que ese es el orden irremediable de las cosas y que no hay nada que hacer para cambiarlo[3]. Hemingway en su opinión no es más que un aventurero, un explorador, un escritor desinteresado en la Cuba real, preocupado únicamente por su yate y sus libros. A pesar de que la narración trata de escapar a ese dualismo, regresa una y otra vez sobre el mismo punto: el subdesarrollo, que sirve como una especie de etiqueta sociológica que caracteriza a los cubanos y, por extensión, a todos aquellos que no sean del primer mundo. En esta categoría quedan atrapadas subjetividades diferentes,

---

[3] No importa incluso si la Revolución intentaba cambiar las reglas del juego, porque luego de los americanos después de 1959 llegarían los rusos para ocupar el lugar de los primeros. Conviene hacer notar que la crítica de Sergio se origina desde un tercer lugar, que no está comprometido ni con los rusos ni con los americanos, ni con los revolucionarios.

establecidas *a priori*, y relaciones de poder que se reflejan también entre las parejas. El narrador de *Memorias* usa el concepto de subdesarrollo económico para establecer una situación social de la cual los protagonistas no tienen escapatoria; el término mismo parece actuar como un instrumento de la ideología, como un dispositivo del poder que, como decía Gianni Toti en la mesa redonda titulada «Literatura y Subdesarrollo» en la película, eran palabras «enfermas o al menos enfermizas» para referirse a la nueva realidad que se construía en Cuba. Es decir, «trampas» o «coartadas» lingüísticas heredadas del viejo régimen (1:05.38).

Para Sergio el problema seguía estando entre los modos de sociabilidad y producción desarrollados y los subdesarrollados. En el ámbito internacional los primeros producían maquinarias y productos tecnológicos, mientras los segundos sobrevivían sobre la base de economías agrícolas, cuyos productos costaban menos en el mercado mundial. Esos productos como la caña o la fruta son los que sirven en la novela de referencia a los cuerpos de los hombres y las mujeres «subdesarrollados». Es un mundo, en efecto, establecido sobre la economía de intercambio y de poder que estableció la Conquista, de la cual los hispanoamericanos no habrían podido salir. De ahí que para Sergio mientras Cuba siguiera siendo un país fundamentalmente agrícola siempre habría una relación de fuerza desigual, que la haría terminar inclinándose ante los grandes poderes, como los Estados Unidos, Europa o la Unión Soviética. Dentro de este cúmulo de referencias habría que interpretar la «barbarie» de los cubanos, su atraso –en términos de tiempo– con relación a Europa, y la propia aspiración de Sergio a vivir como un europeo. No es casual que la novela arranque con un exergo de «Sobre los caníbales», de Montaigne: «Esas naciones me parecen, pues, solamente bárbaras, en el sentido de que en ellas ha dominado escasamente la huella del espíritu humano, y porque permanecen todavía en los confines de su ingenuidad primitiva» (1968: 2).

Sergio rechaza a los cubanos por permanecer en un tiempo distinto al de Europa, y vendría a equiparar, al menos desde el punto de vista temporal, a los caníbales de Montaigne con los revolucionarios. En sus críticas subyace una utopía del cubano diferente a la del nuevo proyecto socialista, pero también a la del viejo sistema burgués. La culpa, razona Sergio, la habían tenido los gobiernos prerrevolucionarios, que habían fallado en crear un tipo de hombre o de mujer que fuera más parecido al europeo actual. La burguesía cubana había fracasado cuando tuvo la oportunidad de hacerlo. Este «Hombre Nuevo» de Sergio supuestamente debía estudiar matemáticas y desechar las visiones folclóricas asociadas tradicionalmente con lo cubano, como «el bohío» y «la sabrosura», dos palabras que encierran, por un lado, lo tradicional y agrícola característico de la Cuba de años anteriores a la Revolución, y que remiten, por otro, a la vida nocturna de cabarets y fiestas que hizo famosa a la Habana de entonces. La burguesía habría hecho lo correcto si en lugar de dedicarse a organizar fiestas hubiera creado un hombre con preocupaciones similares a las de Europa. No lo hizo, y es por esta razón que Sergio dice que los «odia». Irónicamente, al decir esto, la visión del narrador en la novela resulta tan «utópica» como la de mismo gobierno revolucionario, que aspiraba a que el Estado creara a través de un proceso de ingeniería social un hombre ideal, diferente al cubano tradicional, que pudiera sacar al país del subdesarrollo. Sólo que para Sergio este «Hombre Nuevo» sería capitalista y no comunista. Afirma:

> No puedo pensar en la burguesía cubana sin echar espuma por la boca. Los odio tiernamente. Me dan lástima: por lo que pudieron haber sido y no fueron por imbéciles. Mira que en una época traté de convencerlos para que se metieran en política, estudiaran lo que pasaba en el mundo; insistí en que había que modernizar el país: *acabar con los bohíos y la sabrosura cubana, obligar a todo el mundo a estudiar matemáticas. Nada. Y con ellos me hundí yo también. Ahora solo.* (1968: 24; énfasis mío)

Como es sabido, en los años sesenta, y especialmente a partir de 1967, un año antes de filmarse la película, el gobierno revolucionario declaró su voluntad de crear un «Hombre Nuevo», moldeado sobre la figura del guerrillero Ernesto Guevara, que ese año había caído en combate en Bolivia. En el caso de la Revolución, el «Hombre Nuevo» no fue más que un proyecto de ingeniería social con el propósito de producir y extender el poder del nuevo Estado más allá de lo que se conoce como la «generación histórica». Si en la época esclavista Cuba conoce la ingeniería biológica, ruda, de los ingenios, donde se crean cuerpos sin sentimientos, cuerpos para la reproducción económica, en las nuevas condiciones políticas se busca crear cuerpos para la ideología. En palabras de Antonio Negri, la antigua práctica eugenésica esclavista «ha devenido ingeniería del ser vivo con aspiraciones de tecnología de poder político» (2009: 128). El objetivo es hacer que sirva al Estado, y para esto debe ser heterosexual, trabajador de avanzada, desinteresado desde el punto de vista monetario, y estar dispuesto a defender la Revolución y sus «conquistas» en todo el mundo.

La utopía del nuevo cubano a la que aspiraba Sergio era muy diferente a la de Guevara. No tendría, para empezar, ninguna de estas características; si algo lo asemeja a la filosofía del argentino es su «odio» a los que antes habían tenido el poder y su creencia en el progreso. En realidad, tanto el marxismo como el positivismo creían en el progreso, las ciencias y el «desarrollo». Los marxistas aspiraban a crear sociedades en un perpetuo movimiento de espiral, que se distanciaran cada vez más de lo que en el siglo XIX se conocía como «barbarie». De modo que no extraña que Sergio y los revolucionarios albergaran una voluntad semejante, a pesar de que hayan optado por medios muy diferentes de realizarla. En ese sentido, la visión de Sergio está en contraposición con la del guerrillero argentino. En la película hay una escena donde Sergio mira a través del catalejo la ciudad y nota que en una de las paredes de una industria recientemente nacionalizada se lee en letras mayúsculas la frase de Guevara «esta humanidad ha dicho: ¡Basta!, y ha echado a andar», a lo que agrega sarcásticamente: «y como mis padres y como Laura no se detendrán hasta llegar a Miami» (9:55). Sergio subvierte con inteligencia y humor ácido la ideología en el poder y sus íconos más importantes, y en cierto sentido crea un espacio de subjetividad para lógicas subalternas, contestatarias, en medio de una ofensiva contra todos los que estaban en contra del Estado. Simplemente está más interesado en hacer el amor que en hacer la guerra, como decía una de las consignas pacifistas de los sesenta.

Mi tesis por tanto es que la representación de los cuerpos y el paisaje en *Memorias* va en contra del modo en que el nacionalismo cubano representó ambos, y que esta violencia se dirige contra las mujeres, contra la naturaleza del país y, sobre todo, contra el mismo protagonista, que se siente atrapado entre dos mundos: el nuevo y el viejo, entre la racionalidad burguesa y la racionalidad revolucionaria. Desde este punto de vista, la película enfatizaría la crueldad del protagonista contra sí mismo y contra los otros. El monólogo interior en forma de diario es el modo discursivo que adopta la meditación sobre la nueva sociedad y sobre la subjetividad burguesa, ahora en crisis, contra la cual Sergio pelea y rechaza, pero que es la única que posee, el único cuerpo (conceptual) que lo defiende contra la muerte. De acuerdo con esto la moral revolucionaria, que dicta una nueva disciplina de los cuerpos, no es su peor enemigo: su propia consciencia tomaría este lugar al sentirse culpable por haber sido parte de una sociedad que ya no tiene cabida en la historia, y que fue en última instancia la causante de su propia destrucción. Este sentido de «culpabilidad» aparece en la retórica de otros intelectuales anteriores a la Revolución, y viene unido al «pecado original» de no haber sido «auténticamente revolucionarios», como decía Guevara en *El socialismo y el hombre en Cuba*, o al de haber debido «al otro» la «sobrevida», al decir de Fernández Retamar.

Una larga lista de pensadores y filósofos modernos han visto en la consciencia el peor enemigo del hombre, como ha estudiado Joan Cales Mèlich en *Lógica de la crueldad*. Desde Dostoievski hasta Freud la conciencia culpable, de la cual no podemos escapar porque siempre está con nosotros, es la fuente de mayor malestar y angustia. La causa es la interiorización de la moral, o como dice Mèlich, «el universo sígnico-simbólico-normativo» que encontramos al nacer (2014: 134). Sergio se enfrenta a este universo, que dicta su propia gramática simbólica-ordenadora que debe aprender, adoptar o de lo contrario morir, al triunfo de la Revolución. Por eso, en su entrevista con William Luis una vez que llega a los Estados Unidos, Desnoes afirma que escribir esta novela fue una especie de «exorcismo», un desgarramiento. Dice: «Lo que narré en esta novela es una parte de mí mismo de la cual trato de deshacerme, de entender, de exorcizar, como una especie de catarsis» (1982: 11; mi traducción). En esa medida Sergio reflejaría la angustia del personaje de Dostoyevski en *Memorias del subsuelo*, una novela que como ha dicho el propio Desnoes fue una de las más importantes para la formación de su subjetividad[4].

Con relación al erotismo y la forma en que aparece en la novela de Desnoes puede resultar productiva la discusión de algunos fragmentos eróticos que aparecen en el filme y que, de acuerdo con el propio Gutiérrez Alea en una escena de la película, fueron censurados antes de la Revolución por atentar contra la moral. Los fragmentos en cuestión muestran a una mujer entrando al baño, una pareja en la playa teniendo relaciones sexuales, y una escena donde la actriz francesa Brigitte Bardot aparece en la cama, medio desnuda, rechazando los avances eróticos de un amante. Ninguno de estos fragmentos aparece identificado en la película, aunque podemos decir que al menos el último pertenece al filme *La Parisienne*, estrenado en 1957, y dirigido por Michel Boisrond. «La Parisienne» tiene como artistas principales a Brigitte Bardot y Henri Vidal; se trata de una comedia amorosa en la cual Bardot interpreta a la hija de un presidente que está enamorada del secretario del padre. El filme no tuvo ninguna

---

[4] La declaración de Desnoes aparece en mi primera entrevista con él, en la que afirma que los dos libros que más influyeron en su escritura de *Memorias* fueron *El extranjero* de Albert Camus y *Memorias del subsuelo* de Dostoyevski (Desnoes 2003b).

transcendencia ni causó el revuelo de otros de la misma actriz, que sí abundan en escenas de semidesnudez que fueron a veces censuradas. La escena que aparece en *Memorias*, según el editor de la película, Nelson Rodríguez, las habían encontrado en el ICAIC en «unas latas», y habían sido prohibidas por «La Liga de la Decencia»[5], una organización que, según José Duarte Oropesa en *Historiología cubana*, se había fundado en 1951 después que el *Diario de la Marina* publicara una lista de «hechos censurables» en la sociedad cubana entre los que estaban obras de teatro, programas de radio y de televisión, así como el aumento del consumo de drogas, las casas de prostitución y el crimen (1974: 508). Prío Socarrás, presidente de Cuba entre el 10 de octubre de 1948 y el 10 de marzo de 1952, había llamado a acabar con estas «lacras sociales», y así fue que se fundó «La Liga», compuesta por un grupo de varones católicos. En la película Gutiérrez Alea le muestra a Sergio estos fragmentos en blanco y negro; le comenta que los burgueses estaban al menos interesados en «guardar las apariencias», pero que él pensaba incorporarlos en la película que estaba realizando, que describe como una especie de *collage*. Sergio le pregunta entonces si el gobierno revolucionario se lo permitiría: «¿Te la dejarán pasar?».

¿Por qué se incluyeron estos fragmentos en la película? Por un lado, ayudan a crear el aire moderno y vanguardista del filme, con los cortes, superposiciones de planos y mezcla de materiales de archivos históricos, al estilo de Jean-Luc Godard y la Nueva Ola Francesa,

---

[5] Según Rodríguez «esos eran unos materiales que estaban guardados en unas latas cuando nosotros empezamos a trabajar en el ICAIC, era unas prohibiciones de las películas que le hacía la Liga de la Decencia, que era una cosa católica» (39:00). Los comentarios académicos sobre el filme tienden a ignorar la labor de edición de Nelson Rodríguez. Para más detalles sobre su experiencia con Gutiérrez Alea y la inclusión de los materiales de archivo, véase su intervención en el Getty Research Institute of New York el 28 de febrero de 2017, «Art on screen: *Memorias del Subdesarrollo*», de donde tomamos este comentario (<https://www.youtube.com/watch?v=ZVrvm_ioRYM>).

que también criticaba la producción comercial y las técnicas tradicionales de realización[6]. Con su inclusión, Gutiérrez Alea muestra una visión menos estrecha de lo permitido por la censura prerrevolucionaria, y muy posiblemente, por la censura gubernamental después que se estrenó *PM*. Además de recuperar estos fragmentos eróticos censurados, incluyó el desnudo de una actriz europea, similar a la Bardot, en la película, e intentó incluir una escena donde aparece un homosexual, que al final fue desechada[7]. La actriz europea es casual: en una de las escenas eróticas que sí aparece en la película se ve a Hanna semidesnuda por detrás y de costado, pero como según Desnoes ninguna actriz cubana quiso hacerla, Gutiérrez Alea tuvo que ofrecerle el papel a una estudiante checoslovaca que estaba de visita en Cuba. El contraste entre crítica a la censura y clima de censura se

---

[6] Sobre la importancia que revestía la obra de Jean-Luc Godard para Nelson Rodríguez véase su intervención en el mismo evento sobre la película, donde habla de Godard (33:10).

[7] Me refiero a la escena en la que Sergio sale de la estación de policía y coincide allí con un hombre vestido muy diferente a él, con gafas de sol redondas, una camisa apretada y una bolsa en el brazo. Según comunicación personal de Desnoes, en la película este personaje hacía de homosexual –en el momento en que se rodó *Memorias* los homosexuales estaban siendo perseguidos y puestos en prisión por su «conducta impropia»–. Este es precisamente el título del documental realizado por Néstor Almendros y Orlando Jiménez Leal en 1984 sobre la represión contra los homosexuales en Cuba y los campos de concentración de la UMAP. Según uno de los entrevistados en el documental, los «pantalones demasiado estrechos» y el «colorete» eran códigos que utilizaba la policía para identificar y arrestar a los homosexuales en la calle, pruebas que podían usarse ante un juez y que podían significar para ellos hasta seis meses de cárcel por ser una «tentación pública» (1984: 26:56). Almendros era hermano de la primera esposa de Desnoes, con la que estaba casado cuando triunfó la Revolución. Desnoes habla de Almendros y de la censura de su documental «En la Playa» en su novela *Memorias del Desarrollo* (2007). A su vez, Gutiérrez Alea era amigo de Néstor Almendros y atacó la realización del documental. Para más detalles véase la entrevista que le hizo María Encarnación López a Orlando Jiménez Leal: «Treinta años de *Conducta impropia*» en *Diario de Cuba* 26/07/2014.

entiende mejor si recordamos que después de *Memorias* no aparece otro desnudo en Cuba hasta casi veinte años después, cuando Teresa Ordoqui filmó uno para su documental *Nicolás* (1984), y más tarde otro para el largometraje *Te llamarás Inocencia* (1988).

En la película de Gutiérrez Alea Sergio también imagina a Noemí desnuda sobre la cama, con los pies y las manos cruzados sobre el cuerpo, de modo que la rapidez de la fotografía no deja tiempo al espectador para reparar en ella. Pero ninguna de estas tomas es tan erótica como la que escenifica Noemí cuando Sergio imagina su bautizo en el río. Noemí es la sirvienta de Sergio; después que se marcha su esposa a los Estados Unidos Sergio se interesa en ella y llega a tener algunas fantasías sexuales con la joven, a quien invita a tomar un café con él. Noemí le cuenta que es protestante y que había sido bautizada. Mientras Noemí va contando la experiencia del bautizo, Sergio la escucha con una disimulada sonrisa e imagina una situación erótica donde él ocupa el lugar del sacerdote que la bautiza. En la escena se distinguen los pechos de Noemí a través de la bata blanca que lleva cuando la sumergen en el agua, que se le pega al cuerpo, y a cámara lenta la mirada del espectador puede regodearse en su figura. Dice Sergio:

> Se pasó un buen rato explicándome los preparativos de la ceremonia, la bata blanca que se había tenido que hacer. Mientras lo explicaba yo me veía cargándola y sumergiéndola en el agua para contemplarla luego con el vestido mojado todo adherido al cuerpo. La podría cargar con facilidad, es menuda; me da la impresión que tiene los huesos llenos de aire como los pájaros. (1968: 28)

En su libro *Marx and Freud in Latin America*, Bruno Bosteels lee esta escena a través de la confesión del propio Gutiérrez Alea de que creció y fue educado dentro de la religión católica, y que el descubrimiento de algunas enseñanzas del materialismo histórico le había permitido pasar «de la predicación cristiana a la práctica revolucionaria» (2014: 111; mi traducción). Bosteels argumenta que

Gutiérrez Alea «insinúa una profunda homogeneidad estructural entre la experiencia de la conversión religiosa o el bautismo y la construcción revolucionaria del comunismo» (2014: 112; mi traducción). No soy de esta opinión. Pienso que más bien hay que entender la escena dentro de la lógica de dominación de los cuerpos que aparece en el filme y que forma parte de la representación del personaje de Sergio, en que la mujer se convierte en un objeto, en una fruta o en un animal, listo a ser cazado, devorado o rechazado por el hombre. Al superponer sus propios deseos sexuales sobre la anécdota del bautismo, Sergio ignora o pone a un lado la subjetividad religiosa de la sirvienta, al tiempo que objetiviza su persona. Estaría actuando de nuevo de forma egoísta y sexista, con la salvedad de que los religiosos eran tan mal vistos entonces como los homosexuales o los contrarrevolucionarios: rezagos del pasado que, más tarde o más temprano, como el propio Sergio, tendrían que desaparecer. En consecuencia, la mezcla de religión y erotismo vendría a servir como un dispositivo de desmiraculización de la experiencia religiosa, un contradiscurso que torna lo sagrado en profano, lo celestial en material, reduciendo la espiritualidad al deseo del cuerpo. Al hacerlo Desnoes asumía la tradición, plenamente moderna, que desde *Prosas profanas* (1901) de Rubén Darío ve la sexualidad como una fuerza subversiva y avasalladora, como una experiencia individual y soberana que desafía la ley de Dios. Muchas de estas representaciones solían tener un fuerte componente misógino, como evidencian las numerosas representaciones de Salomé bailando frente al patriarca Herodías que terminaban invariablemente con la cabeza de San Juan Bautista en un plato. Para Georges Bataille, incluso, religión, erotismo y violencia estaban íntimamente ligados, y este vínculo hacía que la misma religión católica se le opusiera (2011: 32).

En consecuencia, la novela de Denoes asumiría una tradición que comienza a finales del siglo XIX y continúa con las vanguardias del XX, uno de cuyos ejemplos más directos –y cercanos al autor– son las representaciones sexuales de Lam. De esto se deriva también el lenguaje crudo, procaz, para referirse a las nalgas de las mujeres o a las personas en la calle. De acuerdo con Desnoes, además, él mismo escribió el pasaje en que Sergio se imagina a sí mismo bañándose con Noemí en el río porque había leído en algún lugar que «el sexo y la religión se originaban en la misma parte del cerebro»[8].

Es importante reparar en la representación de los cuerpos en la obra de Desnoes, porque rompe con el modo tradicional de sublimar los ideales nacionalistas en la mujer y el paisaje, algo que fue común en el discurso decimonónico y de la primera mitad del siglo XX en Cuba, y que reparece en la poesía de los escritores comprometidos con la Revolución. En el Romanticismo se tendía a celebrar el paisaje para mostrar orgullo y pertenencia al lugar de origen; otro tanto ocurría con la representación de la mujer, como ocurre con las muchas alegorías de la mujer-patria que aparecen en el arte occidental después de la Revolución francesa. Todo esto cambia en Cuba con las representaciones de Piñera y Desnoes en el siglo XX, y antes, con las representaciones de Julián del Casal, muy lejanas del tratamiento del paisaje a la manera de los románticos. En la narrativa de Desnoes la lógica de la crueldad contra las mujeres llega a su clímax con el análisis y la descripción de los cuerpos y las personalidades que hace el narrador-protagonista. Su conciencia adopta en cierto sentido el lugar del torturador o del cura, que trata de exorcizar aquellos pensamientos que no se avinieran con la nueva gramática social.

---

[8] Agradezco a Desnoes esta aclaración cuando le pregunté por qué la religión y la sexualidad aparecen unidas en esta escena. Estoy citándolo *verbatim*.

Erotismo y política en el Periodo Especial

Entre finales de la década del ochenta y principios de los noventa se produjo en Cuba otro salto significativo en la literatura de tema erótico que dislocó la forma en que se representaba la sexualidad hasta entonces. Este salto coincidió con el derrumbe del Muro de Berlín en 1989 y la desaparición del bloque soviético, cambios políticos que produjeron una profunda crisis económica en Cuba, conocida por el nombre oficial –con el cual el Estado cubano trataba de enfatizar su resistencia ideológica ante los Estados Unidos y su carácter transitorio– de Periodo Especial en Tiempos de Paz[1]. El periodo estuvo marcado por la hambruna, la escasez económica y, al menos en un inicio, también por la esperanza de cambios. De hecho ya desde poco antes, a finales de los ochenta, aparecen una gran cantidad de proyectos alternativos en la literatura y la plástica, como los de Arte calle, Paideia y Diásporas, donde los discursos sobre la sexualidad se utilizan de un modo diferente al del Estado. Entre los artistas plásticos que emergen entonces uno de los que más frontalmente aborda la representación de lo sexual es Tomás Esson –recuérdese su cuadro titulado «Socialismo» (1989)–, así como el número especial que dedicó la revista *Naranja Dulce* a la sexualidad, donde aparecieron dibujos de Max Ernst y artículos que exploraban el tema. El poeta y crítico cubano Víctor Fowler Calzada escribía sobre literatura gay en Cuba, y junto a Pedro Marqués de Armas disertaba sobre la sexualidad de José Lezama Lima.

El momento no podía ser más oportuno para este tipo de análisis, ya que junto con el derrumbe de la ideología socialista y la carencia

---

[1] Se ha escrito mucho sobre el Periodo Especial. Para un análisis detallado sobre la emergencia de grupos y proyectos artísticos alternativos en esta época véase Hernández Salván 2015.

económica comenzó a ser cada vez más visible la prostitución en la Habana, y se comenzaban a cuestionar las políticas tradicionales con relación al género y la homosexualidad incluso desde posiciones asociadas al Estado, como la de Monika Krause-Fuchs (2007: 124-132). Ese cuestionamiento aparece tematizado en la narración de Senel Paz «El lobo, el bosque y el hombre nuevo» (1990), que sirvió de base a la película de Tomás Gutiérrez Alea y Juan Carlos Tabío *Fresa y chocolate* (1993).

La presión del gobierno y la relajación de los requisitos de salida del país –además de la apabullante situacion económica– logró neutralizar estos proyectos, y la mayor parte de la literatura contestataria se tuvo que publicar fuera de la isla. La primera novela de visibilidad internacional fue *La nada cotidiana* (1995) de Zoé Valdés, a la que siguieron *Trilogía sucia de la Habana* (1998), de Pedro Juan Gutiérrez, y *Jineteras* (2006), de Amir Valle. En *La nada cotidiana* Valdés hace un asalto frontal a la alegoría madre-patria-hijo que había promovido el discurso institucional desde los primeros años de la Revolución; la sexualidad queda vinculada en estas obras con lo político, y con los modos tradicionales en que el Estado había legislado, controlado y representado los cuerpos de los cubanos en la isla.

Zoé Valdés recurre a la alegoría erótico-política: *La nada cotidiana* se centra en la figura de una niña-mujer a quien sus padres, en el fervor revolucionario de los años sesenta, han llamado Patria. La primera escena de la novela tiene lugar en la emblemática Plaza de la Revolución, donde la madre marcha junto a Fidel Castro y Ernesto Guevara. El comandante guerrillero cubre con una bandera cubana su vientre, y a los nueve meses nace ella. Pero cuando «Patria» crece renuncia a su nombre y se hace llamar «Yocandra», y se vuelve cada vez más crítica hacia el discurso oficial. Su desarrollo físico es una alegoría de la «Patria» que crece y rompe con sus padres, y de la fractura de la utopía revolucionaria del «Hombre Nuevo». La familia vuelve a ocupar de esta forma el centro de la discusión, pero a diferencia de la familia unida que representan sus padres y la visión de un país que defiende una misma ideología, ahora la visión utópica se desmorona y sólo queda una desesperante crisis moral, económica y política, en la que lo único que sobrevive es el deseo. Si el discurso revolucionario había mostrado hasta aquel momento trabajadores dispuestos a gastar sus energías en largas jornadas de trabajo voluntario, Valdés muestra un modo más fructífero y gozoso de gastar esas fuerzas: manteniendo relaciones sexuales.

Algo similar ocurre con *Trilogía sucia de La Habana* de Pedro Juan Gutiérrez. El libro refiere la historia de un periodista que, cansado de no ser honesto con sus lectores, renuncia a su trabajo en una emisora del gobierno y se dedica a escribir sobre su vida y las personas que lo rodean en uno de los barrios marginales de La Habana. Gutiérrez reconoce que sus textos son «muy crudos», pero añade que en un tiempo de miseria como aquel no se podía escribir «suavemente». «Escribo», confiesa, «para pinchar un poco y obligar a otros a oler la mierda» (1998: 85). La palabra honesta y directa, y por extensión la narración, se transforma en un sustituto de la antigua profesión, algo en lo que invertir sus fuerzas. Más si cabe en la medida que la narración de Pedro Juan Gutiérrez aspira también a ser un testimonio de la vida del autor, quien también fue periodista y abandonó su trabajo oficial para dedicarse a escribir. Estas narraciones responden a una gramática normativa muy diferente a la del Estado: si para este la sexualidad es algo que se debe ocultar y censurar, para estos autores es algo de lo que hay que hablar sin ambages ni rodeos, aun cuando incomode o saque el lector de su zona de confort.

Trilogía, estructurada en forma de relatos cortos y en tres libros que siguen una misma historia, guarda cierta similitud con la estética del realismo sucio –y de hecho, se promocionó en su día a Gutiérrez cono el Bukowski cubano–. Ahora bien, ciertos aspectos de la sexualidad que aparecen en las novelas de Gutiérrez ya estaban presentes en las obras de Carlos Enríquez y Edmundo Desnoes. Según el propio Desnoes, *Trilogía sucia de la habana* era «un libro detergente, limpiador. Muchos lo leen por sus pasajes escabrosos, por su priapismo elocuente. Yo lo encuentro refrescante. Es un baño que remueve todos los excesos ideológicos, moralistas, sociológicos, toda la retórica de lo *realmaravilloso*, la verborrea literaria de los últimos cuarenta años» (Desnoes 2003b: en línea).

Para Desnoes la trilogía en lugar de «ensuciar» La Habana la purifica en lo que tiene de contradiscurso de la razón política, de reverso de la certeza revolucionaria preocupada únicamente en mostrar una imagen idealizada de la Revolución. Lejos de fomentar el triunfalismo o las conquistas de un país «limpio» y un sujeto comprometido con el Estado, la trilogía de Gutiérrez hace que el lector deje de vivir en las certezas que el discurso oficial había solidificado. Desnoes, en un estilo diferente, había optado por una solución parecida para el personaje protagónico de *Memorias*, para quien la sexualidad es la única forma de escapar a la ideología —algo que se convierte en una constante en *Trilogía sucia de la Habana*—. En ambos textos, además, el sujeto queda fuera del control del poder, de la biopolítica que implica ser parte de una población y estar regido o controlado por los discursos de la natalidad, la salud, las epidemias y las horas productivas o de ocio que debe entregar cada ciudadano al gobierno. Ninguno de los protagonistas trabaja para el Estado y sus sexualidades no responden a la norma sino a una marginalidad reprimida, condenada y silenciada por el discurso oficial. Por ende, son sujetos «desviados» ideológicamente, que tratan continuamente de escapar al control que suponen las leyes, y que en lugar de mostrar una Habana limpia, protegida de las epidemias o que repite consignas a favor de sus líderes, muestran una Habana «sucia», de cuerpos sudorosos, agotados por el calor, el hambre y la miseria moral e ideológica en la que se hundió el país después de la caída del bloque soviético.

Entre los muchos oficios a los que se dedica el protagonista de la *Trilogía*, por ejemplo, está el «negocio de las laticas», un eufemismo para hablar de los recogedores ilegales de basura de la Habana, que buscan comida u otros objetos en medio de la suciedad para luego venderlos. Dice el narrador: «La gente me miraba con asco cuando yo registraba en los basureros. Un par de veces los inspectores de Salud Pública me acorralaron. Decían que las laticas estaban sucias, y que las epidemias y todo eso. Pero yo no discuto con nadie» (1998: 72). La mayor preocupación del protagonista es la comida, la supervivencia inmediata, y si el Estado ya no puede garantizarlas cada uno tiene que buscárselas como pueda; en esa medida, la narración de Gutiérrez hay que entenderla como crítica a un poder que controlaba, centralizaba y manipulaba las vidas de los ciudadanos tanto como la historia o la información que podían leer en los periódicos. Y como ocurre con otros textos críticos sobre la Revolución, la esclavitud o la República, es presumible que la narración de Pedro Juan Gutiérrez sea también una búsqueda de aquellas historias que, como objetos inservibles, habían sido descartadas o ignoradas por el discurso oficial. Con lo cual tenemos que su testimonio, incluido el recuento de esos relatos salidos de espacios marginales, se convierte en una suerte de contrahistoria del periodo, un alegato a contrapelo de lo que contaban los medios oficiales. En parte por eso la narrativa de Gutiérrez resulta tan chocante, tan «monstruosa», porque es una visión de la deformidad que ha producido el poder; no sólo porque haya en ella «sexo, ron, y ruinas», sino porque de una forma efectiva estos referentes deslegitiman la imagen que resalta el oficialismo, los intelectuales comprometidos con la Revolución y los funcionarios que cobran por defenderla.

No es de extrañar que varios de los relatos de *Trilogía sucia de la Habana* provengan de la crónica roja o remitan a hechos de sangre que se comentan en la ciudad, pero que no se mencionan en los medios de comunicación: «Aquí no se publica en la prensa porque hace treinta y cinco años que no conviene hablar de nada desagradable ni preocupante en los periódicos. Todo debe estar bien. Una sociedad modelo no puede tener crímenes ni cosas feas» (Gutiérrez 1998: 85). Con tales presupuestos, cualquier historia que trate de crímenes, violencia, prostitución o canibalismo traspasa los límites establecidos por la censura y resulta subversiva, un gesto político que, aun cuando se expresa en términos eróticos o en un contexto donde la sexualidad es lo que prima, socava la racionalidad instrumental del gobierno y los poderes que tiene a su disposición, especialmente el de la prensa, para controlar la percepción del país que tienen los ciudadanos. La narración de Gutiérrez muestra los cuerpos y la política al desnudo, y ofrece una visión negativa o al menos tan crítica de la cubanidad como la que aparece en las obras de Desnoes y Piñera. Sus descripciones de La Habana no son tampoco las que abundan en el discurso oficial nacionalista; los suyos son lugares insalubres, donde familias de diez y doce personas conviven hacinadas en espacios reducidos, oscuros y calurosos, rodeados de excrementos y pobreza. Porque para el narrador «El verano terrible. Sol ardiente y humedad. Los microbios se revuelcan de felicidad y procrean. ¡Oh, el trópico! Qué lindo para venir de visita una semana y admirar el crepúsculo desde un lugar distante y silencioso, sin mezclarse demasiado!» (1998: 270).

Como el protagonista de *Memorias del subdesarrollo*, el narrador de *Trilogía* reflexiona de forma irónica y crítica sobre la realidad que lo rodea y sobre sí mismo. Además de su propia enajenación y la de quienes conoce, muestra la podredumbre en la que viven los cubanos más desprotegidos, la mayoría negros y mulatos. En otras palabras, la vida miserable de las prostitutas, los borrachos, los mendigos, los ex-reclusos y los homosexuales en un país donde todos estos sujetos han sido silenciados habitualmente, para mostrar una sociedad en marcha triunfal hacia el comunismo. Las descripciones de estos ambientes terminan suscitando una especie de topofobia, desasosiego y rechazo en el lector en vez de amor por el lugar o la Patria. Para un extranjero que no estuviera obligado a vivir en esas condiciones, podía ser exótico, entretenido o bello visitar Cuba. No así para el protagonista ni para los que él conoce, que tienen que recurrir continuamente a la ilegalidad para poder sobrevivir. Para esos turistas el trópico podía ser hermoso siempre y cuando no se «mezclar[an] demasiado» y pudieran regresar a sus países de origen o adonde emigraron para escapar de aquella pobreza.

La novela muestra el peor momento de la crisis política y económica que sacudió la Revolución a través de los intentos de supervivencia del cubano, de su interacción con los turistas que comienzan a llegar a la Habana, y de la prostitución, que funge como el eje de la problemática social que trae consigo la crisis. No extraña entonces que no sea el Estado sino los turistas quienes estén en la mirilla del protagonista y de las jineteras que él conoce. El Estado solamente interviene regulando o imponiendo la ley cuando ellos la violan, que es a diario, y mientras a este se le critica por censurar, a los turistas se los trata como ingenuos, por venir a Cuba en busca de un espejismo, el socialismo (1998: 199), o de una aventura sexual de la que salen engañados. Son los casos del mexicano que llega a Cuba buscando serenidad y termina enamorado de una jinetera, o de la estudiante de antropología que viene a estudiar las relaciones sexuales entre blancos y negros y no encuentra mejor modo de hacerlo que acostándose con ellos. En ambos casos el sexo es lo que permite transformar a uno en otro, la forma en la que el pobre termina triunfando.

«Grandes seres espirituales» es el relato del «mexicano esotérico» y la prostituta. El mexicano, cuyo nombre nunca sabemos, llega a vivir con Pedro Juan en su cuarto de La Habana. No come nada, ni tampoco le importan las cucarachas que pululan a su alrededor. Sólo toma té y come hierbas hasta que un día conoce a Greis, «una mulatica de dieciséis años», y llega a casa de Pedro Juan con una bolsa llena de botellas de ron, paquetes de queso, galletas, chocolates y latas de jamón. Greis es una prostituta, pero él no lo sabe; su esperanza es que el mexicano se case con ella y se la lleve a México. «Lo malo», le dice Greis a Pedro Juan, «es que tiene una pinguita muy chiquita, ni me la siento. Pero no importa. Ya me dijo que quiere casarse. ¡Está arrebatao!» (1998: 73). Después que Pedro Juan trata de seducir a una de las amigas de Greis y fracasa, todos discuten, hay golpes, Pedro Juan empuja a Greis al piso y el mexicano sale en su defensa, medio borracho, hablando de la «dignidad de su mujer» (1998: 76); el protagonista lo golpea y le grita que deje a esas «putas [que] te van a embarcar». El mexicano no le hace caso y va a la policía para acusarlo de contrarrevolucionario por hablar mal del gobierno, y de «provocador de epidemias públicas» por sacar latas del basurero y venderlas con alimentos (1998: 77). Al final, sin embargo, la policía se pone de parte de Pedro Juan, habla del mexicano como de un «maricón» y le dice que había hecho bien en botarlo de la casa. En conclusión, el protagonista sale ganando y el mexicano pierde no sólo porque no puede demostrar sus acusaciones, sino sobre todo porque el lector sabe que él a Greis no le importa en realidad, que ella sólo busca su cercanía por conveniencia.

Algo similar ocurre en el relato «Visión sobre los escombros»; esta vez no se trata de un turista sino de un joven sin dinero, Omar, que seduce a una anciana para quedarse con su casa. Berta, dice el narrador, podría ser la abuela de Omar, pero él se empeña en seducirla y logra mudarse a su apartamento y que ella haga testamento a su favor. Omar tiene otra mujer y una noche, angustiada por la situacion, a Berta le da un infarto y muere. Nótese que en uno y otro caso estamos en presencia del mismo patrón: el pobre –los protagonistas son pícaros sin dinero que usan su ingenio para salirse con la suya– se las arregla para seducir a otro con dinero, y sale ganando. Así tenemos que Pedro Juan pasa por una y mil situaciones de las que siempre sale airoso, a pesar de que tiene todo en su contra. Estamos ante la mitología del «vivo», del «pillo», el buscavidas sagaz que aprende en la calle, a golpe y porrazo, lo que sabe para sobrevivir. Su mundo es el de la calle, una Habana profunda adonde no llegan los reporteros de la televisión, la radio o el periódico, todos en manos del gobierno. Irónicamente, mientras el narrador refiere escenas sórdidas y violentas en su novela, sólo se escuchan en la radio –que él mismo abandonó porque no podía decir lo que realmente quería– frases manidas, típicas de la retórica revolucionaria del gobierno: «este triunfo», «resultado», «el entusiasmo de nuestro pueblo», «con júbilo y alegría» (1998: 264). Si alguna vez alguno de estos reporteros sale a la calle es para hacerle preguntas tan insípidas a la gente como «¿Qué es la felicidad, usted ha sido feliz alguna vez?» (1998: 276). Preguntas que, por supuesto, contrastan de forma terrible con la situación de las personas que aparecen en estas narraciones, que no tienen dinero ni comida y tienen que prostituirse para pagar por las cosas más elementales. Justamente el cuento que comienza con estas preguntas del reportero, «Salvación y perdición», termina con una escena horrible: una mujer no puede pagarle al plomero el arreglo en su casa y le ofrece tener relaciones sexuales a cambio. El problema está en que Santa, una mulata, no sabe que Pancracio es un hombre sádico, que termina casi matándola. Dice el narrador:

> Pancracio ve a esa mujer desquiciada debajo de él. Se descontrola también y le entra a bofetadas. A Santa le gusta que sus machos la golpeen por la cara, con la mano abierta, que le pique en la piel. Eso la excita más aun, y tiene así un orgasmo. Llega al clímax y Pancracio sigue dentro de ella, con la pinga aún muy dura. Y continúa golpeándola. Ya le duele. Intenta detenerlo pero él está descontrolado. Trata de penetrarla más, de invadirla a mayor profundidad mientras la golpea sin cesar. Le tritura los huesos de la cara, le hace daño. Ella intenta agarrarle las manos, pero él es un hombre muy fuerte. Va a tener un segundo orgasmo y la agarra por el cuello con la mano izquierda mientras sigue golpeándola con la derecha. Casi la ahorca mientras repite en un paroxismo de furia lujuriosa: –¡Toma leche, puta! Toma leche. ¡Coge pinga, puta! (1998: 279)

Se trata de una violencia invisibilizada por declaraciones al estilo de las que hace la prensa o funcionarios del gobierno como Mariela Castro, Directora del Centro Nacional de Educación Sexual de Cuba, quien afirmó en una entrevista que «Cuba no es un país violento, y eso sí es un efecto de la Revolución». Esa negación de la realidad dejaba de lado a las víctimas de los maltratos porque no le interesaba mostrar nada que fuera en contra de la imagen complaciente que mostraban los medios.

En la novela de Gutiérrez, como en otros textos que hemos analizado aquí, la sexualidad se asocia pues con la violencia extrema, con la transgresión, y la dominación del macho sobre la hembra. No es la imagen idealizada del matrimonio revolucionario o de las relaciones sociales en un país donde se supone que todos sean iguales. Lo que subyace en esas escenas es una crítica profunda al control, la corrupción, el robo generalizado, incluso el robo de medicinas, como las vacunas antirrábicas que el director de un policlínico separa para venderlas por su cuenta en «Ratas de cloaca». Es una crítica, también, a la inconsciencia colectiva, a la monstruosidad instalada como algo cotidiano en la vida de los cubanos, a la prostitución, a la falta de responsabilidad de los padres sobre los hijos, a la ilegalidad y al abuso de los más necesitados. Irónicamente, pocas veces se condenan estas acciones en la novela. Más bien los sujetos de estas tramas —marginalizados por la economía y la ideología— aceptan ese estado de cosas y delinquen por necesidad, porque forma parte del sistema. Son, en su mayoría, hombres y mujeres negros los que durante y después del Periodo Especial tienen menos acceso a las ganancias que proporciona el turismo. Viven en barrios pobres, han emigrado del interior del país o han sido abandonados por sus padres desde temprano. Su única aspiración es casarse con un extranjero e irse del país, o tomar una balsa y marcharse a los Estados Unidos.

Por supuesto, no es la primera vez en la literatura cubana que un autor se preocupa por los grupos marginados o critica de una forma u otra la situación desesperada en la que viven. Alejo Carpentier en *¡Écue-Yamba-Ó!* y Carlos Enríquez en *Tilín García* abordan la situación de los negros y los guajiros durante la República y recurren a la sexualidad y la religión para mostrar un mundo violento similar al de los animales. En ese sentido, esas novelas recorren un camino similar: se enfocan en la sexualidad y en los cruces raciales, en los que las mulatas siempre prefieren a los blancos, como en *Cecilia Valdés* (1882)[2]. Como en Villaverde o Carpentier, la mirada del narrador

---

[2] Según Gutiérrez, «las mulatas son muy racistas. Mucho más que las blancas y las negras. No sé qué sucede pero no resisten a los negros» (1998: 148).

se fija en esos espacios supuestamente característicos de la raza: en la ideología racial del blanqueamiento, y en el racismo con el que supuestamente la Revolución había acabado. En una época en que a Carpentier y a Villaverde se los editaba y rendía tributo en Cuba, a Gutiérrez se lo mantuvo marginado. Es cierto que las descripciones eróticas de Carpentier y de Carlos Enríquez no son tan realistas ni tan «sucias» como las de Pedro Juan Gutiérrez, pero la verdadera diferencia vendría a ser el contexto en que se representan las acciones de estos sujetos y lo que ellas «dicen» de la Revolución. En la narración de Carpentier la estética diluye además el goce priápico, las experiencias violentas y misóginas a través del barroquismo de las escenas, algo que ha criticado reiteradas veces Desnoes. Carpentier, no obstante, como dice el narrador de *Memorias del subdesarrollo*, es el intérprete de la «barbarie americana». Es quien traduce al lenguaje y los códigos europeos el mundo de los negros en Cuba, especialmente en *¡Écue-Yamba-Ó!*, donde los protagonistas son delincuentes, políticos corruptos y ñáñigos echados a un lado por el monocultivo y el capital industrial de Wall Street.

De forma similar, también Gutiérrez interpreta «el trópico» para los extranjeros a través de tipicismos, estereotipos y categorías ya establecidas en la literatura hispanoamericana desde el siglo XIX —en la oposición entre Europa y América, civilización y barbarie, cultura y sexualidad, extranjero y cubano—. Para el protagonista La Habana es una especie de jungla donde, al estilo spenceriano, sobrevive el más fuerte, el mejor dotado por la naturaleza: «Sólo los mejores podrían competir por la vida en la jungla. Yo lo intentaba. Poniendo fuerza. Mucha fuerza» (1998: 139). De ahí que cuando el narrador describa el ímpetu sexual de sus personajes lo haga recurriendo a metáforas de animales que se imponen a golpe de sexo sobre la miseria en la que viven. Cuando describe el miembro viril de los negros, afirma: «No era una pinga. Era un animal negro, gordo y salvaje, con unos treinta centímetros de largo» (1998: 200). «Me puso la mano encima de la pinga y me la apretó: –¡Coño, como está ese animal! Está pidiendo carne» (1998: 240). «Me recuperaba de un orgasmo salvaje. No sé de dónde saqué tanta leche» (1998: 274).

Estas comparaciones, subrayo, no persiguen rebajar la humanidad de los personajes, aunque evidentemente asistamos en la novela a su deshumanización o su involución social. No tienen la intención tampoco de ser un insulto contra negros y mulatos; todo lo contrario. Son más bien formas de mostrar la superioridad sexual del protagonista, que aun cuando no tiene dinero ni forma legal de conseguirlo cuenta en cambio con una gran potencia sexual, un buen conocimiento del sexo femenino y la capacidad de satisfacerse él y su pareja varias veces al día. En la Cuba de hoy, además, apelativos como «bárbaro» o «monstruo» son utilizados para halagar, no para criticar. En el lenguaje popular erótico la mujer «monstruo» es la que destaca por encima de las demás, aquella que no puede ser descrita con las mismas palabras con las que se describe a otras. Por eso las metáforas de la «barbarie» y de lo monstruoso sencillamente dan idea de la sobrepotencia viril, irrestricta y salvaje de estos personajes, lo que se traduce en el lenguaje popular en múltiples expresiones de fuerza y violencia —mayores mientras más apegados estén a la tierra en la literatura criollista, o mientras más «popular» sea su condición, como ocurre con los guajiros de Carlos Enríquez o los negros y mulatos de Carpentier y Pedro Juan Gutiérrez.

Se trata de personajes cuya sexualidad «monstruosa», en el sentido en que Antonio Negri usa el término (2009: 93), se opone a la racionalidad instrumental de la ideología, del Estado y de los discursos médicos que este utiliza para controlar sus vidas. Es una sexualidad anti-institucional por excelencia, que no les deja tiempo para realizarse como individuos a través de un trabajo honesto donde no tienen que mentir, de la familia o del amor. En más de una ocasión, incluso, el narrador de la *Trilogía* afirma que los hijos y el amor son dos impedimentos, dos complicaciones innecesarias de la vida que en aquellas condiciones había que evitar a toda costa.

Sin familia y sin trabajo, el sexo termina siendo el único modo de realización personal, la única forma válida de pasar el tiempo o de lograr algo. En esto también el narrador de Pedro Juan se parece al protagonista de *Memorias del subdesarrollo*, interesado únicamente en escribir su libro y perseguir mujeres. Ambos son hombres solitarios, productos de dos sistemas diferentes cuya forma de vida aparece contrapuesta con la norma que estipuló y puso en práctica la Revolución. La novela mezcla lujuria y violencia, promiscuidad sexual y política, sexualidad y raza, dejando entrever que todos son animales, que responden a instintos básicos como el deseo, y que no son capaces de cambiar.

«Los caníbales», uno de los relatos de la Trilogía, es quizá uno de los que mejor ilustre lo anterior. El cuento, como otros del libro, arranca a partir de la ansiedad por conseguir comida. El personaje protagónico recuerda al personaje de Santiago en *El viejo y el mar* de Ernest Hemingway, del que una cita, junto con otra de Graham Greene, sirve de introducción a la tercera parte del libro. La cita de Hemingway dice: «El hombre no está hecho para la derrota. Un hombre puede ser destruido, pero no derrotado» (1998: 219). En «Los caníbales» el narrador comienza afirmando que hacía dieciséis días que no pescaba nada y ya se parecía a aquel otro pescador de Cojímar que se pasó ochenta y cuatro días sin coger un pez. Aquel, afirma, era un viejo heroico y él no. Sencillamente, los tiempos habían cambiado y el dinero —si dólares, mejor— era ahora lo que primaba:

> Los políticos y los religiosos gastan saliva exhortando a la fidelidad y la solidaridad. Tienen que seguir haciéndolo o cambiar de oficio. Pero los que pasamos hambre, seguimos pasando hambre y nada cambia. Los políticos y los religiosos creen que pueden cambiarlo todo a fuerza de voluntad. Por generación espontánea. No es así. Los seres humanos seguimos siendo bestias: infieles, egoístas. Nos gusta alejarnos de la manada y observar a distancia. Evitar las dentelladas de los otros. Entonces viene alguien invocando fidelidad a la manada. (1998: 324)

La cita contiene algunas claves de la novela. Por un lado, recalca la idea de la bestialidad inherente a los seres humanos, entre quienes no caben solidaridad ni fidelidad sino sólo egoísmo, deslealtad y supervivencia. En el mundo que describe, Pedro Juan borra de un plumazo el contrato social entre el individuo y el Estado, la idea de trabajar juntos por el beneficio mutuo, basado en las leyes y las instituciones públicas. Su perspectiva pertenecería a un mundo hobbesiano, primitivo, donde el hombre estaría condenado a ser el lobo del hombre y para sobrevivir debe defender a mazazos lo que es suyo. Un mundo como ese sólo podría producir caníbales, que es lo que sucede cuando uno de los vecinos del barrio comienza a vender hígado de puerco que es, en realidad, hígado humano. Baldomero, que así se llama el personaje, llega de Oriente a trabajar en La Habana y logra hacer dinero muy pronto. Para todos es un misterio cómo lo ha conseguido tan rápido, hasta que un día llega la policía a la azotea y dice que Baldomero, que trabaja en la morgue, se robaba los hígados de los cadáveres para venderlos en bolsa negra (1998: 331). Muchos vecinos que le habían comprado hígado lo acusan y colaboran con la policía, pero al protagonista ni siquiera le da asco haber comido hígado humano, algo que lleva a su novia a llamarlo «animal» (1998: 331). Como nunca antes, entonces, se plasma de forma muy clara la miseria y el grado de depauperación en que sobreviven los protagonistas, el grado de deshumanización a que los condenaba la sociedad en unos años en los que se inventaban todo tipo de comidas para sobrevivir, desde pizzas con preservativos –derretidos sobre el pan simulando queso– o sucedáneos de filete hechos con cáscaras de toronja o con colchas de limpiar, empanizadas y sazonadas como si se tratara de carne. Todas estas historias circulaban por La Habana en los años noventa, y una de ellas es justamente la que sirve de argumento al cuento.

Con todo, esta anécdota y otras del libro de Pedro Juan Gutiérrez no hacen más que remarcar lo mismo. Los protagonistas deben seguir sus instintos primarios para poder sobrevivir. Pedro Juan está allí para ser testigo ocular de aquel drama, para grabar o dejar constancia de lo que vivió o escuchó. Asume de esta forma el lugar del cronista, del *voyeur* ya no sexual —como tantas veces ocurre en el libro— sino narrativo, cuya función es reportar con fidelidad la realidad. Su «fidelidad» es con la historia marginal o marginalizada, no con el Estado ni con Fidel Castro, con el que muchos cubanos llegaron a asociar esta idea. Se trata de una narración a contrapelo del discurso edulcorado de la realidad (esperanzador, triunfalista y redentor), y que pone en su lugar situaciones duras, donde abundan las imágenes escatológicas que producen náusea y rechazo. La escritura asume así la función de archivo, de la memoria colectiva del país durante el Periodo Especial. El autor habla con voz propia. Él es el narrador de su novela, con lo cual pone su memoria en función de una versión diferente de la Historia. No institucionalizada, ni usada con el objetivo de controlar el discurso y fomentar el consenso nacional, sino para dejar constancia de una realidad caótica, anárquica, de cuerpos improductivos, de espacios insalubres adonde únicamente llega la mano del Estado para reprimir y vigilar.

Como sostiene Aleida Assmann en *Cultural Memory and Western Civilization*, desde sus inicios el archivo ha estado vinculado con la burocracia, la administración, la economía y el poder, de modo que cada vez que hay un cambio de gobierno cambian sus contenidos y sus modos de legitimación (2011: 328). Cambian las memorias y como resultado es lógico que una visión contestaria se base en materiales diferentes, que deben salvarse para la posteridad porque han sido ignorados antes. Así ocurrió, por ejemplo, al estallar la independencia, cuando los cubanos crearon su propia genealogía y construyeron su identidad a partir de sus diferencias con España (el paisaje, la norma lingüística, los indígenas y su victimización). Otro tanto ocurrió después de 1959, de lo que son buen ejemplo los materiales de archivo de Playa Girón que Tomás Gutiérrez Alea incluyó en *Memorias del subdesarrollo* (1968). Todos estos materiales validaban otro sistema y cualquier argumento que fuera en su contra deslegitimaba la narrativa que se proponían sustentar. Se entiende entonces por qué el gobierno cubano puso tantas trabas a los proyectos de Pedro Juan Gutiérrez y Amir Valle, por qué monopolizó la arena pública e institucionalizó las encuestas de opinión, o por qué defenestró proyectos independientes sobre la historia oral de los cubanos, entre los que cabe recordar el del antropólogo norteamericano Oscar Lewis[3] en 1968 y el del periodista Gabriel García Márquez en 1975 (Dore 2012: vii).

En todos los casos, desde la época colonial hasta el presente, el archivo, la memoria y la capacidad de hacerse nuevas preguntas sobre viejos temas han sido un recurso de los escritores cubanos para contrarrestar el poder. En el caso de la novela del siglo XIX fue la esclavitud, en el de Pedro Juan Gutiérrez la Revolución. Los datos en los que se basa provienen de la calle, de sus amigos, amantes y vecinos. No del gobierno ni de las estadísticas, ni de los periódicos o instituciones estatales como el Centro Nacional de Educación Sexual. A falta de noticias honestas o verídicas sobre la realidad, esta narrativa aporta datos para reconstruir una realidad que le ha sido escamoteada al lector, que sólo puede encontrar en Cuba textos médicos, manuales y libros sobre aspectos psicológicos, sociales o clínicos que precisamente «medicalizan» o «politizan» la experiencia sexual, limitándola a la norma y a los intereses políticos del gobierno, dejando a un lado, como en el caso de la censura de la pornografía, el deseo.

Las novelas eróticas del Periodo Especial no están encaminadas a «educar al pueblo». Se habla de la sexualidad de forma explícita, sin mojigatería ni cortapisas. Interpelan el deseo y muestran el placer y la violencia sin censura. Se trata, sobre todo, de textos-testimonio que dejan constancia de la lucha por la supervivencia, y por eso el «héroe» de la narración de Pedro Juan Gutiérrez termina siendo una especie de pícaro que sabe sortear las leyes aunque a veces tenga que ir a la cárcel. Él y quienes lo rodean son aquellos que el Estado ha tachado tradicionalmente de «lumpen» y «escoria», cuyo destino natural es

---

[3] Lewis fue acusado, sin pruebas, de ser un agente de la CIA y expulsado de Cuba (Sklodowska 1992: 21).

la cárcel o los Estados Unidos. De ahí que su representación de la prostitución no sea moralizante: las prostitutas de *Trilogía* hablan de sus experiencias sexuales con desenfado y sin preocupación. Hacen su trabajo y vuelven a casa a dormir, como Greis, que habla con orgullo de su habilidad en la cama, ya sea real o no. Tienen un concepto muy elevado de sí mismas y la literatura cubana desde el siglo XIX no ha hecho más que alabar el talento sexual de las mulatas, de modo que la narración se apoya en esta doble mitología del macho y de la mulata hermosa, precoz y sabichosa.

Algunas de estas mujeres se asumen incluso como masoquistas, y piden que las golpeen mientras tienen relaciones sexuales con los hombres –como Santa o Miriam, que «le gustaba que la abofeteara y se le precipitaba el orgasmo cuando sentía un par de galletazos por la cara» (1998: 49)–. La violencia aparece como algo cotidiano, como parte del juego erótico del hombre o de la lesbiana que golpea a su pareja a veces de forma brutal, ya sea durante el sexo o cuando trata de defenderla. Esta violencia responde, claro está, a una lógica de la dominación, del poder del más fuerte, que fácilmente lleva a la violación o al asesinato, porque más allá de mostrar amor, muestra frustración, rabia, algún trauma de la infancia o de la juventud, como sucede con el plomero abusivo que fue feliz una sola vez en su vida y nunca más lo será. A pesar de que la violencia de género en Cuba es un tema tabú, novelas como las de Pedro Juan ayudan a tomar conciencia de la dimensión de este problema en la sociedad cubana contemporánea.

Ningún texto es más dramático e ilustrativo en este sentido que *Jineteras*, de Amir Valle. Como cualquier otro libro que hable de la miseria humana, del sufrimiento y la injusticia más terrible, se trata de un testimonio desgarrador, basado en este caso en las entrevistas que el autor, también periodista, le hizo a muchas prostitutas en Cuba. Valle lo escribió en la década del noventa, tras varios años dedicado a la investigación de campo, pero no pudo publicarlo hasta que logró sacarlo de Cuba. «Asco» es una palabra que siempre está en boca del narrador y que resume bien las 320 páginas del libro, que abundan en casos de miseria, cinismo, violaciones, torturas, chantajes, corrupción y suicidios –un mundo, el de la prostitución, que según testimonio del autor este conoció en La Habana cuando era estudiante de periodismo y trabajaba en una de empresa de turismo.

Valle ubica la vuelta de la prostitución a La Habana a finales de la década del ochenta, con la desaparición el campo socialista, cuando el gobierno cubano intenta paliar la crisis con la industria del turismo, que requería de muy poca inversión y atraía gran cantidad de extranjeros a Cuba. Alrededor de los hoteles comienzan a aparecer muchachas muy jóvenes que buscan tener relaciones sexuales con turistas, las llamadas «jineteras». Es a partir de ese contexto sociopolítico que Valle enfoca el «jineterismo» desde el punto de vista de la carencia económica –las mujeres que se dedican a la prostitución lo hacen por necesidad material–, y desde una óptica moral que critica desde una concepción judeocristiana la prostitución[4]. El autor refiere también que la policía política, preocupada por la investigación que estaba realizando, lo acosaba a preguntas y terminó señalándolo como un escritor problemático, al punto que poco después tuvo que exiliarse en Alemania. Desde el inicio de la narración, entonces, resulta evidente que el libro enfocará la prostitución en Cuba desde una óptica muy diferente al libro de Pedro Juan Gutiérrez. En lo único que ambos textos coinciden es en que la realidad que describen es testimonio de la verdad de la calle. Valle, de hecho, deja claro que el libro no es una obra de ficción sino un estudio, y recurre a una amplia bibliografía crítica, que se remonta a la época de las encomiendas indígenas y la trata de esclavos.

---

[4] Al extremo que muchos capítulos del libro estan encabezados por citas de la Biblia condenando esta práctica, y el mismo libro, además de estar dedicado a varias de sus protagonistas, está dedicado a Jesucristo, quien, en palabras del autor, «ha luchado y vencido por mí todas las batallas que han desatado las verdades aquí escritas».

Jineteras, por consiguiente, aspira a ser una historia documentada de la prostitución en Cuba y, al mismo tiempo, un testimonio crítico de lo que ha estado aconteciendo en la isla desde finales de los ochenta. Lo logra alternando un capítulo y otro, narrando cómo se fue desarrollando la práctica de la prostitución desde la llegada de los españoles a Cuba hasta alcanzar su máximo apogeo poco antes del triunfo de la Revolución cubana. Valle analiza las distintas formas en que se ha utilizado sexualmente el cuerpo en Cuba para obtener alguna ganancia, sea esta política o económica, pero los testimonios que incluye son todos de la década del noventa, los de aquellas mujeres y hombres, por lo general homosexuales, que participaban de este comercio de la forma más cruda y directa, en contextos donde el cuerpo se vende, se marca, se consume o se desecha en una transacción ilegal. En esas transacciones casi siempre quien paga es un extranjero y quien vende su cuerpo una cubana. No resulta extraño por eso que el libro haya sido tan incómodo de leer para muchas personas, que le haya traído tantos problemas a su autor, ni que aún el gobierno cubano no haya publicado un estudio a fondo, con testimonios parecidos a los que publicó Amir Valle, para documentar el comercio sexual durante ese periodo.

Como *Trilogía*, y a pesar de las diferencias de perspectiva, el libro es una crítica profunda al sistema cubano y en especial a las causas que han llevado a la prostitución en Cuba. Si bien Valle niega que el gobierno cubano haya estado envuelto alguna vez en este negocio, uno de los testimonios que da en el libro «Camila» –quien trabajaba en una firma extranjera prestando servicios sexuales a empresarios y personalidades políticas en el llamado «Cuerpo de Atención a personalidades» (2006: 270)– parece contradecirlo. Otro punto a señalar es el registro literario de estos testimonios, que de cierta forma también contradice los reclamos de veracidad de la narración –ciertamente un problema para un texto con aspiraciones etnográficas, dado que estos suelen limitar la intervención intelectual, ideológica y literaria en el proceso de transcripción para que la selección de temas y palabras no introduzca en el discurso del Otro una perspectiva muchas veces ajena al discurso original. En cierto sentido, como la literatura etnográfica o con intenciones sociológicas de principios del siglo XX, el texto de Valle reclama una legitimidad que está fuera de la literatura, en la realidad apabullante que describe. En sus páginas se trata más bien de recoger testimonios para la memoria del país, de servir de archivo para el futuro, a pesar de que este archivo vaya a contrapelo de los reclamos de legitimación del Estado.

Los críticos, políticos y comisarios culturales que critican a Pedro Juan Gutiérrez y Amir Valle por escribir sobre estos temas ignoran lo que fue otro reclamo de la izquierda revolucionaria desde los años sesenta: visibilizar las voces de los marginados, escribir una historia de los hombres y mujeres sin historia, que son las que aparecen en textos como *Cimarrón*, de Miguel Barnet, y más tarde, en *Me llamo Rigoberta Menchú y así me nació la conciencia* (1983), de Elisabeth Burgos. En ambos casos hay un periodista /etnógrafo como mediador, que adopta una posición crítica o de compromiso con el hablante. *Jineteras* no puede desvincularse de ese *corpus* con aspiraciones etnográficas, ni de esa voluntad de dar voz a los que no la tienen.

Autores como Zoé Valdés, Pedro Juan Gutiérrez y Amir Valle reflexionan sobre la sexualidad y el erotismo como parte de la cosa política, como un subproducto de la angustia social y económica que caracterizó la Cuba de esa época. Sus narraciones son un testimonio del fracaso de la utopía y una crítica frontal a la censura y las políticas de Estado que han llevado a la marginalización y la prostitución a un amplio sector de la sociedad. Asumiendo la voz del testigo, intentan confrontar al Estado y al lector con una visión degradada de su propio proyecto.

Epílogo a ritmo de Reguetón

> Dame un chupi chupi,
> Que yo lo disfruti,
> Abre la bocuti,
> Y trágatelo tuti.
>
> Osmani García, «El Chupi Chupi»

«Esto es totalmente novedoso para el mercado». Con estas palabras terminaba el videoclip musical titulado «El Chupi Chupi», del reguetonero cubano Osmani García «La Voz», uno de los más populares en la isla en los últimos tiempos. El videoclip de Osmani García era el gran favorito para ganar el Premio Lucas de la Popularidad de 2011 hasta que fue censurado. ¿La causa? La letra de la canción, que según el Ministro de Cultura Abel Prieto y el presidente del Instituto Cubano de la Música, Orlando Vistel, era «horrible» y había logrado escapar a la censura gracias a una «fisura del sistema». Al enterarse de estas críticas el reguetonero, que se encontraba de visita en Canadá, replicó con una carta abierta a Abel Prieto, donde le recriminaba el haberlo vetado para obtener el galardón, cuando «el propio pueblo de Cuba a base de mandar mensajes de texto de 16 centavos CUC con el dinero del sudor de su trabajo» (2011: en línea) lo había elegido. Para Osmani García el valor de su canción quedaba manifiesto a través de la moneda convertible, lo que mostraba los extremos a los que podían llegar sus seguidores en un país donde los salarios se pagan en moneda nacional y la votación se hacía en CUC.

Si para García el mercado tenía la última palabra, para los funcionarios a cargo del premio se trataba de una cuestión de ideología y de normas sociales. La letra de la canción del reguetonero «ofendía» el pudor del pueblo, igual que si se tratara de un video pornográfico. Además de exigir la corrección en el lenguaje, los censores acusan a los artistas y escritores que no siguen estas normas de producir para el mercado, de escribir novelas «pornográficas» y de crear todo un subproducto cultural para vender en los Estados Unidos.

El ministro no estaba solo en esa cruzada. Por la misma fecha, el periodista Julio Martínez Molina, del cienfueguero *5 de Septiembre*, se quejaba con igual furia de las letras y las imágenes «porno» de los videos que se pasaban en la televisión, y se dolía de que nadie parara «la ralea de baja estofa vomitada por el mercado». Estos videos estaban llenos, decía, de «latinas de facciones indígenas, semidesnudas, [que] sueltan alaridos al éter mientras se vierten –al estilo del porno más *demodé*– grasa, agua o leche sobre sus cuerpos sudados». Y algo muy similar decía Javier Gómez Sánchez en su artículo «Reguetón: ¿gustos e intereses?», publicado en *Cubadebate*: «A diferencia de la mayoría de los géneros musicales cultivados en Cuba, el reguetón no expone ningún logro de la formación académica que ha brindado el sistema educativo creado por la Revolución. Es por eso que resulta tan conveniente en Miami» (2018: en línea).

En países capitalistas con bajos niveles educativos, según estos críticos, podría entenderse que aparecieran este tipo de imágenes; pero no en Cuba, porque ello equivaldría a escamotear los logros educativos de la Revolución, lo que vendría a justificar su censura. Un argumento similar, a propósito de la literatura cubana publicada en el extranjero, es el que han seguido por años algunos críticos cubanos como Jorge Fornet, el propio Abel Prieto y Rogelio Riverón, quienes han visto con inquietud la fuerza del mercado en el ámbito editorial a partir de los años noventa. En 2007 Fornet hablaba de «la censura del mercado», del «represivo mercado español» y de «los intereses» de los editores (2007: en línea), mientras que Riverón argumentaba que a las casas editoriales extranjeras solamente les interesaba publicar libros que tuvieran que ver con política, «ron, sexo, paisajes en ruinas y gente en desbandada» (2007: en línea). De ese modo, escritores como Zoé Valdés y Pedro Juan Gutiérrez quedaban catalogados como escritores comerciales, quienes en una carrera por tratar de vender sus libros a toda costa recurrían a la pornografía y a los ambientes más sórdidos del submundo habanero. El mismo ministro Abel Prieto decía públicamente sobre Zoé Valdés que las razones por las que no se la publica en Cuba eran más literarias que políticas: «hace un subproducto cultural que es perversión de la literatura» (en Rodríguez 2000: en línea). Imposible, por tanto, conciliar el mercado con el talento, y mucho menos con la visión política que emana de estas obras.

Acusaciones como la de ser un «subproducto del mercado» son la excusa perfecta para evitar una imagen de los cubanos que no le conviene al gobierno, porque rompe con esa visión idealizada que han mantenido de sí mismos durante casi sesenta años. Más que preocupación por lo «obsceno», sus censores parecen temer a la crítica ideológica que promueven estos textos, a la lógica capitalista de oferta y demanda en la que se apoyan y a la ruptura de las normas que por tanto tiempo han regido en la isla. Entre ellas, la principal, la libertad del cuerpo y la comercialización de la sexualidad.

El escenario donde se desarrolla el videoclip de Osmani García es una cafetería con nombre en español e inglés, «Cubanitas», donde se vende «Chupi Chupi» en forma de bebida, comida y caramelos. Chupi-chupi, por supuesto, es vocablo inventado, un juego de palabras que se deriva del verbo «chupar», una de las formas de referirse vulgarmente en Cuba a una felación. Su terminación en «i» da la impresión de que se trate de otra palabra, por ejemplo en italiano, de donde tradicionalmente ha llegado una gran cantidad de turistas a Cuba desde los años noventa. Es una forma de construcción gramatical que se repite en otro vocablo erótico del argot cubano: «foqui-foqui» o «fuqui-fuqui», que viene del inglés «to fuck», con la misma terminación (García 2001: 88-89). En «Cubanitas» todos están vestidos con ropa extranjera, consumen productos empacados con etiquetas en inglés, huelen a perfume Gucci, beben ron, llevan cadenas de oro y, sobre todo, como sugiere el nombre mismo de la tienda, se ofrecen jóvenes vestidas de colores como si fueran caramelos para deleitar.

La imagen de la joven-caramelo recrea además la de la mujer como azúcar o fruta, que recorre toda la literatura cubana desde la época colonial –un modo de aludir a la sexualidad, a los «cuerpos en bandeja», que diría el poeta Orlando González Esteva (1998)–. Si a esta metáfora de la consumición se agrega la del comercio individual, expresado en los artículos de belleza que aparecen en el videoclip y en su producción, se entiende por qué el video hizo saltar las alarmas del ministro y del resto de funcionarios: los cubanos no pueden cantar el triunfo de la mercancía ni el del sexo porque ambos van en contra de la ideología revolucionaria, que tradicionalmente ha visto en los cuerpos el reflejo de la patria, el orgullo de ser cubano y el sacrificio de los héroes. Las «cubanitas» que se anunciaban allí no reunían ninguno de estos requisitos. Mas bien eran indistinguibles de otros cuerpos de esa cultura globalizada que han diseminado el turismo, las comunicaciones y los negocios.

Una visión, la de los censores, no muy lejos de la estética modernista, que también esgrimió una ontología del ser latinoamericano basada en la idea del espíritu y del ideal. Ese es el tema del ensayo de Rubén Darío «El triunfo de Calibán» (1898), quien llamó así a los norteamericanos. «El ideal de esos calibanes está circunscrito a la bolsa y a la fábrica», escribe Darío. «Comen, comen, calculan, beben whisky y hacen millones» (1998: 451). En esa misma línea, otra de las voces de la polémica de 2011, la doctora María Córdova, en un artículo publicado en el diario *Granma* el 23 de noviembre de 2011 se preguntaba si «El Chupi Chupi» no era una forma de «regresar a instintos pre-humanos, contra los cuales lo mejor de la humanidad está luchando desde hace siglos».

En este libro he intentado pues hacer un recorrido, necesariamente limitado, por la historia del erotismo cubano mostrando casos similares, en los que para poner límites a la conducta sexual se esgrimen argumentos de tipo religioso, moral y político. Se trata de un erotismo que surge muchas veces a contrapelo de la gramática heteronormativa impuesta ya sea durante la Colonia, la República o la Revolución. Una gramática que tanto en las cartas de José Agustín Caballero para el *Papel Periódico de la Havana* en el siglo XIX o en las críticas mordaces de los blogs del Estado cubano hoy por hoy, busca controlar las relaciones sexuales y su representación en la arena pública dictando normas e imponiendo su criterio no a través de la persuasión, sino de la fuerza o la censura. La polémica que suscitó el videoclip de Osmani García también ilustra cómo los escritores y artistas en Cuba han tenido que luchar contra esos demonios, a riesgo de que se les acuse de «pornógrafos». Sus críticos buscan idealizar situaciones o representar un «cuerpo resistente» ante las fuerzas del capitalismo y del Eros.

Ante esas pulsiones del «deber-ser», los escritores condenados imaginan cuerpos pudriéndose y prostitutas en las calles. Son visiones que se apoyan en un archivo distinto de ideas, imágenes y prejuicios. Por motivos similares el erotismo de Francisco Muñoz o de Cirilo Villaverde se diferenciará tanto del que representan la Avellaneda, Suárez y Romero y Antonio Zambrana. Sus narraciones serán representaciones del «negro bueno» y humillado, no del esclavo que participa en el comercio del amo, vendiendo sus hijos para obtener su libertad. Si en el primer caso prima el interés por encima del amor, en el otro triunfa el amor y la espiritualidad por encima de su deshumanización: un triunfo por supuesto pírrico, porque sus personajes nunca llegan a concretar ese amor y quienes mueren son ellos, no el amo.

En esos textos recurre una lógica de la dominación de los cuerpos que se manifiesta a través de la objetivación de la mujer y de sus atributos sexuales, al comparársela con metáforas comestibles como el azúcar, el arroz, las frutas, el chocolate o el champagne. Con ello se alude a la violencia implícita en el proceso de comercialización del cuerpo, que tiene su origen en la mitología patriarcal y las relaciones raciales de la colonia. En todos los casos veremos un forcejeo constante con la norma impuesta, con los críticos que la defienden y con la censura que la perpetúa, lo que no impide a poetas como Matamoros representar los deseos eróticos femeninos a través de fábulas como la de Safo. Por eso debemos leer este tipo de textos como fisuras en el muro de la censura, por donde el autor logra escapar al poder que se le impone en su tiempo. No es casual que Matamoros publique sus poemas el mismo año en que se inaugura la República cubana, que puso fin a tres siglos de colonia en que los cubanos fueron tratados como ciudadanos de segunda, y a la mujer sólo se le dejaba dos caminos: el matrimonio o el convento. Matamoros, una solterona, logra romper así con el pasado apoyándose en la estética modernista, que irónicamente recurrió muchas veces a imágenes misóginas y violentas para representar a la mujer.

Son esas imágenes violentas las que reaparecen, no obstante, en el arte y la literatura criollista de los años treinta, que muestra un deseo sexual primigenio, «salvaje», en contraposición con la vida del burgués. Si por un lado los críticos y letrados republicanos fustigan el rapto y la violencia de género, Carlos Enríquez la mostrará como algo típico de la cultura, como una fuerza para combatir la hipocresía burguesa. En los años sesenta esa función política de la representación de los cuerpos no hará sino aumentar, primero con la literatura revolucionaria y después en el Periodo Especial. En el primer caso, a través de una literatura comprometida que imagina la sexualidad dirigida a la creación de un «Hombre Nuevo» cuyo fin es convertir a los sujetos en seres que aman según lo que sea mejor para la Revolución-Patria. La práctica eugenésica esclavista y la literatura revolucionaria pueden conectarse en tanto que en ambas aparece un mismo patrón de control ingenieril: si la primera se ocupa de crear cuerpos «productivos» para el enriquecimiento del amo, la segunda sólo está interesada en crear «mentes fieles y cuerpos sanos» para la Revolución. En uno y otro caso se trata de mecanismos que sacrifican a los individuos a los fines del sistema, controlando sus cuerpos y formas de pensar. Por eso, como decía Desnoes, una literatura como la de Pedro Juan Gutiérrez fue una especie de «detergente» que desprendió la máscara de todas las certezas que había creado la Revolución desde sus inicios, y al hacerlo sustituyó, por así decir, la política por la «pacotilla» y el dólar. En estas narraciones de los noventa la protagonista ya no será la miliciana sino la jinetera. No amará pensando en lo que es mejor para la Patria-Revolución sino para ella misma; no aspirará a construir el socialismo sino a «escapar» de aquella miseria. En lugar de hacer su cuerpo «resistente» para la política, lo adiestrará para ser una mejor amante: su cuerpo es lo único que tiene para salir de la situación donde se encuentra. En ese contexto no habrá más idealización del ser amado, y Eros dejará de ser feliz para convertirse en dolor.

Bibliografía

Anónimo (1865): «Señor director de la *Revista Hispano-Americana*». En *Revista Hispano-Americana. Política, Económica, Científica, Literaria y Artística* 4 (23): 112-114.
— «Núm. 161. Casación por Infracción de ley» (1891): En *Colección Legislativa de España. Sentencias del Tribunal Supremo en Materia Civil*. Part. 3. Madrid: Imprenta del Ministerio de Gracia y Justicia, 931-939.
— (1900): «Para hombres solamente». En *Diario de la Marina*, 26 de abril: 4.
— (1902a): «Miscelánea». En *Diario de la Marina*, 5 de agosto: 2.
— (1902b): «Miscelánea». En *Diario de la Marina*, 10 de agosto: 2
— (1902c): «Miscelánea». En *Diario de la Marina*, 9 de diciembre: 2.
— (1902d): «Gacetilla». En *Diario de la Marina* 18 de julio, 3
— (1927): «"1927" Exposición de Arte Nuevo». En *Revista de Avance* 1 (5): 111-112.
— (1959): «La revolución en Matanzas». *Bohemia* 51 (2): 140-141.
— (1961): «Erotismo en el cine». En *Lunes de Revolución* 94: 27-39.
Aldrich, Robert & Wothrspoon, Gary (2001): *Who's who in gay and lesbian history: from Antiquity to World War II*. London: Routledge.
Almendros, Néstor & *Jiménez-Leal*, Orlando (1984): *Mauvaise conduite / Improper conduct*. New York: Cinevista Video.
Antón, Mercedes (1966): «Memorias del subdesarrollo: el cataclismo». En *Revista Unión* 5 (1): 164-167.
Assmann, Aleida (2011): *Cultural memory and western civilization*. Cambridge: Cambridge University Press.
Azcárate, Nicolás (1939): «A la poetisa Mercedes Matamoros». En Azcárate Rosell, Rafael: *Nicolás Azcárate, el Reformista*. La Habana: Trópico, 210-211.
Balibar, Étienne (1991): «Racism and nationalism». En Balibar, Étienne & Wallerstein, Immanuel (eds.): *Race, Nation, Class: Ambiguous Identities*. London: Verso, 37-67.

BARCÍA ZEQUEIRA, María del Carmen (2009): *Una sociedad en crisis: La Habana a finales del siglo XIX.* La Habana: Editorial Ciencias Sociales.
BARNET, Miguel (1998): *Cimarrón. Historia de un esclavo.* Madrid: Siruela.
BARRAS Y PRADO, Antonio de las (1926): *La Habana a mediados del siglo XIX. Memorias.* Madrid: Imprenta de la ciudad Lineal.
BARRERA Y DOMINGO, Francisco (1953): *Reflexiones Histórico físico naturales médico quirúrgicas.* La Habana: Ediciones C.R.
BATAILLE, Georges (2011): *El erotismo.* México: Tusquets.
BAUDRILLARD, Jean (1993): *Symbolic exchange and death.* London: Sage Publications.
BEAUVOIR, Simone de (1961): «Brigitte Bardot». En *Lunes de Revolución* 94: 37-39.
BEJEL, Emilio (1994): *José Lezama Lima, poeta de la imagen.* Madrid: Huerga y Fierro.
— (2001): *Gay Cuban nation.* Chicago: University of Chicago Press.
BELTON, Robert J. (2000): *The Beribboned Bomb: The image of woman in Male Surrealist Art.* Calgary: University of Calgary Press.
BERLANT, Lauren (1998): «Intimacy: A Special Issue». En *Critical Inquiry* 24 (2): 281-288.
BERRY, Christopher (1994): *The Idea of Luxury, a conceptual and historical investigation.* Cambridge: Cambridge University Press.
BETANCOURT, José Victoriano (1941): «Los curros del Manglar». En *Artículos de costumbres.* La Habana: Ministerio de Educación, 128-140.
BLOCK, Iwan (1909): *The Sexual Life of our Time in its Relations to Modern Civilization.* London: Rebman.
BOBBIO, Norberto (2006): *Liberalismo y democracia.* México: Fondo de Cultura Económica.
BOSTEELS, Bruno (2014): *Marx and Freud in Latin America: Politics, Psychoanalysis, and Religion in Times of Terror.* New York: Verso.
BRICEÑO, Manuel (1884): *Los ilustres. Páginas para la historia de Venezuela.* Bogotá: Imprenta de Silvestre y Compañía.
BOLUÑA, Concepción (1921): «Mercedes Matamoros». En *El Mundo* 24 de septiembre: 10.
— (1921): «Honor a quien honor merece». En *Diario de la Marina*, 16 de octubre: 3.

Burgos, Elizabeth (1983): *Me llamo Rigoberta Menchu y así me nació la conciencia*. La Habana: Casa de las Américas.

Caballero, José Agustín (1990a): «Carta sobre la confusión de los trages». En Vitier, Cintio & García Marruz, Fina & Friol, Roberto (eds.): *La literatura en el Papel periódico de la Habana 1790-1805*. La Habana: Letras Cubanas, 67-70.

— (1990b): «Carta sobre la nobleza mal entendida». En Vitier, Cintio & García Marruz, Fina & Friol, Roberto (eds.): *La literatura en el Papel periódico de la Habana 1790-1805*. La Habana: Letras Cubanas, 59-62.

Cabrera Infante, Guillermo (1998): *Vidas para leerlas*. Madrid: Alfaguara.

Camacho, Jorge (2003): «Eros y Patria: La construcción de un sujeto genitor femenino en la narrativa cubana de los 60». En *Caribe: Revista de Cultura y Literatura* 5 (2): 45-61.

— (2006): *José Martí: las máscaras del escritor*. Boulder: Society of Spanish and Spanish American Studies.

— (2010): «Sexo, mentira y narración: el (des)engaño entre Lezama Lima y Edmundo Desnoes». En *La Habana Elegante. Revista electrónica trimestral de Literatura cubana* 47: <http://www.habanaelegante.com/Spring_Summer_2010/Dicha_Camacho.html>.

— (2015a): *Miedo negro, poder blanco en la Cuba colonial*. Madrid: Iberoamericana-Vervuert.

— (2015b): «José Martí y la cultura del consumo de fin de siglo». En *Siglo Diecinueve* 21: 123-143.

— (2015c): «Sujetos y objetos anatópicos: la línea de la raza en Cuba durante el siglo xix». En *La Habana Elegante* 57: <http://www.habanaelegante.com/November_2015/Invitation_Camacho.html>.

— (2018): «Una polémica en La Habana: la poesía erótica de Mercedes Matamoros». En *The Coastal Review* 0 (1): 1-16.

— (2019): «Erotismo y crueldad en *Memorias del Subdesarrollo* de Edmundo Desnoes». En *Romance Notes* 42.

Cámara, Madeline (1998): «Visiones de la mujer en la obra de José Martí: discusión de su influencia». En Aragón, Uva de (ed.): *Repensando a Martí*. Salamanca: Cátedra de Poética Fray Luis de León, 145-157.

Camba Ludlow, Úrsula (2012): «Mulatos, morenos y pardos marineros. La sodomía en los barcos de la Carrera de Indias, 1562-1603». En *Ulúa. Revista de Historia Sociedad y Cultura* 10 (19): 21-39.

Canel, Eva (1921): «Habla don Antonio del Monte». En *El Mundo*, 7 de octubre: 1, 10.

Cantero, Justo & Laplante, Eduardo (2005): *Los Ingenios de la Isla de Cuba*. Edición crítica de Luis Miguel García Mora & Antonio Santamaría García. Madrid: Centro Estudios y Experimentación de Obras Públicas.

Carbonell, José Manuel (1930): *Los poetas de El laúd del desterrado*. Discursos pronunciados en la Academia Nacional de Artes y letras. La Habana: Imprenta Avisador Comercial.

Carpentier, Alejo (1929): «Lettre des Antilles». En *Bifur* (3): 91-105.

— (1980): *Los pasos perdidos*. Barcelona: Bruguera.

— (2001): *Music in Cuba*. Minneapolis: University of Minnesota.

— (2012): *¡Écue-Yamba-Ó! novela afro-cubana*. La Habana: Letras Cubanas.

Casal, Julián (1963): «El amante de las torturas». En *Prosas I*. La Habana: Consejo Nacional de Cultura, 233-237.

Casas, Bartolomé de las (1982): *Brevísima relación de la destrucción de las Indias*. Madrid: Cátedra.

Chateausalins, Honorato Bernard de (1854): *El vademécum de los hacendados cubanos, o guía práctica para curar la mayor parte de las enfermedades; obra adecuada a la zona tórrida, y muy útil para aliviar los males de los esclavos*. La Habana: Depósito de libros.

Clarens, Ángel (1906): «Plagas sociales, medios eficaces para su extirpación». En Dehogues, Jorge L. (ed.): *Memoria oficial. Quinta Conferencia Nacional de Beneficencia y Corrección de la isla de Cuba*. La Habana: Librería La Moderna Poesía, 191-212.

Cleger, Osvaldo (2011): «Safo en el trópico: imagen post-victoriana del cuerpo en la poesía de Mercedes Matamoros». En *Revista de Estudios Hispánicos* 45 (3): 551-570.

Clifford, James (2001): *Dilemas de la cultura. Antropología, literatura y arte en la perspectiva posmoderna*. Barcelona: Gedisa.

Cofiño López, Manuel (1969): «El milagro de la lluvia». En *Tiempo de cambio*. La Habana: Pueblo y Educación, 24-31.

— (1982): *La última mujer y el próximo combate*. La Habana: Pueblo y Educación.

CONDE, Teresa del (1976): *Julio Ruelas*. México: Universidad nacional autónoma de México.

CÓRDOVA, María (2011): «La vulgaridad en nuestra música: ¿una elección del "pueblo cubano"?». En *Granma*, 23 de noviembre: <http://www.granma.cu/granmad/2011/11/23/cultura/artic01.html>.

CRUZ, Manuel de la (1890): *Episodios de la revolución cubana*. La Habana: Establecimiento tipográfico de O'Reilly.

DARÍO, Rubén (1901): *Prosas profanas y otros poemas*. Paris: Librería de la vda de C. de Bouret.

— (1998): «El triunfo de Calibán». En *Revista Iberoamericana* LXIV (184-185): 451-455.

DELEUZE, Gilles (2001): *Presentación de Sacher-Masoch. Lo frío y lo cruel*. Buenos Aires: Amorrortu.

DERRIDA, Jacques (1992): «Given Time: The Time of the King». En *Critical Inquiry* 18 (2): 161-187.

DESNOES, Edmundo (1952): *Todo está en el fuego*. Nosotros.

— (1963): *Lam: azul y negro*. La Habana: Editorial Nacional de Cuba.

— (1968): *Memorias del subdesarrollo*. Buenos Aires: Galerna.

— (1982): «America Revisited: An Interview with Edmund Desnoes». William Luis. En *Latin American Literary Review* 11 (21): 7-20.

— (1985): «Will you ever shave your beard?». En Marshall Blonsky (ed.): *On Sings*. Baltimore: Johns Hopkins University Press, 12-15.

— (2001a): «Querido Lezama». En Iván González Cruz (ed.): *El espacio gnóstico americano: archivo de José Lezama Lima*. Valencia: Universidad Politécnica, 224.

— (2001b): «A José Lezama Lima». En Iván González Cruz (ed.): *El espacio gnóstico americano: archivo de José Lezama Lima*. Universidad Politécnica, 225.

— (2003a): «Diez preguntas para Edmundo Desnoes». Fernández Retamar. En *Revista Casa de las Américas* (232): 115-120.

— (2003b): «La duda radical y la certeza ridícula». Jorge Camacho. En *La Habana Elegante* 22: <http://www.habanaelegante.com/Summer2003/Verbosa.html>.

— (2007): *Memorias del desarrollo*. Sevilla: Mono Azul.
Desnoes, Edmundo & Luis, William (eds.) (1981): *Los dispositivos en la flor. Cuba: literatura desde la Revolución*. Hannover: Ediciones del Norte.
Díaz Quiñones, Arcadio (1995): «Las guerras del alma». En *Apuntes postmodernos / Postmodern notes* 5 (2): 4-13.
Dihigo, Juan M (1937): *Léxico cubano. Contribución al estudio de las voces que lo forman*. Vol. 1. La Habana: Imprenta El Siglo xx, 415-416.
Dijkstra, Bram (1988): *Idols of Perversity: Fantasies of Femenine Evil in Fin-de-siècle-culture*. New York: Oxford University Press.
Dore, Elizabeth (2012): «Foreword. Cuban Voices». En Hamilton, Carrie: *Sexual Revolutions in Cuba: Passion, Politics, and Memory*. Chapel Hill: The University of North Carolina Press, vii-xi.
Domínguez, Ramon Joaquín (ed.) (1853): *Diccionario Nacional o Gran diccionario clásico de la Lengua Española (1846-47)*. 5ta edición. 2 vols. Madrid-Paris: Establecimiento Mellado.
Douglas, Mary (2002): *Purity and danger: an analysis of concept of pollution and taboo*. London: Routledge.
Duarte Oropesa, José (1974): *Historiología cubana*. Vol. 5. Miami: Universal.
Duca, Lo (1961): «Técnica del erotismo». En *Lunes de Revolución* 94: 29.
Duklaskis, Alexander (2017): *The authoritarian public sphere: legitimation and autocratic power in North Korea, Burma, and China*. London: Routledge.
Dumont, Henri (1922): *Antropología y patología comparadas de los negros esclavos*. La Habana: s.n.
Enríquez, Carlos (1939): *Tilín García, novela*. La Habana: La Verónica.
— (2010): «Carta de Carlos Enríquez a Guy Pérez Cisneros, *El Nuevo Mundo*, 7 de septiembre de 1941». En Martínez, Juan: *Carlos Enríquez. The Painter of Cuban ballads*. Miami: Cernuda Art, 291-294.
Espronceda, José (1868): *El diablo mundo*. Madrid: Imprenta de Gaspar y Roig, Editores.
Estévez, Abilio (2004): *Inventario secreto de La Habana*. Barcelona: Tusquets.
Fabian, Johannes (1983): *Time and the Other: how anthropology makes its object*. New York: Columbia University Press.

FERNÁNDEZ RETAMAR, Roberto (1962): *Con las mismas manos*. La Habana: Unión.
FIGUEROA Y MIRANDA, Miguel (1975): *Religión y política en la Cuba del siglo XIX. El Obispo Estada visto a la luz de los archivos romanos 1802-1832*. Miami: Universal.
FORNET, Jorge (2007): «Algunos apuntes y dos confesiones». En *La Jiribilla* 317: <http://epoca2.lajiribilla.cu/2007/n317_06/317_09.html>.
FOUCAULT, Michel (1996): «Prefacio a la Transgresión». En Ángel Gabilondo (ed.): *De lenguaje y literatura*. Barcelona: Paidós, 123-142.
— (1997-2000): «Friendship as a way of Life». En Rabinow, Paul (ed.): *The essential works of Michel Foucault 1954-984. Ethics, Subjectivity and Truth*. New York: New York Press, 135-140.
— (2003): *Society Must Be Defended: Lectures at the Collège de France 1975-1976*. New York: Picador.
— (2012): *Historia de la sexualidad*. Madrid: Biblioteca Nueva.
FOUCHET, Max-Pol (1976): *Wifredo Lam*. New York: Rizzoli.
FOWLER CALZADA, Víctor (1998): *La maldición, una historia del placer como conquista*. La Habana: Letras Cubanas.
FREUD, Sigmund (1918): *Totem and Taboo. Resemblances between the psychic life of savages and neurotics*. New York: Moffat, Yard, and Company.
GALLARDO SABORIDO, Emilio José (2009): El martillo y el espejo: directrices de la política cultural cubana, 1959-1976. Madrid: Consejo Superior de Investigaciones Científicas.
GARCÍA, Juan Antonio (2001): *Guía crítica del cine cubano de ficción*. La Habana: Arte y Literatura.
GARCÍA, Osmani (2011): «Carta de Osmani García "La Voz"». En *Café Fuerte*. 26 noviembre: <http://cafefuerte.com/csociedad/1360-cantante-del-chupi-chupi-acusa-de-censor-al-ministro-de-cultura/>.
GARCÍA, Margarita & ALONSO, José R. (2001): *Diccionario ilustrado de voces eróticas cubanas*. Madrid: Celeste Ediciones.
GARCÍA MARRUZ, Fina (1970): «Estación de gloria». En Simón, Pedro (ed.): *Recopilación de textos sobre José Lezama Lima*. La Habana: Casa de las Américas, 278-288.
GEERTZ, Clifford (1993): «Centers, Kings, and Charisma: reflections on the symbolics of power». En *Local knowledge*. New York: Harper&Collins, 121-146.

GHORBAL, Karim (2009): «La política llamada del "buen tratamiento": reformismo criollo y reacción esclavista en Cuba (1789-1845)». En *Nuevo Mundos, Mundos Nuevos*, 30 de noviembre: <http://nuevomundo.revues.org/index57872.html>.

GOMÁRIZ, José (2005): «El artista e intelectual de la modernidad en *Lucía Jerez* de José Martí». En *Colonialismo e independencia cultural. La narración del artista e intelectual hispanoamericano del siglo XIX*. Madrid: Verbum, 135-160.

GOMES RONQUILLO, Lucas (1598): «El licenciado Lucas Gomes Ronquillo sobre que se le haga merced de una plaza de Audiencia». En Archivo General de Indias, Legajo de Santo Domingo, 128, fasc. 109, fls. 1r-2v.

— (1604): «El Licenciado Ronquillo teniente general que ha sido de la ciudad de la Havana digo que yo». En Archivo General de Indias, Legajo de Santo Domingo, 129, Fls. 1r.

— (2006): «Memorial del Licenciado Ronquillo». En García del Pino, César & Melis Cappa, Alicia (eds.): *Nuevos documentos para la historia colonial de Cuba*. La Habana: Editorial de Ciencias Sociales, 79-88.

GÓMEZ DE AVELLANEDA, Gertrudis (1963): *Sab*. La Habana: Editorial Nacional de Cuba.

GÓMEZ SÁNCHEZ, Javier (2018): «Reguetón: ¿gustos e intereses?». *Cubadebate*: <http://www.cubadebate.cu/especiales/2018/03/09/reguetongusto-o-intereses/#.WyeobyAnbIU>.

GONZÁLEZ ESTEVA, Orlando (1998): *Cuerpos en bandeja*. Ilustraciones de Ramón Alejandro. México: Artes de México.

GORDON, Nathan (2017): «Sab y la figura del Santo Apóstol Bernabé». *Hispanófila*. 179: 157-171.

GREENBLATT, Stephen (1990): «Culture». En Lentricchia, Frank & McLaughlin, Thomas (eds.): *Critical Terms for Literary Studies*. Chicago: University of Chicago Press, 225-232.

GUEVARA, Ernesto (1977a): «Discurso en la Asamblea General de las Naciones Unidas». En *Escritos y discursos*. Vol. 9. La Habana: Editorial de Ciencias Sociales, 285-306.

— (1977b): *El socialismo y el hombre nuevo*. México: Siglo XXI.

GUILLÉN, Nicolás (1947): *El Son entero. Suma poética 1929-1946*. Buenos Aires: Pleamar.

— (1974): «Guitarra». En Augier, Ángel (ed.): *Obra poética (1858-1972)*. La Habana: Unión, 190.
Gutiérrez, Pedro Juan (1998): *Trilogía sucia de La Habana*. Barcelona: Anagrama.
Hall, Stuart (1997): «The spectacle of the "Other"». En Hall, Stuart (ed.): *Representation. Cultural Representations and Signifying Practices*. London: Sage, 223-279.
Hamilton, Carrie (2012): *Sexual Revolutions in Cuba: Passion, Politics, and Memory*. Chapel Hill: The University of North Carolina Press.
Hardin, Michael (2002): «Altering Masculinities: The Spanish Conquest and the Evolution of the Latin American Machismo». En *International Journal of Sexuality and Gender Studies*. 7 (1): 1-21.
Hernández Salván, Marta (2015): *Mínima Cuba. Heretical poetics and power in Post-Soviet Cuba*. Albany: Suny Press.
Hirschman, Albert (1978): *Las pasiones y los intereses. Argumentos políticos en favor del capitalismo antes de su triunfo*. México: Fondo de Cultura Económica.
Hugo, Víctor (1840): *Bug-Jargal o El negro rey*. Barcelona: Imprenta de D. Manuel Sauri.
Irigaray, Luce (2004): «Women on the Market». En Rivkin, Julie & Ryan, Michael (eds.): *Literary Theory: An Anthology*. Malden: Blackwell.
Jiménez Leal, Orlando & López, María Encarnación (2014): «Treinta años de "Conducta impropia"». En *Diario de Cuba*: <http://www.diariodecuba.com/cultura/1406363179_9658.html>.
Kamen, Henry (2004): *La Inquisición Española: una revisión histórica*. Barcelona: Crítica.
Kirkpatrick, Susan (1989): *Las Románticas. Woman Writers and Subjectivity in Spain, 1935-1850*. Berkeley: University of California Press.
Konetzke, Richard (ed.) (1958): *Colección de documentos para la historia de la formación social de Hispanoamérica (1493-1810)*. Vol. 2. Madrid: Consejo Superior de Investigaciones Científicas.
Krafft-Ebing, Richard (1894): *Psychopathia sexualis, with special reference to contrary sexual instinct: a medico-legal study*. Philadelphia: F. A. Davis Company / F. J. Rebman.
Krause-Fuchs, Monika (2007): *¿Machismo? No, gracias. Cuba: sexualidad en la revolución*. Santa Cruz de Tenerife: Idea.

Kristeva, Julia (1988): *Poderes de la perversión. Ensayo sobre Louis Ferdinand Céline*. México: Siglo XXI.

Kutzinski, Vera M (1993): *Sugar' secrets: race and the erotics of cuban nationalism*. Charlottesville: University Press of Virginia.

Lamore, Jean (1987): «La mulata en el discurso literario y médico y francés del siglo XIX». En *La Torre*. 2, 297-318.

— (1994): «Rubén Darío y José Martí. El tema de la "riqueza repudiable"». En Cerdan, Francis (ed.): *Hommage à Robert Jammes*, I-III. Toulouse: PU du Mirail, 613-618.

Le Riverend, Julio (1960): *La Habana, biografía de una provincia*. La Habana: Imprenta El siglo XX.

Leiner, Marvin (1994): *Sexual politics in Cuba: machismo, homosexuality, and AIDS*. Boulder: Westview Press.

Levrenev, Boris Andreevich (1966): *El 41*. La Habana: Editorial del Consejo Nacional de Cultura.

Lezama Lima, José (1985): *Poesía completa*. La Habana: Letras Cubanas.

— (1988): *Paradiso*. Paris: ALLCA XX.

Liébana, Beato de (1995): *Obras completas*. Madrid: Bibliotecas de autores cristianos.

Litvak, Lily (1979): *Erotismo fin de siglo*. Barcelona: Antoni Bosch.

Loyola, Hernán (2011): «Eva: la musa secreta de Neruda en "Las furias y las penas"». En *América sin nombre* 16: 75-92.

Luaces, Joaquín Lorenzo (1857): «La muerte de la Bacante». En *Poesías*. La Habana: Imprenta del Tiempo.

Luis, Carlos M. (1998): *El oficio de la mirada: ensayos de arte y literatura cubana*. Miami: Universal.

Luis, William (1990): *Literary bondage: Slavery in Cuban Narrative*. Austin: University of Texas Press.

Lumdsden, Ian (1996): *Machos, maricones, and gays: Cuba and homosexuality*. Philadelphia: Temple University Press.

Luz Caballero, J. (1890): *Obras completas*. Vol. 1. La Habana: La propaganda literaria.

Manuel, Frank E (ed.) (1966): *Utopias and Utopian Thought*. Cambridge: The Riverside Press.

Manzano, Juan Francisco (2007): *Autobiografía del esclavo poeta y otros escritos*. William Luis (ed.). Madrid: Iberoamericana / Vervuert.

Marqués de Armas, Pedro (2014): *Ciencia y poder en Cuba. Racismo, homofobia, nación (1790-1970)*. Madrid: Verbum.
Márquez Sterling, Manuel (1902): «Mercedes Matamoros». En Mercedes Matamoros: *Sonetos*. La Habana: Tipografía La Australia, 5-11.
Martí, José (1963-1975): *Obras Completas*. 28 vols. La Habana: Editorial Nacional de Cuba.
— (1985): *Poesía completa*. 2. Vols. La Habana: Letras Cubanas.
— (2016): «El primer yacht del mundo». En Camacho, Jorge (ed.): *El poeta en el mercado de Nueva York. Nuevas crónicas de José Martí en el Economista Americano*. Columbia: Caligrama, 115-117.
Martínez, Juan A. (1994): *Cuban Art and National Identity. The Vanguardia Painters (1927-1950)*. Gainesville: University Press of Florida.
— (2010): *Carlos Enríquez: the painter of Cuban ballads*. Miami: Cernuda Arte.
Matamoros, Mercedes (1886a): «La niña y el pez». En *El Nacional*, 5 de septiembre: 2.
— (1886b): «La mejor lágrima». En *El Nacional* 27 de junio, 2.
— (1892): *Poesías completas*. La Habana: Impr. La Moderna de A. Miranda y Cía.
— (1902): *Sonetos*. La Habana: Tipografía La Australia.
— (2004): *Poesías (1892-1906)*. La Habana: Unión.
— (2018): *Mirtos de Antaño y otros textos inéditos*. Columbia: Acera Norte.
McIntosh Snyder, Jane (1997): *Lesbian desire in the lyrics of Sappho*. New York: Columbia University Press.
Negri, Antonio (2009): «El monstruo político. Vida desnuda y potencia». En Giorgi, Gabriel & Rodríguez, Fermín (eds.): *Ensayos sobre biopolítica. Excesos de vida*. Buenos Aires: Paidós, 93-140.
Mélich, Joan-Carles (2014): *Lógica de la crueldad*. Barcelona: Herder.
Méndez Rodenas, Adriana (1986): «Escritura, identidad, espejismo en *Memorias del subdesarrollo* de Edmundo Desnoes». En Yurkievich, Saúl (ed.): *Identidad cultural de Iberoamérica en su literatura*. Madrid: Alhambra, 333-340.
Méndez Martínez, Roberto (2004): «Nicolás Guillén, Vanguardia poética, vanguardia plástica». En Barchino Pérez, Matías & Rubio Martín, María (eds.): *Nicolás Guillén, vanguardia y compromiso social*. Cuenca: Ediciones de la Universidad de Castilla-La Mancha, 557-574.

MILLER, Arthur (1961): «M. M». En *Lunes de Revolución* 94: 32-33.

MOLLOY, Sylvia (1999): «The politics of posing: Translating decadente in Fin-de-Siècle Latin America». En Constable, Liz & Denisoff, Dennis & Potolsky, Matthew (eds.): *Perennial Decay: On the Aesthetics and Politics of Decadence*. Philadelphia: University of Pennsylvania Press, 183-197.

MONTE, Domingo del (2002): «Carta a Gener. Matanzas, 4 de Julio de 1834». En *Centón Epistolario*. vol. 1. La Habana: Imagen Contemporánea, 331-334.

MONTENEGRO, Carlos (1938): *Hombres sin mujer*. México: Masas.

MONTERO, Oscar J. & BRIOSO, Jorge (2000): «Apuntes para una crítica "invertida"». En *Ciberletras: revista de crítica literaria y de cultura* 2: <http://www.lehman.cuny.edu/ciberletras/v01n02/Montero-Brioso.htm>.

MONTERO, Oscar J. (2019): *Erotismo y representación en Julián del Casal*. Leiden: Almenara.

MONTORO, Rafael (1902): *Principios de Moral e Instrucción Cívica*. La Habana: La Moderna Poesía.

MOORE, Robin D. (1997): *Nationalizing blackness: afrocubanismo and artistic revolution in Havana, 1920-1940*. Pittsburgh: The University of Pittsburgh Press.

MORAIS, Vamberto (1976): *A short history of anti-Semitism*. New York: Norton.

MORALES, Florentino (1991): «Prólogo». En Matamoros, Mercedes: *Mirtos de Antaño*. Cienfuegos: Cátedra Mercedes Matamoros, 3-16.

MORÁN, Francisco (2007): «El amante de las torturas o un perfume que no tiene que decir su «nombre». Hacia la recuperación de la escritura gay modernista». En *Ciberletras* 16 (enero): http://www.lehman.cuny.edu/ciberletras/v16/morancorregido.html

MORENO FRAGINALS, Manuel (1953): «Nación o plantación: el dilema político cubano. Visto a través de José Antonio Saco». En *Estudios históricos americanos. Homenaje a Silvio Zavala*. México: El Colegio de México, 241-272.

— (2001): *El Ingenio: complejo económico social cubano del azúcar*. Barcelona: Crítica.

MORILLA PALACIOS, Ana (2007): «Mercedes Matamoros y Safo de Lesbos». En *Foro de Educación* 9: 279-296.

Mraz, John (1995): «Memories of underdevelopment Bourgeois consciousness / Revolutionary context». En Rosenstone, Robert A. (ed.): *Revisioning history: film and the construction of a new past*. Princeton: Princeton University Press, 102-114.
Muñoz del Monte, Francisco (1880): *Poesías*. Madrid: Imprenta y Fundición de M. Tello.
— (1981): «La Mulata». En Morales, Jorge Luis (ed.): *Poesía afroantillana y negrista: Puerto Rico, República Dominicana, Cuba*. Río Piedras: Editorial de la Universidad de Puerto Rico, 195.
Núñez Jiménez, Antonio (1989): *Marquillas cigarreras cubanas*. Madrid: Sociedad Estatal del Quinto Centenario.
Nandino, Elías (1927a): «La carne vibra». En *Revista de Avance* 1 (5): 112.
— (1927b): «Momento». En *Revista de Avance* 1 (5): 112.
Navarro, Noel (1969): «Hacia las sombras». *Bohemia*, 10 de enero: 92.
Núñez Olano, Andrés (1927): «Instinto». En *Revista de Avance* 1 (7): 170.
Nyberg, David (1993): *The varnished truth. Truth telling and deceiving in ordinary Life*. Chicago: University of Chicago Press.
Ortiz, Fernando (1975): *Historia de una pelea cubana contra los demonios*. La Habana: Editorial de Ciencias Sociales.
Padilla, Heberto (1970): *Fuera del juego*. Barcelona: El Bardo.
Palma, José Joaquín (1890): «Elegía» (fragmento). En *Verdad y Justicia. Ofrenda a la Memoria de los Estudiantes de Medicina fusilados el 27 de noviembre de 1871*. La Habana: Establecimiento tipográfico de La Lucha, 18-19.
Pancrazio, James (2014): «Reescritura, invención y plagio: Enriqueta Faber y la escritura del travestismo». En *La Habana Elegante* 56: <http://www.habanaelegante.com/Fall_Winter_2014/Invitation_Pancrazio.html>.
Parra Callado, Antonio (1787): *Descripción de diferentes piezas de Historia Natural las más del ramo marítimo representadas en setenta y cinco páginas*. La Habana: Imprenta de la Capitanía General.
Paz, Octavio (1959): *El laberinto de la soledad*. México: Fondo de Cultura Económica.
— (1984): *Los hijos del limo*. Barcelona: Seix Barral.
— (1991): «El Caracol y la Sirena». En *Cuadrivio*. Barcelona: Seix Barral.
Paz Pérez, Carlos (1988): *De lo popular y lo vulgar en el habla cubana*. La Habana: Editorial Ciencias Sociales.

Pereira, Manuel (1988): «El curso délfico». En Lezama Lima, José: *Paradiso*. Paris: ALLCA XX, 598-618.

Pérez Cisneros, Guy (2000): «Sexo, símbolo y paisaje (A propósito de Mariano)». En *Las estrategias de un crítico*. La Habana: Letras Cubanas, 99-104.

— (2010): «Carta de Guy Pérez Cisneros a Carlos Enríquez, 1941. Archivos de Pablo Pérez Cisneros». En Martínez, Juan: *Carlos Enríquez. The Painter of Cuban ballads*. Miami: Cernuda Arte, 296-298.

Pérez Firmat, Gustavo (1990): *The Cuban Condition*. Cambridge: Cambridge University Press.

Pichardo, Hortensia (1951): «Mercedes Matamoros, su vida y su obra». En *Revista Bimestre Cubana* 67 (1,2,3): 21-90.

Pichardo, Esteban (1875): *Diccionario provincial cazi razonado de vozes y frases cubanas*. La Habana: Imprenta El trabajo.

Picon Garfield, Evelyn (1993): *Poder y sexualidad. El discurso de Gertrudis Gómez de Avellaneda*. Atlanta: Rodopi.

Piña, Ramón (1855): *Topografía médica de la isla de Cuba*. La Habana: Tiempo.

Piñera, Virgilio (1998): *La isla en peso. Obra poética*. La Habana: Unión.

Porteous, J. Douglas (1990): *Landscape of the mind: worlds of sense and methaphor*. Toronto: University of Toronto Press.

Prieto, Guillermo (1876): *Lecciones elementales de económica política dadas en la escuela de juridisprudencia de México en el curso de 1871*. México: Imprenta del gobierno.

Quevedo y Hoyos, Antonio (1632): *Libro de indicios y tormentos que contiene toda la práctica criminal, y modo de sustanciar el processo indicatiuamente, hasta descubrir el delito y delinquente, y ponerle en estado de condenarle, ò absoluerle*. Madrid: Imprenta de Francisco Martínez.

Quijano, Aníbal (2008): «Coloniality of Power, Eurocentrism and Social classification». En Moraña, Mabel & Dussel, Enrique & Jáuregui, Carlos A. (eds.): *Coloniality at Large. Latin America and the Postcolonial Debate*. Durham: Duke University Press, 181-224.

Quinziano, Franco (1999): «Fin de siglo en La Habana: lujo, apariencias y ostentación en el Papel Periódico de la Havana (1790-1805)». En *Fin secolo e escrittura dal medioevo ai giorni nostri. Atti del XVIII Convegno Sienna, 5-7 de marzo de 1998*. Roma: Bulzoni, 421-432.

Rama, Ángel (1974): «La dialéctica de la modernidad en José Martí». En *Estudios Martianos*. Río Piedras: Universidad de Puerto Rico, 129-195.
Renan, Ernest (1990): «What is a Nation?». En Bhabha, Homi K. (ed.): *Nation and Narration*. London: Routledge, 8-22.
Rincón, Carlos (2009): «Carpentier "francés". *Documents, Bifur, Un Cadavre* y dos cartas a Georges Bataille». En *Nuevo Texto Crítico* 22 (43-44): 101-21.
Riverón, Rogelio (2007): «Industrias culturales: del espacio vital al espacio virtual». En *La Ventana* (27 de junio): <http://laventana.casa.cult.cu/noticias/2007/06/27/industrias-culturales-del-espacio-vital-al-espacio-virtual/>.
Rodríguez, Juan Carlos (2000): «Abel Prieto: No publicamos a Zoé Valdés en Cuba porque es un subproducto literario». En *La Razón*, 15 de noviembre: <http://www.cubanet.org/htdocs/CNews/y00/nov00/15o6.htm>.
Romay, Tomás (1965-1966): «Historia natural. Descripción de una hermafrodita». En *Obras completas*. La Habana: Academia de Ciencias de la República de Cuba, 27-31.
Rosenthal, Debra (2004): *Race Mixture in Nineteenth-century U.S. And Spanish American Fictions: Gender, Culture, and Nation Building*. Chapel Hill: The University of North Carolina.
Rossich, Albert (2012): «Escatología literaria». En Durán López, Fernando (ed.): *Obscenidad, vergüenza, tabú: contornos y retornos de lo reprimido entre los siglos XVIII y XIX*. Cádiz: Universidad de Cádiz, 73-90.
Rotker, Susana (1992): *Fundación de una escritura: las crónicas de José Martí*. La Habana: Casa de las Américas.
Saco, José Antonio (1858): «Memoria sobre la vagancia en la isla de Cuba». En *Colección de papeles científicos, históricos, políticos y de otros ramos sobre la isla de Cuba*. Volume 1. Paris: Impr. de d'Aubusson y Kugelmann, 168-218.
Santa Cruz y Montalvo, M. D. L. M. (1841): «Les esclaves dans les colonies espagnoles». En *Revue des deux Mondes* (26): 734-69.
— (2014): *Los esclavos en las colonias españolas*. Barcelona: Linkgua.
Schulman, Ivan (1977): «The Portrait of the Slave: Ideology and Aesthetics in the Cuban Anti-slavery Novel». En *Annals of the New York Academy of Sciences* 292 (1): 356-67.

SERRA, Ana (2007): *The "New Man" in Cuba. Culture and identity in the revolution*. Gainsville: University Press of Florida.
SHILS, Edward (1965): «Charisma, Order, and Status». En *American Sociological Review* 30 (2): 199-213.
SIERRA MADERO, Abel (2006): *Del otro lado del espejo: la sexualidad en la construcción de la nación cubana*. La Habana: Casa de las Américas.
SILVERSTEIN, Stephen (2015): «The Cuban Anti-Antislavery Genre: Anselmo Suárez y Romero's Colección de artículos and the Policy of Buen Tratamiento». En *Revista Hispánica Moderna* 68 (1): 59-75.
SKLODOWSKA, Elzbieta (1992): *Testimonio hispanoamericano: historia, teoría, poética*. New York: Peter Lang.
SLATER, Don (1997): *Consumer culture & Modernity*. Cambridge: Polity Press.
SOLER PUIG, José (1963): *En el año de Enero*. La Habana: Unión.
SOMMER, Doris (1991): *Foundational Fictions. The National Romances of Latin America*. Berkeley: University of California Press.
SOSA RODRÍGUEZ, Enrique (1985): «Presencia y razón del ñañiguismo en ¡Écue-Yamba-Ó!». En *Imán* 2: 36-52.
STAROBINSKI, Jean (1997): *Largesse*. Chicago: University of Chicago Press.
STEVENS, E. (1973). «Marianismo: The other face of machismo in Latin America». En Pescatello, A. (ed.): *Female and male in Latin America: Essays*. Pittsburgh: University of Pittsburgh Press, 89-101.
STOLCKE, Verena (1992): *Racismo y sexualidad en la Cuba colonial*. Madrid: Alianza.
STONER, K. Lynn (2003): *De la casa a la calle. El movimiento cubano de la mujer en favor de la reforma legal (1898-1940)*. Madrid: Colibrí.
SUÁREZ Y ROMERO, Anselmo (1868): «Sr. Don Andrés Clemente Vázquez». En Vázquez, Andrés Clemente: *Estudios Jurídicos*. La Habana: Imprenta La Antilla, cxxxvi-clx.
— (1947): *Francisco*. La Habana: Publicaciones del Ministerio de Educación, Dirección de Cultura.
— (2002): «Carta CCXXII». En Monte, Domingo del: *Centón Epistolario* vol. 2. La Habana: Imagen Contemporánea, 346-350.
TANCO Y BOSMENIEL, Félix (2002): «LXVII. 1837». En Monte, Domingo del: *Centón Epistolario*. Vol. 4. La Habana: Imagen contemporánea, 107-108.

TERREROS Y PANDOS, Esteban (1786): *Diccionario castellano con las voces de ciencias y artes y sus correspondientes en las tres lenguas francesa, latina e italiana*. Madrid: Imprenta de la viuda de Ibarra, hijos y compañía.
TOMÁS Y VALIENTE, Francisco (1973): *La tortura en España*. Barcelona: Ariel
VALDÉS, Zoé (1995): *La nada cotidiana*. Barcelona: Emecé.
VALLE, Amir (2006): *Jineteras*. Bogotá: Planeta.
VALLEJO, Catharina (2004): «Introducción». En Matamoros, Mercedes: *Poesías (1892-1906)*. La Habana: Unión, 7-40.
VARNEDOE, Kirk (1990): *A Fine Disregard. What makes modern Art modern*. New York: Harry. N. Abrams.
VÁZQUEZ QUEIPO, Vicente (1845): *Informe fiscal sobre fomento de la población blanca en la isla de Cuba*. Madrid: Imprenta de J. Martín Alegría.
WILLIAMS, L. V. (1994): *The Representation of Slavery in Cuban Fiction*. Columbia: University of Missouri Press.
VILLAVERDE, Cirilo (1971): *Cecilia Valdés o la loma del ángel*. New York: Anaya.
VITIER, Cintio (1998): *Lo cubano en la poesía*. La Habana: Letras Cubanas.
WEBER, Max (1947): *Theory of social and economic organization*. New York: Oxford University Press.
ZAMBRANA, Antonio (1979): *El negro Francisco*. La Habana: Letras Cubanas.
ZEA, Leopoldo (1965): *El pensamiento latinoamericano*. Vol. 2. México: Pormaca.
ZÉNDEGUI, Guillermo de (1954): *Ámbito de Martí*. La Habana: Impresores Fernández y Compañía.

Agradecimientos

Agradezco a los editores de las revistas que publicaron versiones más cortas de algunos textos las sugerencias que me dieron al leerlos. En especial a Francisco Morán, Karim Ghorbal y Amauri Gutiérrez-Coto, editores de *La Habana Elegante*, *Dirāsāt Hispānicas* y *Caribe*, respectivamente. Asimismo, quiero agradecer a Hugo Medrano y Renée Silverman haberme invitado a presentar sobre este tema en sus seminarios de nivel graduado en la Universidad de Guadalajara en 2012 y en Florida International University de Miami en 2018. A James Novoa, Irene Rozsa y Andrea Cicerchia, por la ayuda. A Juan A. Martínez, Francisco Sánchez e Ivan Schulman, por discutir conmigo algunos de estos temas; y sobre todo, a Edmundo Desnoes, quien en el transcurso de varios años respondió todas las preguntas y dejó que llegara a mis propias conclusiones.

Catálogo Almenara

Aguilar, Paula & Basile, Teresa (eds.) (2015): *Bolaño en sus cuentos*. Leiden: Almenara.

Aguilera, Carlos A. (2016): *La Patria Albina. Exilio, escritura y conversación en Lorenzo García Vega*. Leiden: Almenara.

Amar Sánchez, Ana María (2017): *Juegos de seducción y traición. Literatura y cultura de masas*. Leiden: Almenara.

Arroyo, Josianna (2018): *Travestismos culturales. Literatura y etnografía en Cuba y el Brasil*. Leiden: Almenara.

— (2019): *Fin de siglo: el secreto y la escritura en la masonería caribeña*. Leiden: Almenara.

Barrón Rosas, León Felipe & Pacheco Chávez, Víctor Hugo (eds.) (2017): *Confluencias barrocas. Los pliegues de la modernidad en América Latina*. Leiden: Almenara.

Blanco, María Elena (2016): *Devoraciones. Ensayos de Período Especial*. Leiden: Almenara.

Burneo Salazar, Cristina (2017): *Acrobacia del cuerpo bilingüe. La poesía de Alfredo Gangotena*. Leiden: Almenara

Caballero Vázquez, Miguel & Rodríguez Carranza, Luz & Soto van der Plas, Christina (eds.) (2014): *Imágenes y realismos en América Latina*. Leiden: Almenara.

Calomarde, Nancy (2015): *El diálogo oblicuo: Orígenes y Sur, fragmentos de una escena de lectura latinoamericana, 1944-1956*. Leiden: Almenara.

Campuzano, Luisa (2016): *Las muchachas de La Habana no tienen temor de dios. Escritoras cubanas (siglos XVIII-XXI)*. Leiden: Almenara.

Casal, Julián del (2017): *Epistolario. Edición y notas de Leonardo Sarría*. Leiden: Almenara.

Churampi Ramírez, Adriana (2014): *Heraldos del Pachakuti. La Pentalogía de Manuel Scorza*. Leiden: Almenara.

Deymonnaz, Santiago (2015): *Lacan en el cuarto contiguo. Usos de la teoría en la literatura argentina de los años setenta*. Leiden: Almenara.

Díaz Infante, Duanel (2014): *Días de fuego, años de humo. Ensayos sobre la Revolución cubana*. Leiden: Almenara.

Fielbaum, Alejandro (2017): *Los bordes de la letra. Ensayos sobre teoría literaria latinoamericana en clave cosmopolita*. Leiden: Almenara.

García Vega, Lorenzo (2018): *Rabo de anti-nube. Diarios 2002-2009. Edición y prólogo de Carlos A. Aguilera*. Leiden: Almenara.

— (2019): *Rostros del reverso. Edición y prólogo de Carlos A. Aguilera*. Leiden: Almenara.

Garrandés, Alberto (2015): *El concierto de las fábulas. Discursos, historia e imaginación en la narrativa cubana de los años sesenta*. Leiden: Almenara.

Giller, Diego & Ouviña, Hernán (eds.) (2018): *Reinventar a los clásicos. Las aventuras de René Zavaleta Mercado en los marxismos latinoamericanos*. Leiden: Almenara.

González Echevarría, Roberto (2017): *La ruta de Severo Sarduy*. Leiden: Almenara.

Gotera, Johan (2016): *Deslindes del barroco. Erosión y archivo en Octavio Armand y Severo Sarduy*. Leiden: Almenara.

Greiner, Clemens & Hernández, Henry Eric (eds.) (2019): *Pan fresco. Textos críticos en torno al arte cubano*. Leiden: Almenara.

Hernández, Henry Eric (2017): *Mártir, líder y pachanga. El cine de peregrinaje político hacia la Revolución cubana*. Leiden: Almenara.

Inzaurralde, Gabriel (2016): *La escritura y la furia. Ensayos sobre la imaginación latinoamericana*. Leiden: Almenara.

Kraus, Anna (2018): *sin título. operaciones de lo visual en 2666 de Roberto Bolaño*. Leiden: Almenara.

Loss, Jacqueline (2019): *Soñar en ruso. El imaginario cubano-soviético*. Leiden: Almenara.

Lupi, Juan Pablo & Salgado, César E. (eds.) (2019): *La futuridad del naufragio. Orígenes, estelas y derivas*. Leiden: Almenara.

Machado, Mailyn (2016): *Fuera de revoluciones. Dos décadas de arte en Cuba*. Leiden: Almenara.

— (2018): *El circuito del arte cubano. Open Studio I*. Leiden: Almenara.

— (2018): *Los años del participacionismo. Open Studio II*. Leiden: Almenara.

— (2018): *La institución emergente. Entrevistas. Open Studio III*. Leiden: Almenara.

Molinero, Rita (ed.) (2019): *Virgilio Piñera. La memoria del cuerpo*. Leiden: Almenara.

Montero, Oscar (2019): *Erotismo y representación en Julián del Casal*. Leiden: Almenara.

Morejón Arnaiz, Idalia (2017): *Política y polémica en América Latina. Las revistas Casa de las Américas y Mundo Nuevo*. Leiden: Almenara.

Pérez-Hernández, Reinier (2014): *Indisciplinas críticas. La estrategia poscrítica en Margarita Mateo Palmer y Julio Ramos*. Leiden: Almenara.

Pérez Cano, Tania (2016): *Imposibilidad del* beatus ille. *Representaciones de la crisis ecológica en España y América Latina*. Leiden: Almenara.

Pérez Cino, Waldo (2014): *El tiempo contraído. Canon, discurso y circunstancia de la narrativa cubana (1959-2000)*. Leiden: Almenara.

Quintero Herencia, Juan Carlos (2016): *La hoja de mar (:) Efecto archipiélago I*. Leiden: Almenara.

Ramos, Julio (2019): *Desencuentros de la modernidad en América Latina. Literatura y política en el siglo XIX*. Leiden: Almenara.

Ramos, Julio & Robbins, Dylon (eds.) (2019): *Guillén Landrián o el desconcierto fílmico*. Leiden: Almenara.

Selimov, Alexander (2018): *Derroteros de la memoria.* Pelayo *y* Egilona *en el teatro ilustrado y romántico*. Leiden: Almenara.

Timmer, Nanne (ed.) (2016): *Ciudad y escritura. Imaginario de la ciudad latinoamericana a las puertas del siglo XXI*. Leiden: Almenara.

— (2018): *Cuerpos ilegales. Sujeto, poder y escritura en América Latina*. Leiden: Almenara.

Tolentino, Adriana & Tomé, Patricia (eds.) (2017): *La gran pantalla dominicana. Miradas críticas al cine actual*. Leiden: Almenara.

Vizcarra, Héctor Fernando (2015): *El enigma del texto ausente. Policial y metaficción en Latinoamérica*. Leiden: Almenara.

www.ingramcontent.com/pod-product-compliance
Lightning Source LLC
Chambersburg PA
CBHW020610300426
44113CB00007B/588